THE MUSHROOM AT THE END OF THE WORLD

ON THE POSSIBILITY OF LIFE IN CAPITALIST RUINS

在世界盡頭遇到松茸

論資本主義廢墟中生命的可能性

人類學經典全新審訂版

安清——著　林浩立——譯校及審訂　謝孟璇——譯

ANNA LOWENHAUPT TSING

目次

第二部　進步之後：搶撈式積累

第三部　擾動的起點：無心插柳的設計　173

199

第四部 在事物發生之際 293

推薦序

新世紀的採菇人

蔡晏霖／國立陽明交通大學人文社會學系副教授

二〇〇〇年六月，新世紀才正開始，全球化卻據說已經抹平了地球、也終結了歷史。我獨自駕著一台引擎無力的老爺車穿過奧勒岡喀斯開山脈，載著全部家當一路往南。在車潮不斷的矽谷加油以後，我進入蜿蜒的第十七號高速公路，發現窗外連綿不斷的商場變成連綿不斷的加州海岸紅木，公路的盡頭則是一片海。那是我第一次來到聖塔克魯茲（Santa Cruz），一個無論走哪條路線都要兩小時才能抵達舊金山的海濱小鎮；加州大學聖塔克魯茲分校（UC Santa Cruz）的校園則又孤懸小鎮北端的高地之上，被兩個自然公園環抱其中。我有點哀嘆自己來到了舊金山灣區繁華世界的盡頭，卻渾然不知許多舊金山重要地標的前身，那些巨大的木料與石灰岩建材，百年前都來自這片森林。這裡既是灣區資本主義世界的盡頭，也是其財富積累的核心。

當時的我也不知道的是，這個從紅木林與取石場長出來並以原生香蕉蛞蝓（Ariolimax）為吉祥物的奇特校園，也正在一群女性主義學者與她／他們的同事、學生、親友、動植物與真菌夥伴們的日常對話中，生機蓬勃地躍升為許多當代關鍵社會人文學術對話的核心。她／他們堅持女性主義對於差異、邊緣、混亂與多重歷史的關注，更據此挑戰資本主義與進步主義從自然（唐娜．哈洛威〔Donna Haraway〕）、科學（凱倫．巴拉德〔Karen Barad〕）、國族與革命（賀蕭〔Gail Hershatter〕、韓啟瀾〔Emily Honing〕）、現代性（羅麗莎〔Lisa Rofel〕），到全球化（安清〔Anna Tsing〕）的諸般宏大敘事。這是孕生《在世界盡頭遇到松茸》（*The Mushroom at the End of the World*）與更多其他精采作品的生活與學術支持網絡，一個觸角多樣卻又嚴重相互感染的開放性聚合體，一個創製世界的世界。也因為這樣的「滲染多樣性」（contaminated diversity），身為 Anna 的指導生卻寫著與她的森林主題毫不相關的博士論文，我依然得以從這片知識林地收穫養分（包括每次討論論文的林間漫步時，Anna 隨手採集的各種菇！），直至今日。因為我的每個田野也都告訴我：人群與物種一樣，都是片刻穩定分類中的聚合體；無論人或非人，都在聚合體裡成為自己。

從《鑽石女王的王國》（*In the Realm of the Diamond Queen*，一九九三年）、《摩擦：一本關於全球連結的民族誌》（*Friction: An Ethnography of Global Connection*，二〇〇五年）到《在世界盡頭遇到松茸》（二〇一五年），安清的民族誌與人類學反思持續在台灣累積讀者與對話。從摩擦（friction）、不只是人的社會性（more-than-human sociality）、覺察的藝術（arts of noticing）、多物種世界創製（multi-species world making）到拼接人類世（patchy anthropocene），Anna 持續以日常用語打造思考工具，用以取代大敘事裡常見的炫奇字眼，同時堅持概念與故事之間的具體脈絡。敏於各種時空尺度的可規模性

（scalability）與做尺度（scale-making）本身的政治性，Anna的複音多物種民族誌總能讓我們看見人類與非人生命在至少四種不同時間尺度上的遭逢：一，個體與個體間的肉身相遇；二，人與非人各自的生命成長史；三，由人群與非人之物在長時限移動與交流所共構的各種政治經濟學提問意義上的大歷史；以及四，銘刻著地球生命與非生命之物在萬億年間互動演化軌跡的地質時間。穿梭於這四種時間尺度，我們由是得以體會人事物生滅的耦合性，以及一個由「不必然如此」的過去所指認的開放性未來，即便一切看似已成廢墟。

概念邀請概念，故事召喚故事。近年的台灣社會人文學界，來自外文、史學、地理、人類學、社會學、藝術、科技與社會、宗教研究的學者紛紛投入「不只是人」的相關研究，他／她們的問題意識或者始於環境變遷、產業轉型、原民主體、地方關懷，但也一起為彼此逐步廓清當代台灣社會與非人之物接觸、摩擦、陪伴，或協調或緊張的多重歷史。僅從我最熟悉的人類學界舉例，我有幸從吳映青（二〇二三年）精采的「海路」研究重新打開對漁業與漁村的認識；從鄭肇祺（二〇二一年）的水產養殖研究學習漁民如何將水、水生生物、身體與漁具協調成一個技術系統；從李宜澤（即將出版）的里漏阿美田野認識部落老人家眼中「多於科學」物種意義上的鳥；也從羅素玫與胡哲明（二〇二二年）的都蘭部落野菜研究看見野菜與阿美族人的共同演化。我也看見來自不同領域的研究生勇於從不只是人的角度質問當代台灣「科技農業」（林千慈，二〇二二年）、「動物福利」（黃思敏，二〇二三年）、「生態農業」（廖珮岑，二〇二四年）、「永續城市」（徐振輔，二〇二四年）的行動內涵；他們持續精進覺察的藝術，依隨螢火蟲與黑翅鳶的生命軌跡，看見或大或小的生物如何以其非人魅力鬆動既有的城市空間與種植習慣。甫從南藝大取得博士學位的藝術家與策展人陳冠彰（二〇二四年）更請尪姨與獵人帶路，從土與水之呼吸追問「西拉雅」與「鄒」的意義，讓這些身分走出廢墟化的歷史與我們相遇，儘管新的合作關係也已改變了它們。而如果讀者們容許我以唐娜・哈洛威的培育怪親緣（making odd kin）精神將黃瀚嶢獲獎連連的《沒口之河》也寫進這個多物種研究系譜，我想說《沒口之河》或許是台灣目前最好的一本多物種民族誌，因為它正是藉由游刃於前述的四種時間尺度，清楚揭示知本溼地可以是台灣任何一片當代社會生態地景的對影。

最後我想回到《在世界盡頭遇到松茸》繁體中譯本最初來台的機緣。二〇一九年初，我在友人家的聚會中遇見八旗文化總編輯富察，大讚他引進此書的好眼光。二〇二三年二月，富察來信告知本書（初版書名為《末日松茸》）預計於二〇二三年中改版，希望我能協助審訂。當時已經答應《石頭記》（*The Book of Unconformities*，左岸文化出版）審訂工作且患有嚴重拖延症的我，為免耽誤萬眾矚目的改版進度，只能懷抱對老師的無比歉意，回信將審訂工作推坑給強大的浩立。二〇二四年三月，浩立與編輯雅云不負眾人苦心等待，終於讓本書以《在世界盡頭遇到松茸》之姿重版出來，且在第一版譯文原有的流暢之外，還給了這本在中文世界全球化與人類世論辯中早已影響深遠的書應有的理論銳角與精準洞見。多年來，富察就像一位採菇人以敏銳的覺察引介各界好書，像紛飛的孢子般感染讀者無數。謹在這篇小序的最後感謝富察的努力，更期待身為本書最初感染者的他，也能如在絕望中總是讓人抱持希望的松茸，早日重回讀者面前。

審訂者導讀

漫遊在松茸森林中的三種方式

林浩立／國立清華大學人類學研究所副教授

我與安清文字的初次邂逅來自於人類學博士班的必修課「當代理論」。授課教授當時開了她二〇〇五年剛出版的著作《摩擦：一本關於全球連結的民族誌》（*Friction: An Ethnography of Global Connection*）（以下簡稱《摩擦》）的其中一章給我們讀，談的是惡名昭彰的加拿大公司 Bre-X 金礦詐騙案。安清用這個已被改編成電影《金爆內幕》（*Gold*）、裡面充滿著謊言、投機以及一起跳機自殺事件的荒謬故事告訴我們，當代全球資本主義的邏輯如何讓一間小公司藉由一個從來沒有人看過實體的印尼地底金礦，瞬間成為股票市值一度高達四十多億美金的投資者寵兒。這個案例本身就十分精采，但安清能夠將之連接上人類學理論的功力更是高超。她以「摩擦」這個動作比喻全球化力量的運行：任何看似強大完整的全球化體系如資本主義、環保運動等等，並非一台運作順暢、席捲世界的機器。它們在地方上的施展必定會遭遇每日大大小小的衝突、曲解、誤用，但正是因為這些路上的「摩擦」，機器才能夠動得起來，不然也只是空轉而已。而「摩擦」也使不同規模的夢想（或如 Bre-X 的奇想）、計畫、結盟、抵抗得以實現。現在回頭來看，這裡早已有了她十年後出版的《在世界盡頭遇到松茸》（以下簡稱《松茸》）的影子了。

多年後我開始書寫博士論文，每當遇到瓶頸時，《摩擦》總是能為我指引出路。因此，當我知道安清有一本新書即將於二〇一五年出版、主角是一種在日本價格奇高但無法栽培、只能在世界特定森林中才能看到的菇類，我的興奮之情是可以想見的。畢業後我在系上教授大學部的「環境人類學」課程，一方面基於對安清論述功力的信任，另一方面由於授課老師可以得到免費的教材，我毫不猶豫地便開了《松茸》給學生讀。事後證明這是絕佳的決定。這本書不但激發出課程中最精采的討論，多位學科背景不一的學生也告訴我這是他們最喜歡的文本，我則藉著這個機會從封面到封底將它好好地讀完一遍。我當時不知道的是，日後我將多次踏入安清所勾勒的那片松茸森林中。

二〇一七年我來到清大任教，在第一個學期中又開設了「環境人類學」，只是這次是研究所層級，而《松茸》自然也出現在我的課程書單中。這次在中文情境中的閱讀教學經驗讓我有許多新的觸發，例如得知《舌尖上的中國》第一季第一集的主題就是雲南的松茸！同時，我也發現自己兩年前留下了一些理解不清的地方，例如在第三部〈擾動的起點〉中，松茸是如何分別在日本、芬蘭、美國奧勒岡、中國雲南的森林中出現，其中錯綜複雜的物種、林業史、生態環境、人類生計活動又如何扮演著不同的角色，是需要仔細咀嚼（安清在第十一章的注釋中表示有想過畫出一張二乘以二的表格來呈現）。幸好，下一個學期交大的蔡晏霖老師邀我（其實是毛遂自薦）在其「人類世」課堂上客座講授《松茸》，也讓我得以三入松茸森林，將這個部分好好釐清。

到了二〇一八年，《松茸》的中譯本在台灣首度問世，書名為《末日松茸》，開始在人類學、社會學、地理學、歷史學等學科的課堂上廣泛使用，然而隨之而來的是對翻譯品質的回饋討論。張君玫老師在臉書上有針對前幾頁翻譯的簡短評論；網路上另有一篇〈淺談《末日松茸》的翻譯問題〉的文章；現在於國外攻讀人類學博士的尤尊毅甚至列出詳細的勘誤表；我則是馬上留意到書中關鍵的「salvage」一詞不應該被翻譯成「殘值」。二〇二三年，出版社編輯來信詢問能否協助審訂再版，已背負許多研究、教學、審訂和翻譯工作的我本來不想答應，但那片松茸森林實在太過迷人，迷惑了我對工作分量的判斷。在接下審訂工作後，我以前所未有的謹慎態度，加上安清所謂的「覺察的藝術」，踏在上一位譯者走出的路徑上、並以上述評論者提供的線索為指引，在這被擾動過的森林中仔細翻扒每一寸土、每個角落的一草一木。而在經過了那麼多年的歷練，這次我也能夠將我自己的知識與經驗帶進林中，甚至發覺安清原文中的小誤。這趟審訂、甚至可以說重譯的旅程，創造出的就是這個版本的《松茸》，但確實這是奠基在集體的行動上。

當我說我每次讀《松茸》都會有新的收穫，絕非誇張溢美之詞，因為真的是如此。就像在同一片森林中多次漫遊一樣，總是會發現上次沒察覺到的藐小微物、或沒有踏上的意外曲徑。這些東西也許是藏在注釋中的片言隻句、也許是自己沒有認真探索的重要概念（安清在書中創造了許多概念和名詞），甚至是刻意安排的彩蛋。我相信不同學科背景的人讀《松茸》，都可以找出與眾不同的「走法」，例如林業專家地理學者洪廣冀老師就走出了一條〈《末日松茸》中「聽不見」的臺灣史〉的路。在這裡我想分享自己多次進出松茸森林後所摸索出的三種獨特的漫遊方式，我不會對書中安清精闢的全球化、資本主義、多物種理論有太多的分析。我在此提供的是歷程，而非藍圖，使更多讀者能參考並走出自己的路徑。

科幻

我的第一條路徑很隱晦，是翻越荒煙蔓草走出來的，且跟《松茸》的書名有關，而我也相信這是安清匠心獨具所埋下的梗。這條路徑的線索是「科幻小說」，或更仔細地說，是知名科幻小說家娥蘇拉·勒瑰恩（Ursula K. Le Guin）。

在《黑暗的左手》（*The Left Hand of Darkness*）的序中，勒瑰恩是這樣談科幻小說的：

> 科幻小說常常被描述，甚或定義為外推式。科幻小說家應當攫住此時此地的某種現象或趨勢，將之強化、純化以製造戲劇效果，然後推展到未來。「倘若這樣持續下去，便會發生這樣的事。」預言於焉形成。這樣的方法與結果非常類似科學家的方式：大量餵食實驗鼠某種純化濃縮食物，致其上癮，為的是想要預測人類若長期食用少量此類添加物，會有何等後果。結果幾乎無可避免會導向癌症。同樣，外推的結果也是如此。嚴格的外推式科幻小說通常與羅馬俱樂部結論一致：介於全人類自由的逐漸滅絕與地球生物全體滅絕之間。

因此，

這或許能解釋為何許多不讀科幻小說的人會說科幻小說是「逃避現實」；但是進一步詢問時，他們會承認自己不讀科幻小說是因為「太灰暗了」。

同樣的話也可以用來形容大部分當代環境人類學民族誌的題材，例如波多黎各島上製藥廠造成的環境破壞、美國南方城市中黑人社區面對針對性的工業汙染、加拿大育空地區原住民與政府共管環境時所面臨的困境、更別提影響尺度更巨大的氣候變遷議題。這些優秀的作品揭露了環境如何被不同的行動者影響，以及環境問題背後權力結構的不平等，但讀起來往往給人深刻的無力感。因此在第一部〈還剩下什麼？〉的序言最後，安清這樣說：

相反地，這片破碎的森林看上去就像一場科幻小說式的夢魘。

但如同勒瑰恩要講的不是線性的未來預言，而是含有多重可能性的故事，安清要說的是資本主義造成的廢墟裡頭，如何能產生新的希望，生命如何能在其中繼續下去。松茸正是對此狀況絕佳的隱喻，畢竟，它們就是從那片被破壞侵擾的森林中萌生出來的。千萬別被網路上「松茸對產地環境的要求非常苛刻，它只能生長在沒有任何汙染和人為干預的原始森林中」這類的話給騙了，松茸喜歡的就是被擾動、破壞、眾聲喧嘩的環境，而這也能為我們如何在「人類世」生存下去帶來一些啟發。總而言之，《松茸》

可以說是安清的勒瑰恩式科幻小說！

彷彿上面引述的線索還不夠，安清在下一章〈覺察的藝術〉的開頭立刻引了勒瑰恩的話：

> 我不是要提倡重返石器時代。我的動機沒有反動成分，甚至沒有保守主義成分，而是意在顛覆。就像資本主義或工業主義或人口那樣，烏托邦想像看起來一直困在一個只包含成長的單程未來裡。我的一切努力都是要想通怎樣把一頭豬放回正軌。

上面這段的翻譯其實是引自林徐達和梁永安翻譯的《復返》（*Returns: Becoming Indigenous in the Twenty-First Century*），在那裡作者克里弗德（James Clifford）提供了勒瑰恩這句的脈絡。出自她的論述文章〈以非歐幾何觀點把加州看成一個冷地方〉（A Non-Euclidian View of California as a Cold Place），這句話意在挑戰理性規劃出來的未來烏托邦進步社會。她認為我們應該停一下，甚至往回走，就像克里族諺語所說的「像豪豬一般往後退，往前看。」以退為進，保護自己。因此，最後讀起來有點天外飛來一筆的「把一頭豬放回正軌」（put a pig on the tracks）我認為指的就是那隻豪豬。她想把牠放回自己的路徑上，讓牠自行摸索方向，即使倒退也沒關係。勒瑰恩這篇文章被收錄在文集《在世界盡頭跳舞》（*Dancing at the Edge of the World*）中，而我相信《松茸》的書名 *The Mushroom at the End of the World* 就是在向之致敬。事實上，書末所引用的勒瑰恩〈小說的背袋理論〉（The Carrier Bag Theory of Fiction）一文，也收錄在《在世界盡頭跳舞》中。也正是如此，「世界盡頭」似乎是比初版中文書名的「末日」更到位的翻譯。畢竟如同勒瑰恩在文章中所說的，真正的烏托邦需要往岔路去，而非往前進，才能找到。安清的松茸也是在資本主義發展的邊緣廢墟中才會出現。這是一種空間上的意象，一種日本自己原本盛產的珍饈，現在要到天涯海角才能找尋到的距離錯置感。這，就是安清所謂「摩擦」的開始。

合作

安清雖然是《松茸》唯一作者，但這本書可是不折不扣的多方合作的產物，就像松茸無法獨自生長，而必須與它所喜好的松樹以及其他物種建立關係一樣。早在《摩擦》的最後一章〈森林的合作〉裡，安清已經開始在思考全球化下的各種衝突對抗中，意外的合作關係能夠帶來的創造力。透過松茸的研究，她則將合作的意義推展到極致。在二〇〇八年，松茸研究的初步成果首次在期刊上發表，安清在作者欄位中便寫著她所代表的是「松茸世界研究群」（Matsutake Worlds Research Group）。這個研究群包含了人類學家海瑟威（Michael Hathaway）、佐塚志保（Shiho Satsuka）、井上京子（Miyako Inoue）、蔡紀恩（Timothy Choy）、費爾（Lieba Faier），其中海瑟威已於二〇二二年出版了《菇類為何而活：松茸與其創製的世界》（*What a Mushroom Lives for: Matsutake and the Worlds They Make*），而佐塚志保也即將出版關於日本松茸科學的民族誌，這兩本都被安清認證為《松茸》的姊妹作，但海瑟威和費爾在二〇二一年也合編了一本論文集《松茸世界》（*Matsutake Worlds*），也可以被視為此系列的作品。

除此之外，這個團隊還包含了環境藝術理論家顏伊蓮（Elaine Gan，音譯）以及紀錄片導演杜沙（Sarah Dosa）。前者曾在丹麥現代美術館中策劃「垃圾堆！多物種的形成與崩解」特展（DUMP!

Multispecies Making and Unmaking），後者則拍攝了一部紀錄片《最後一季》（*The Last Season*），內容是關於一位住在奧瑞岡森林中的越戰退伍軍人如何與一位來自柬埔寨的松茸撿拾者（他在第六章〈戰爭故事〉中有露面一下）在每年短暫的松茸季中建立起深厚的情誼。我第一次教《松茸》時在課堂上放了這部紀錄片給學生看，得到非常好的迴響，幾位學生甚至深受感動眼眶泛淚！上述這些作品只是冰山一角而已，如果再去搜尋團隊成員以團隊或個人名義所發表的關於松茸的短文、期刊文章、專書章節，更是多不勝數。簡單來說，就像漫威電影系列一樣，安清在這裡創造出了一個「松茸宇宙」！

這個「松茸宇宙」的諸多作品對人類學的發展有何啟示呢？我想，這昭示了小小的一棵松茸不只是一種野地食材而已，它還反映了邊緣族群如移民、原住民、少數民族的當代生活情境、全球政治經濟秩序的變遷、商品鍊的組成與崩解、科學知識的形成、森林管理政策的遞嬗等議題，這絕非人類學家以往孑然一身的長期田野研究方法能夠處理，也不是任何一個單一的理論或敘事框架能交代清楚的。有人也許會說松茸是個特例，但若仔細觀察，我們身邊其實不乏這樣看似微小其實背後關係千萬重的物件、看似穩固實則是拼裝組合起來的體系。安清的《松茸》與其周邊作品為我們指引出一個新的研究、寫作模式來面對這些當代千頭萬緒的挑戰。這當然不是唯一的解答，也不是人人都能效法的策略，但至少這代表人類學家不是在坐以待斃、墨守研究成規。

字景

最後，我想回到文章一開始的比喻，也就是讀《松茸》就像在森林中漫遊一樣的感覺。有時你會覺得步履輕快，健步如飛地前進；有時又會覺得踩入泥淖，寸步難行。有時會走在一長段景色大同小異的步道；有時會繞在畫面繽紛多變的蜿蜒小徑。這樣的閱讀氛圍並非偶然，而是安清精心設計出來的。在此我將之稱為「字景」（word-scape）。事實上，安清本身就是地景理論的專家。

我第一次注意到安清這樣的手法又是在讀《摩擦》的時候。在〈斯土斯島婆羅洲〉這章中，她敘述她的達雅族老師如何將梅拉圖斯（Meratus）山區森林裡、河川中上千種動植物的當地名稱在十天內一一向她列出。這份地方清單，安清認為，是一個全球化「摩擦」的結果：這些豐富的物種名稱是說給她這外人聽的、是當地人在面對生態保育計畫的進入時，有意識地展現其文化知識的行動。有意思的是，在接下來十幾頁中，安清將這些物種名稱密密麻麻地列在頁面兩側的空白處上。一開始我還不懂她在搞什麼玄虛，但在讀了兩三頁之後漸漸開始明白了。當在讀正文時，這些名稱不斷地在我目光周遭若隱若現。有時會忍不住瞥過去瞧一瞧，但大部分時間選擇忽略。這就像走在達雅族的森林中一樣，繽紛的物種在四處閃爍著，而要在當地人的轉譯後，它們才會成為有意義的地景的一部分。更妙的是，安清在這章的最末處引用了達雅人的詩歌：「在地上的蘑菇就像天上的星星」，彷彿預告十年後《松茸》的問世。

在《松茸》的導言謝詞中，安清很快地自陳她在玩弄類似的書寫策略。她刻意寫了多達二十幾個章節，彷彿雨後菇類迅速的茁生一樣，而且在原文書中，段落之間還畫有植物和真菌的小圖像。這些章節接著被安排到四個部分中，並由轉換節奏的〈插曲〉將它們間隔開來。作為授課老師，想要將這些章節合理地切割給學生分週閱讀是件困難的事情。它們長短不一，頁數差距非常大，怎麼分都不對勁。此時我彷彿可以聽到安清竊笑的聲音，因為這正是她的計謀。她說：

> 這些章節架構出來的並非一部有邏輯的機器，而是一種開放性的聚合體；它們是要將世間的群像表達出來。它們也彼此糾纏擾動，一如我試圖描述的這世界的零碎區塊特性。

書本的最後又回到了勒瑰恩，以她關於故事的理論收尾。勒瑰恩表示，說故事的時候不要像個獵人一樣，有明確的獵物目標。故事應該要說得像是一個採集者，沿路採拾各種多樣的事物，並且讓它與下一個故事有串連起來的機會。我也是這樣勉勵在讀各種繁瑣文本的學生，讀一本書要當在森林中的採集者，沒有固定方向，沿途摘取自己覺得有意思的材料。遇到阻礙，就繞路而行，或許下一頁、下一章有更美好的花草野料。若是抱持著獵人的心態，想要一口氣捕捉整個獵物，那漫長的歷程只怕會更讓人受挫，甚至忽略那些不起眼但珍貴的細節。人生何嘗不是如此呢？願我們都能像松茸一樣，可以在艱困的環境下生長、懂得珍惜與他者異己的關係。願我們都能像松茸採集者一樣，擁有在一片廢墟殘骸中察覺出生命的智慧。

謝詞

有創造力的糾纏

Enabling Entanglements

自啟蒙時代以來，西方哲學家便讓我們了解「自然」（Nature）既宏大普遍、但又消極機械的特質。「自然」是「男／人」（Man）道德意向性的背景與資源，他們由此意向性得以馴化並征服「自然」。然而，是那些以非西方與不文明的說故事的人為首的寓言家，提醒我們這世上所有生命，無論是人類或非人類，所共同擁有的蓬勃生機。

幾件事情的發生卻破壞了這種所謂的分工方式。首先，所有馴化與征服的行動現已製造出一片混亂，讓人不確定地球上的生命是否能順利延續。其次，曾經看似虛構寓言才有的物種糾纏，如今已是生物學家與生態學家討論的嚴肅議題，他們展示了生命如何需要與許多其他不同生命彼此相互影響。人類是無法依靠踐踏其他生命而獨活的。第三，世界各處的女性和男性已在大聲疾呼爭取「男／人」曾獨有的尊貴地位。我們喧鬧的存在損害了「男／人」基督陽剛氣質的道德意向性，而這個意向性過去總是將「男／人」與「自然」區隔開來。

現在，該是時候採取新方法去講述超越這些文明定律的真實故事了。若沒有「自然」和「男／人」的分野，所有生物都能回到生命本身來談，無論男女都能表達自我，不再受狹隘想像的理性所束縛。這些故事也不再淪為暗夜耳語，而說不定既真切又動聽。若不是這樣的話，我們又該如何解釋在我們所製造的亂象中各種生命依然活力盎然的事實？

這本從一種菇類開始講起的書，便是要說出這些真實的故事。與大多數學術著作不同的是，這本書是由一連串繽紛的短章組成。我希望它們就像雨後冒出頭的菇類一樣，有著鋪天蓋地的茂盛、引人深究的誘惑、數大橫溢的繁多。這些章節架構出來的並非一部有邏輯的機器，而是一種開放性的聚合體；它們是要將世間的群像表達出來。它們也彼此糾纏擾動，一如我試圖描述的這世界的零碎區塊特性。各章節之間的照片則提供另一條故事線索，搭配文本但又並非直接加以解釋。影像的使用是為了呈現我論點裡的精神，而非討論的場景。

試想「第一自然」代表的是生態關係（包含人類在內），而「第二自然」則指涉遭資本主義改變的環境。這個用法——有別於更普遍的含意——乃引用自威廉．克羅農（William Cronon）的著作《自然的大都會》（*Nature's Metropolis*）。[1] 若是如此，那麼本書提出的是「第三自然」，也就是在資本主義影響之下還是能進行的生活方式。就算只是要覺察這第三自然，我們必須先避開認為未來只能朝單一方向前進的假設。好比量子場裡的虛粒子，多重未來也是在可能性的計算中忽隱忽現；第三自然就在這種時間複調裡浮現。然而，進步的故事已經蒙蔽了我們。為了理解沒有這類故事的世界，這本書描繪了糾纏生活方式的開放性聚合體，而且這些連結是在許多不同的時間韻律之間調和而成的。我在寫作形式上所做的實驗和提出的論點也是如此。

這本書是根據我在二〇〇四年至二〇一一年間，於美國、日本、加拿大、中國及芬蘭的松茸季所做的田野調查研究，再加上與這些地方及丹麥、瑞典、土耳其的科學家、林務人員、松茸貿易商的訪談。也許我自己的松茸之路尚未告終；遠在摩洛哥、韓國與不丹的松茸仍在向我招手。我希望讀者也能在接下來的章節裡，與我一同體驗這股「菇熱」。

位於森林底層的真菌身體，早在產出菇類之前，便不斷以網狀或紗團般的型態伸展，纏繞著植物根部與礦物土壤。所有書籍也是由類似潛藏的合作關係中成形。一連串致謝名單是不夠完備的，我希望能從讓這本書得以問世的合作團隊提起。與近年來多數的民族誌不同的是，本書的研究基礎是採合作實驗的方式進行。此外，在為這些我深信值得探尋的問題所進行的激烈討論中，我只是眾多參與者之一。

本書能誕生，是「松茸世界研究群」（Matsutake Worlds Research Group）的團隊心血，該成員有蔡紀恩（Timothy Choy）、莉芭・費爾（Lieba Faier）、顏伊蓮（Elaine Gan，音譯）、麥可・海瑟威（Michael Hathaway）、井上京子（Miyako Inoue）、佐塚志保（Shiho Satsuka），以及我自己。在人類學的大部分歷史中，民族誌一向是一種獨角戲；我們組成這個團隊，目的是希望探索出一種總是在過程中合作的新人類學。民族誌的重點是學習如何與重要報導者共同思考某個情境；研究分類是**與**研究一**同**發展出來的，而非事前預設。研究者與其他同儕一同工作時——而且每個人都是從不同的地方知識中訓練出來的——可以如何使用這個研究方法？有別於像大科學一樣事先就已知道研究對象，我們團隊決定在合作過程中讓研究目標自己浮現。面對這項挑戰，我們嘗試過各種不同的研究、分析與書寫形式。

本書是「松茸世界」系列的開場之作；海瑟威和佐塚志保將各自出版續篇。讀者不妨將之想成是一個冒險故事，情節會從一本書延伸到下一本。我們對松茸世界的好奇無法以單一書籍窮盡或靠單一聲音傳達；請靜候在旁，迎接下一個發生的創作。此外，我們的書也加入其他文類，包括單篇散文與論文。[2] 靠著團隊合作，再加上紀錄片導演莎拉・杜沙（Sara Dosa）的協助，顏伊蓮與我共同設計了一個網站空間（www.matsutakeworlds.org）來收集橫跨幾大洲的採集人、科學家、貿易商與森林管理員的故事。顏伊蓮兼容藝術與科學的實踐，更啟發了進一步的合作方式。[3] 而杜沙的紀錄片《最後一季》（*The Last Season*）也加入這些對話中。[4]

松茸研究能夠引領人不只是超越學科知識的限制，還得以進入由多種語言、歷史、生態和文化傳統所形塑的多重世界中。費爾、井上與佐塚都是在日本做研究的學者，蔡紀恩與海瑟威是在中國。而我則是研究群中的東南亞區域專家，在美國太平洋西北部與來自寮國和柬埔寨的採集人一同工作。然而後來事實證明，我需要更多幫助。能與霍里佛・揚森（Hjorleifur Jonsson）合作並得到王路伊（Lue Vang，音譯）與平大衛（David Pheng，音譯）的協助，對我在美國境內與東南亞人一同進行的研究至關重要。[5] 文化與生態研究所（Institute for Culture and Ecology）裡的艾瑞克・瓊斯（Eric Jones）、凱薩琳・林區（Kathryn Lynch）與蕾貝卡・麥克連（Rebecca McLain）帶領我走進菇類世界，現在也仍是我出色的同事。

認識比佛利・布朗（Beverly Brown）更是啟迪我甚深。艾美・彼得森（Amy Peterson）將我引介給日本與美國的松茸社群，為我指出竅門。蘇・希爾頓（Sue Hilton）與我一同探究松樹。在雲南，羅文宏（Luo Wen-hong）也加入團隊。在京都，石川登（Noboru Ishikawa）是位不可多得的嚮導與同事。在芬蘭，艾拉—梅加・沙芬能（Eira-Maija Savonen）為我們打理好一切。每一趟旅程都讓我意識到這些合作的重要性。

完成一本書還需要許多其他類型的合作。這本書特別牽涉兩種學術的發展，從在地到跨域都有。我有幸在美國加州大學聖塔克魯茲分校（University of California, Santa Cruz）學習女性主義科學研究，一部分是來自與唐娜・哈洛威（Donna Haraway）一同教學的機會。我在這裡窺見跨越自然科學和文化研究的學問，如何能不只是透過批判，而是透過創製世界的知識來達成。多物種的故事述說就是我們諸多的成果之一。聖塔克魯茲分校裡的女性主義科學研究社群讓我的工作得以前進。我也正是在那裡認識許多日後的研究夥伴。安德魯・馬修（Andrew Mathews）非常好心地教我重新認識森林。海瑟・史旺森（Heather Swanson）協助我在比較、以及日本的框架中思考。克里斯汀・魯德斯坦（Kirsten Rudestam）告訴我關於奧勒岡的事情。與傑瑞米・坎貝爾（Jeremy Campbell）、柴克利・卡伯（Zachary Caple）、羅森・柯恩（Roseann Cohen）、羅莎・費切克（Rosa Ficek）、柯林・霍格（Colin Hoag）、凱蒂・奧佛史崔特（Katy Overstreet）、貝蒂娜・史托瑟（Bettina Stoetzer）等人的對談使我獲益良多。

同時，聖塔克魯茲分校和其他地方的批判女性主義在探討資本主義時的力道，也啟發我去探索英雄式形象之外的資本主義的興趣。若我能持續處理馬克思主義的範疇，儘管有時會流於深描的冗重，那也是因為女性主義同事的洞見，包括羅麗莎（Lisa Rofel）和柳迫淳子（Sylvia Yanagisako）。聖塔克魯茲分校的高等女性主義研究所（Institute for Advanced Feminist Research），以及多倫多大學（承蒙塔妮亞・李〔Tania Li〕之邀）和明尼蘇達大學的研究群（承蒙何柔宛〔Karen Ho〕之邀），促使我首度嘗試結構性地將全球供應鏈描述為轉譯的機器。我很榮幸能在裘莉・葛拉罕（Julie Graham）辭世前獲得她片刻的鼓勵。她與凱薩琳・吉卜森（Kathryn Gibson）首倡的「經濟多樣性」觀點不只幫助了我，也影響了其他學者。至於與權力及差異有關的議題，在聖塔克魯茲分校與詹姆斯・克里弗德（James Clifford）、羅莎・費切克、蘇珊・哈汀（Susan Harding）、賀蕭（Gail Hershatter）、梅根・穆迪（Megan Moodie）、布里吉・凡・艾克連（Bregje van Eekelen）等人的對話非常關鍵。

我的研究能實現，也要感謝一些經費的挹注與學院的安排。美國加州大學環太平洋研究計畫（University of California Pacific Rim Research Program）的種子獎助金贊助了我的研究的第一階段。豐田基金會（Toyota Foundation）的獎助金支持了松茸世界研究群在中國與日本進行的聯合研究行程。美國加州大學聖塔克魯茲分校則允許我請假以繼續研究。尼爾斯・布班特（Nils Bubandt）和丹麥奧胡思大學（Aarhus University）讓我能在平靜又富啟發性的環境中開始本書的發想與書寫。古根漢紀念基金會（John Simon Guggenheim Memorial Foundation）於二〇一〇至一一年的獎助金使我得以專心寫作。這本書最後階段的工作與丹麥奧胡思大學人類世研究計畫的開啟有所重疊，後者是由丹麥國家研究基金會（Danish National Research Foundation）所資助。對這些機會我深懷感激。

還有一些人伸出援手幫忙閱讀草稿、討論問題，使這本書終能實現。誠摯感謝娜塔莉亞・布里歐（Nathalia Brichet）、柴克利・卡伯、艾倫・克里斯蒂（Alan Christy）、鮑拉・艾伯隆（Paulla Ebron）、蘇珊・佛萊德曼（Susan Friedman）、顏伊蓮、史卡特・吉爾伯特（Scott Gilbert）、唐娜・哈洛威、蘇珊・哈汀、菲里達・海斯崔普（Frida Hastrup）、麥可・海瑟威、賀蕭、克雷格・海瑟林頓（Kregg Hetherington）、魯斯頓・霍格奈斯（Rusten Hogness）、安德魯・馬修、詹姆斯・史考特（James Scott）、海瑟・史旺森、蘇珊・萊特（Susan Wright）充滿善意地聆聽、閱讀、評論。感謝井上京子重新翻譯詩詞。而凱西・切柯維奇（Kathy Chetkovich）是我閱讀與思考時不可或缺的指引。

本書能有照片為之增色，端賴顏伊蓮的慷慨協助。全部的照片都是從我的研究現場而來，但我也加入了幾張研究助理王路伊在我們一同工作時所拍攝的畫面（第九、十、十四章之前的照片，以及插曲〈追蹤〉底部的圖片）。我還拍了一些其他照片。顏伊蓮在蘿拉・萊特（Laura Wright）的協助下讓這些影像能夠使用。顏伊蓮也在章節裡繪製了能區辨段落的小圖案，像是真菌孢子、雨水、菌根和各種菇類。我把這個細節留給讀者們自行探索。

研究現場裡，願意與我交談、合作的眾人，我對他們只有無限感激。有採集者中斷了他們的採集活動；有科學家暫停了他們的研究；有創業家在生意上另外騰出時間。對此我由衷感謝。然而，為了保護隱私，書中多數人名都是假名，但公眾人物則是例外，包括科學家與其他在公開場合提出意見的人。對於這樣的發言人，掩蓋真名似乎顯得不太尊重。書中出現的地名也基於類似考量，只指明城市名，因為此書重點雖不完全是鄉村研究，可是當進入鄉村時，我仍刻意避免提出確切地名，以免干擾當地人隱私。

因為本書來源如此駁雜，所以我把引用與注釋放在一起，而非另外整理成統一的書目。引文中，屬於中文、日文與苗族的人名，其姓氏的第一個字母都以粗體表示。如此我便能按照作者名字是何時進入研究來改變姓氏的順序。

此書中有幾個章節曾在其他專題研討會上出現，重複部分值得一提：第三章是我在二〇一二年《常識》（*Common Knowledge*）第十八卷第三期505至524頁發表過的一篇較長論文的摘要。第六章摘自澤內普・甘貝提（Zeynep Gambetti）與馬歇爾・戈堆—安納提維亞（Marcial Godoy-Anativia）合編的《不安全感的修辭》（*Rhetorics of insecurity*）中〈在森林裡自由〉（Free in the forest）一文（紐約大學出版社，2013年出版），20至39頁。第九章發展自二〇一三年民族誌期刊《豪》（*Hau*）第三卷第一期當中（21至43頁）的一篇論文。第十六章取用二〇〇八年《經濟植物學》（*Economic Botany*）第六十二卷第三期論文（244至256頁）中的材料；雖然那只是該章的某部分，但值得一提的是，該論文的共同作者是佐塚志保。第三部分的插曲在二〇一三年《哲學、行動主義與自然》（*Philosophy, Activism, Nature*）第十卷中（6至14頁）裡有更長的版本。

難以捉摸的生命，於奧勒岡州。
從一個工業林地廢墟中冒出的松茸菌蓋。

序言
秋季香韻
Autumn Aroma

高円山脊，蕈傘遍地鋪蓋、開展、勃發——此乃秋季香韻之奇也。

——擷自八世紀日本詩歌選《萬葉集》

當你的世界開始分崩離析，你會做什麼？我會去散步，而如果很幸運的話，我會發現菇類。菇類能把我拉回自身五感上，不單因為它們與花一樣色彩繽紛、散發香氣，更因為它們的突然現身提醒了我，光是能在這裡偶遇，就是一份良緣。於是我了然於心，儘管置身在不確定性的恐懼裡，依然有樂趣可尋。

恐懼當然存在，而且不只之於我。世界的氣候正在失控，工業進步對地球生靈的影響比上一世紀的世人所想像的還嚴峻。經濟不再是發展或樂觀的源泉；我們的任何工作都可能隨著下一次經濟危機而消失。我擔憂的也不只是新災難的爆發：我發現自己缺少說故事的扶手，能夠辨認大家正往哪裡走、又為何而去。危殆狀態（precarity）以往看似只是不幸之人的命運，如今所有人的生活似乎都岌岌可危，即便目前我們的荷包還算豐滿。有別於二十世紀中葉的狀況，那時全球北方的詩人與哲學家曾覺得受困於過度安逸之中，但現今我們許多人，無論身處北方或南方，都同樣面臨著無邊的困頓。

本書講述的是我與菇類的漫遊歷程，並如何在其中探索不確定性和危殆狀態的處境，也就是缺乏穩定性許諾的生命。我讀過一篇文章，有關蘇聯在一九九一年解體時，上千位突然被剝奪國家保障的西伯利亞人跑進森林去採集菇類。[1]那些雖不是我所追逐的菇類，卻能證明我的觀點：當我們以為處於控制中的世界崩解時，菇類不受控的生命力卻是一份禮物，也是一條指引。

雖然我無法請你大啖菇類，仍希望你跟隨我的腳步，一同品味序言開頭的詩詞所讚頌的「秋季香韻」。那氣味來自松茸，一種香氣濃郁的野菇，在日本備受重視。松茸是大眾鍾情的秋天標記，它的氣味喚起因夏日富饒消逝而帶來的惆悵，但也呼引出秋天敏銳高漲的感知力。此種感知力在全球進步的富饒盛夏終結之際是有必要的：秋季香韻能引領我走入沒有確切性的尋常生活。這本書無意批判那些曾在二十世紀提出一種穩定遠景的現代化及進步夢想。在我之前，早已有許多論者剖析過那些夢想。相反地，我想不依靠那些曾讓我們集體相信自己知道何去何從的扶手，來處理生活中想像的挑戰。如果我們願意敞開自我去接受菇類的魅力，松茸將能振發我們的好奇心，而我認為好奇心可說是在這危殆的時代裡合作生存的首要條件。

一本基進的手冊對這種挑戰的描述如下：

許多人故意無視的幽靈，其實只是一個很簡單的明白——這世界將無法被「拯救」……如果我們不相信一種全球革命性的未來，就必須活在當下（事實上我們一向不得不如此）。[2]

據說，一九四五年原子彈摧毀廣島後，在一片殘破地景中最先出現的生物就是松茸。[3]

支配原子是人類控制自然這春秋大夢的最顛峰，卻也是該夢想覆滅的開端。廣島的原子彈造成許多巨變。突然間，我們意識到人類有能力破壞地球的可居性，無論是刻意還是無心。這份認知在我們目睹汙染、大規模滅絕與氣候變遷後更是清晰。當前的危殆狀態中有一半與地球的命運有關：我們能承受何種程度的人為擾動？儘管有在討論永續性，我們還有多少機會能留下適宜居住的環境給後代子孫？

廣島的原子彈也開啟了今日另一半的危殆狀態：戰後發展令人意外的矛盾。二戰後，以美國炸彈為後盾的現代化願景似乎光亮璀璨。每個人都從中獲益，未來的方向清楚可辨；但現今還是如此嗎？一方面來說，世界無處沒有被戰後發展機器所打造的全球政治經濟觸碰；另一方面，即便發展仍有指望，我們似乎也已喪失了適切的方法。現代化的目的本來應該是為世界——無論共產主義或資本主義——提供足夠就業機會，而且不是隨便將就的工作，而是享有穩定工資與福利的「典型勞動」（standard employment）。這種工作如今相當稀少；大多數人仰賴的是不規律的謀生活動。屬於我們這個時代的諷刺是，人人仰賴資本主義的鼻息，但幾乎無人從事我們以往所謂的「正規工作」。

與危殆狀態共存需要的不是只怪罪那些讓我們落此下場的人（雖然那樣看似有幫助，而且我也不反對）。我們可能得環顧四周，觀察這個奇異新世界，可能得拓展想像力，以便掌握它的輪廓。而這裡就是菇類幫得上忙的地方。在殘破地景上伸展的松茸，有助我們去探索這片已成為我們共同家園的廢墟。

松茸是一種生長在受人類擾動的森林裡的野菇。它們就像老鼠、浣熊與蟑螂，能吞忍人類造成的一些環境失調。但松茸不是害蟲，而是價值不菲的珍饈——至少在日本，其價位有時高到堪稱地表最具價值的菇類。松茸因為具備滋養樹木的能力，還能幫助險惡環境裡的林木成長。跟隨松茸，我們就能找到在失調環境裡共存的可能性。這並不是造成進一步破壞的藉口，但松茸確實為我們揭示了合作生存之道。

松茸也照映出全球政治經濟的縫隙。過去三十年間，松茸成了全球商品，在森林中採集的行動橫跨整個北半球，並且要趁新鮮運往日本。許多松茸採集者都是流離失所、公民權被剝奪的文化弱勢者。好比說，在美國太平洋西北地區（Pacific Northwest），大多數商業松茸採集者是來自寮國與柬埔寨的難民。由於松茸價格高昂，因此無論是採自何處，都對生計極有貢獻，甚至能促進文化復振。

然而，松茸貿易與二十世紀的發展夢想卻是幾乎沾不上邊。與我對談過的大多數松茸採集者傾訴的都是無處安身與離散失落的故事。對缺乏其他謀生手段的人來說，商業採集已經比一般謀生方式來得好。但這到底是何種經濟模式？菇類採集者是為自己工作，沒有公司雇用。他們既無工資也沒福利，只能販售他們私自摘取的菇類。有些年甚至無菇類生長，採集者只能坐吃山空。野生菇類的商業採集是安全感匱乏的危殆生計的真實寫照。

這本書透過追蹤松茸的貿易與生態，講述危殆生計與危殆環境的故事。無論何種情況，我發現自己都被零碎區塊包圍，也就是一種糾纏生活方式的開放性聚合體所形成的鑲嵌藝術，每次的開展都會使人更加深入一個時間韻律與空間軌跡的嵌合體中。我認為，唯有先理解當前的危殆狀態是屬於全球的處境，才能覺察當今世界的狀況。只要主流分析繼續以成長為前提，那麼就算時空的異質性在一般日常參與者與觀察者眼中是顯而易見的，專家也會視若無睹。然而，異質性理論仍處於萌芽階段。要理解與我們現況相關的零碎不可預測性，就需要重新開啟想像。這本書的重點，便是要借蕈菇之力催化這個過程。

關於貿易：當代貿易只能在資本主義的限制及可能性當中運作。不過，二十世紀資本主義的學徒跟隨著馬克思的理論而內化了進步歷程，以至於只能在一定時間之中看到一種強大潮流，進而忽略了其他力量。這本書想告訴大家，如何藉著密切關注這世界所有的危殆狀態，再加上對財富累積的方式提出質疑，使得在研究資本主義時能避免這種逐漸崩壞的假設。不以進步發展為前提的資本主義究竟是何模樣？它看來可能是參差不齊的：**財富集中之所以可能，是因為非計畫區塊產出的價值都已被資本據為己有**。

關於生態：對人文主義者來說，有關人類不斷進步的宰制力的假設引發了一種將自然視為反現代性浪漫空間的觀點。[4]但在二十世紀科學家眼中，進步也不自覺地成為地景研究的框架。關於擴張的假設悄然進入了族群生物學的建構中。藉著引入跨物種互動與擾動的歷史，這些生態學的新發展使得不同的想法得以出現。在這期待漸次落空的時代下，我想尋找一種**以擾動為本的生態學，在此之中許多物種能在既非和諧亦非競爭的狀況下共同生活**。

雖然我不願將經濟學或生態學簡化成一樣的事，但經濟與環境之間有一條看來值得在此提出的關聯：在人類財富集中的歷史裡，人類與非人類雙方都被化約成了可投資的資源。這種歷史鼓舞了投資客徹底異化人與物品，也就是使之獨立存在，彷彿生活上的糾纏不再重要。[5]透過異化，人與物品變成了可移動的資產；它們可以被去除距離限制的運輸技術從原生的生命世界中移出，然後再與其他地方的生命世界中的資產交換。[6]這與只在一個生命世界中利用其他物種的狀況不同——例如，攝取食物與被食用。在那種情況下，多物種的生活空間仍然不變。但異化卻消除了生活空間中的糾纏。異化的夢想帶動了地景的改變，在其中只有單一的資產是重要的，其餘的則淪為野草或廢料。在此去關心生活空間的糾纏似乎不是有效率的事情，甚至過時。當單一資產無法再生產時，那塊空間便遭廢棄。木材砍光了，石油挖空了，土壤無法再孕育農作物。對資產的搜刮又會從他處開始。於是，簡化的異化行動產生了廢墟，產生了為資產生產而荒廢的空間。

這種廢墟如今遍布全球地景。然而，這些地方儘管被宣告死亡，卻仍不乏生命力；廢棄的資產場地有時仍充斥著新的多物種與多文化生命。在全球的危殆狀態下，我們除了在這廢墟中尋找生機之外，別無選擇。

我們的第一步是找回好奇心。零碎區塊裡的叢結和律動不會被簡化的進步敘事阻礙，永遠在那裡等著被探索。而松茸正是其中一個起點：無論我學到多少，它們總能讓我驚喜連連。

這不是一本關於日本的書，但讀者在往下讀之前需要先對日本的松茸有所了解。[7] 序言開頭那首八世紀的詩詞，正是松茸在日本文字紀錄中的首次現身。當時，松茸已因獨特香氣而被視為對秋季的禮讚。由於奈良與京都人經常砍伐山林，以取得木材興建佛寺，並作為煉鐵燃料。人為擾動確實可說是讓日本松茸（*Tricholoma matsutake*）得以出現的關鍵，這是因為它最常見的宿主是赤松（*Pinus densiflora*），而赤松成長靠的是陽光，以及森林砍伐後留下的礦質土。當日本森林不再受人類擾亂而重新茂盛之後，闊葉林木又遮蔽了赤松，阻止它們發新芽。

隨著森林砍伐，赤松長遍全日本，松茸也成為珍貴的禮品，在擺滿蕨葉的盒子中優美地呈現。貴族收到這樣禮物會倍感榮幸。到了江戶時期（一六〇三至一八六八年），就連富裕的平民，例如城中商賈，也能品嚐到松茸美味。代表秋天的松茸加入了四季慶典的行列。秋季出遊採菇就像春季攜伴賞櫻。松茸於是成為詩歌吟詠的熱門主題。

薄暮雪松聽寺鐘，
幽山小徑聞秋茸。

——橘曙覧（Akemi Tachibana，1812-1868）[8]

一如其他日本自然詩，富有季節感的指涉物總能營造氛圍。松茸加入了早先秋色符號的行列如鹿鳴或豐收之月。凜冬將至的荒蕪觸動了深秋剛萌生的孤寂感與懷舊之情，前述詩作便是要展現這種情緒。松茸是屬於貴族的愉悅，是能夠在自然的巧妙重現當中生活的殊榮之象徵，由此得以追求精緻的品味。[9]也因此，當農民在為貴族出遊做準備時，有時會刻意「栽種」松茸（這意思是，當沒有野生松茸可摘時，農民會巧妙地把松茸塞入土中），且無人會反對。松茸遂成為理想的季節元素，不只在詩詞中，也在從茶道至劇場等所有藝術形式裡廣受讚揚。

浮雲散盡，我嗅到蕈菇之芳。

——永田耕衣（Koi Nagata，1900-1997）[10]

日本在江戶時期終結後迎來明治維新，以及快速的現代化。迅速進行的森林砍伐使得赤松與松茸獨享優勢。在京都地區，松茸成了「菇類」的總稱。在二十世紀初期，松茸更為普及。然而到了一九五〇年代中期，情況開始轉變。鄉間林地被砍倒改為林木種植場為郊區發展鋪路，或者遭遷居城市的農民棄置。石化燃料取代了木柴和木炭；農民不再利用剩餘林地空間，這些地方於是長成濃密的闊葉林。曾被松茸覆蓋的山坡如今過於幽暗，不利松樹生態。遮蔭過多的松樹也被入侵的線蟲侵襲致死。到了一九七〇年代中期，松茸在全日本已寥寥無幾。

然而，此時又正值日本經濟快速發展的時期，松茸成了奢侈的禮品、獎賞與賄賂，價格也隨之一飛沖天。知道世界其他角落也有松茸，突然變得意義重大。日本海外遊客和僑民開始將松茸運回日本；隨著進口商紛紛投入國際松茸貿易市場，非日本的採集者也蜂擁而至。一開始，有大量不同顏色與種類的菇類都可以被視為松茸，因為氣味符合。隨著北半球森林裡的松茸突然從沒沒無聞到名聲大噪，其學名也如雨後春筍般激增。過去二十年來，名字才又逐漸統一下來。如今，歐亞地區大多數的松茸都被稱作 *Tricholoma matsutake*。[11] 在北美洲，這個物種似乎只能在東部與墨西哥山區間發現。北美洲西部當地的松茸則被認為是另一個物種 *T. magnivelare*。[12] 但還是有些科學家認為，以最普遍的「松茸」一詞來描述這些氣味豐富的菇類，還是最為合適，畢竟該物種形成的動態至今仍有待釐清。[13] 我在本書中也遵從這個習慣，除非是在討論分類問題的時候。

日本人已經想出一套為世界各地松茸排名的方法，而且名次也反映在價格上。當一位日本進口商向我解釋排名時，我還真是大開眼界：「松茸就像人，美國菇類是白的，因為美國人膚色偏白。中國菇類是黑的，因中國人膚色偏深。日本的菇類與日本人則是恰到好處地介於中間。」並非每一個人都有同樣的排名方式，但這個鮮明的例子能代表組織起全球貿易的分類和評價形式是有多重的樣貌。

與此同時，日本人也開始擔心自己會失去這些帶給他們春花漫漫與秋葉瑟瑟季節之美的鄉間林地。因此打從一九七〇年代起，志工團體便開始動員，促進林地復育。這些團體希望他們的工作能超越只是消極的美學追求，於是也探詢復育的林地如何能對人類生計有所助益。高價位的松茸於是成了林地復育的理想成果。

於是，我回到了我們製造的亂象中的危殆和生活。然而生活似乎越來越擁擠，不單是包括日本美學與生態的多重歷史，還有國際關係與資本主義的貿易行動。這就是本書接著要探討的故事。在此時此刻，似乎是得好好認識一下這個菇類了。

啊，松茸：
尋獲它們之前的雀躍。

——山口素堂（Yamaguchi Sodo，1642-1716）[14]

魔幻時刻，於雲南。
觀看老闆賭博。

第一部

還剩下什麼？

What's Left?

那是個晴朗的夜晚——我發現自己在一座陌生森林裡迷路了，而且兩手空空。那是我首度到奧勒岡州（Oregon）的喀斯開山脈（Cascade Mountains）尋找松茸——以及松茸採集者。我在那天下午稍早便抵達了森林局的「大營地」等待採集者，但所有人都已出發入林了。等不及他們返回，我決定自行動身前往。

我想像不到有哪座森林比這裡看上去更缺乏生氣。地表乾燥、岩石滿布，除了黑松的枝梗外沒有其他林木。附近地面也幾乎沒長什麼植物，甚至連野草都沒有。我摸了摸土壤，旋即被尖銳的浮石碎片割傷手指。當傍晚漸至，我只找到了一兩朵「銅蓋菇」，那是一種帶有些許柳橙和粉質氣味的菇類。[1]除此之外再沒別的。更糟的是，我已經迷失方向，不知東西南北。無論轉向哪裡，森林看來都一樣。我不知道怎麼去到我停車的地方。本以為只會在林中停留片刻，所以什麼都沒帶的我，很快就發現自己又渴又餓，還很冷。

我四處亂闖，好不容易找到一條泥路。但是該往哪邊走？我拖著腳步，暮色漸深。步行不到一英里後，總算有輛小貨車駛近，車內坐著一位臉色光燦的年輕人與另一名乾瘦的老人，他們願意載我一程。年輕人自我介紹說他叫「小高」。他跟叔叔都是來自寮國山區的瑤族人，在一九八〇年代從泰國難民營輾轉來到美國。他們倆在加州沙加緬度比鄰而居，一同到這裡採野菇。他們先帶我回到他們的營地。這位年輕人接著載著他的塑膠壺到附近的儲水場取水。老年人一句英語也不通，但他跟我一樣懂得一點點中文。我們尷尬地稍微對話，然後他拿出以ＰＶＣ管子自製的菸斗，點燃他的菸草。

小高帶著水回來時已是黃昏。他向我招手：附近有菇類，一起去採吧。夜幕降臨時，我們爬上一座離營地不遠的岩丘。我只看到泥土與幾株枯瘦的松樹。但拿著桶子與棍子的小高，往空無一物的地面深處戳了戳，隨即拉拔出肥肥的一朵。這怎麼可能？那裡明明什麼都沒有——但又確實有所收穫。

小高把那朵菇遞給我。這是我第一次聞到它的味道。那氣味並不尋常，不像花朵或任何讓人口水直流的食物，反而令人反胃。那股味道許多人是完全無法習慣與欣賞的，實在有些難以言喻。有些人將之比擬成腐敗中的食物，也有些人說那就是清澈的美妙，是秋季香韻。初次聞到時，我的第一印象就是……驚訝。

讓我驚訝的不只氣味。瑤族人、日本的菇類珍饈以及我，在奧勒岡州這個廢棄的工業林地中到底在做什麼呢？住在美國這麼久，我還從未聽過這些事。瑤族營地讓我回想起自己早些年在東南亞進行的田野調查；松茸則激起我對日本美學與美食的興趣。相反地，這片破碎的森林看上去就像一場科幻小說式的夢魇。一陣錯覺間，我感覺我們好像奇蹟似地脫離了時空，就像童話故事裡會出現的情景。我既詫異又著迷；我無法停止繼續探索。這本書的目的，就是想把你也拉進我所找到的迷宮中。

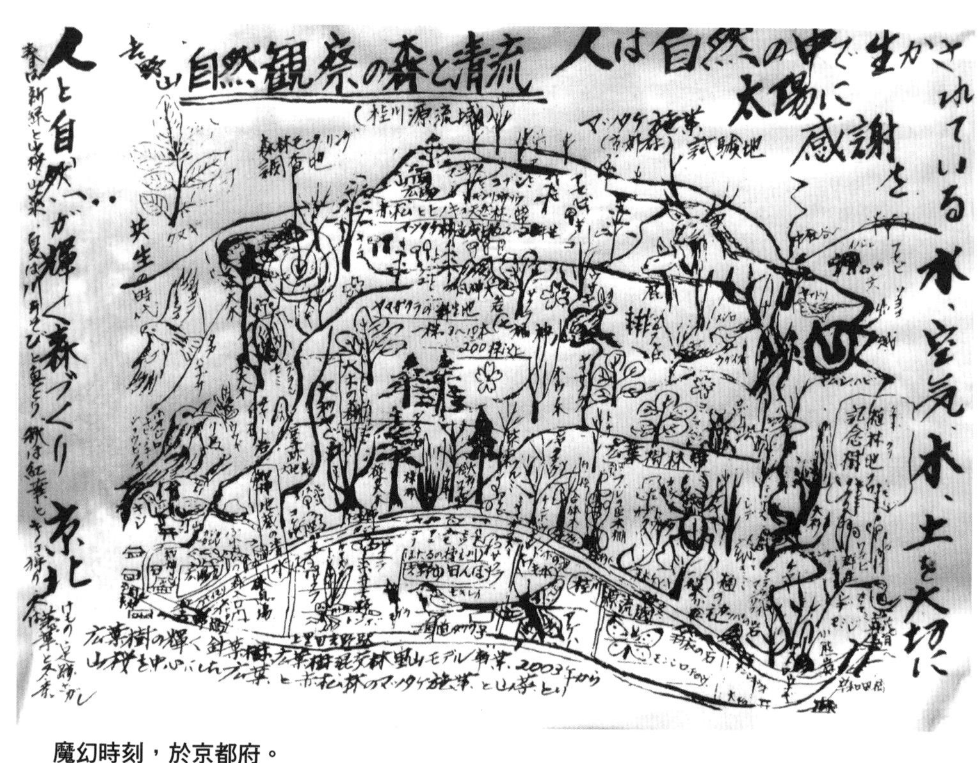

魔幻時刻，於京都府。
井元先生的復育地圖。這是他的松茸山：
一台匯集了多重季節、歷史與希望的時光機。

第1章 覺察的藝術
Arts of Noticing

我不是要提倡重返石器時代。我的動機沒有反動成分，甚至沒有保守主義成分，而是意在顛覆。就像資本主義或工業主義或人口那樣，烏托邦想像看起來一直困在一個只包含成長的單程未來裡。我的一切努力都是要想通怎樣把一頭豬放回正軌。

——娥蘇拉．勒瑰恩（Ursula K. Le Guin）

一九〇八與一九〇九年，兩位美國鐵路大亨在奧勒岡州的德舒特河（Deschutes River）上競逐建造鐵軌。[1] 他們的目的是要成為打造一條工業鍊串連起東喀斯開山脈高聳的西黃松（ponderosa）林與波特蘭木料豐沛的貯木場的第一人。雙方的激烈競爭最終在一九一〇年轉為合作共識，於是松木從該地區源源產出，運往遠方市場。鋸木廠為當地帶來新居民，周邊小鎮因工人倍增而蓬勃。奧勒岡州到了一九三〇年左右，已成為全美最大的木材生產地。

這是我們耳熟能詳的故事；它是開拓者、發展，以及「空洞」空間轉型成工業資源用地的故事。

一九八九年，奧勒岡一列伐木車上被人掛上一隻塑膠的斑點貓頭鷹。[2] 已有環保人士表示，影響生態平衡的伐木正在破壞太平洋西北地區的森林。「斑點貓頭鷹就像礦坑裡的金絲雀」，倡議人士解釋，「牠是……生態系統瀕臨崩潰的象徵。」[3] 當聯邦法官明令禁止砍乏老林以拯救貓頭鷹棲息地時，伐木業大為惱火；不過，此時究竟還有多少伐木工存在呢？伐木工作已隨著伐木公司機械化和主要木材的消失而縮減。到了一九八九年，許多工廠已然關閉；伐木公司也移往其他地區。[4] 曾是木材財富樞紐的東喀斯開山脈林地，如今已削成光禿一片，昔日工廠小鎮也荒煙蔓草叢生。

這是我們必須知道的故事。產業轉型的前景最終還是泡沫化了，伴隨而來的還有生計失依的狀況與千瘡百孔的地景。然而，光有這些紀錄還不夠。如果我們讓故事以衰敗收場，便是放棄所有希望─或者只是將注意力轉向其他能寄予厚望、卻又必然走往毀滅的場景。

是什麼超越了工業化的興衰，進而出現在這千瘡百孔的地景上？一九八九年時，奧勒岡州光禿禿的森林裡出現了其他動態，那就是野生菇類貿易。最初，那與一樁世界級的災難有關：一九八六年的車諾比核災汙染了歐洲的菇類，貿易商供貨不足，只好找到太平洋西北地區來。當日本開始以高價進口松茸時——此時沒有工作的中南半島難民也開始定居加州——野菇貿易變得很瘋狂。數以千計的人為了這新的「白色黃金」，湧進太平洋西北部的森林。森林裡上演了「工作機會對上環境保護」的大對決，但雙方都沒注意到菇類採集者的存在。鼓吹工作機會的一方所想像的，都是提供給健康的白人男性的工作契約書，而採集者——行動不便的白人退伍軍人、亞洲難民、美洲原住民、無正式身分的拉丁裔人——則淪為隱形的無照私商。保護自然資源論者致力不讓森林遭受人類擾動，因此這數以千計的採集人一旦被發現進入森林，自然是不受歡迎。但是採菇者多半極為低調。最多就是亞洲人的身影引發了當地人對於入侵的恐慌，記者也曾擔憂暴力問題。[5]

邁入新世紀後的這幾年，工作機會與環境保護之間的取捨似乎沒那麼困難了。無論生態保育是否有在進行，美國國內的工作機會遠比二十世紀時少；此外，無論有無工作，環境災難看來極有可能讓人類全數滅絕。儘管有著經濟與生態浩劫，我們永遠要面對生活的問題。發展的故事也好、毀滅的故事也罷，都無法提供我們合作生存之道。是時候關注菇類採集了。這並不是說它一定能拯救我們，但至少能開啟我們的想像力。

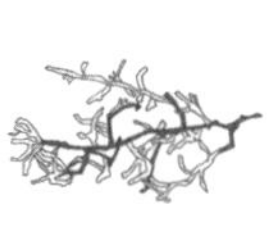

地質學家已經開始稱我們這個時代為「人類世」（Anthropocene），這是一個人類擾動之力遠大於其他地質力量的新紀元。這個詞彙在我撰寫本書之際還很新穎，而且仍充滿富有發展力的矛盾性。因此，儘管有些詮釋者認為「人類世」一詞暗示著人類的勝利，但反過來說似乎更為正確：在缺乏計畫與清楚目的下，人類已將這個星球搞得一團糟。[6]此外，這個字的字首「anthropo-」意思雖是「人類」，但這團混亂並非我們這一物種生物活動的結果。最具說服力的人類世時間軸，並非始自人類出現於地球的那一刻，而是始於現代資本主義的到來；它已導致地景與生態上的長距離破壞。然而根據這個時間軸，「anthropo-」更顯得有問題。在資本主義崛起後想像人類為何，會讓我們陷入發展迷思和異化技術的傳播中，使得人類與其他生物都成了資源。這種技術隔離了人類與被監控的身分，隱蔽了合作生存的機會。人類世的概念激起這一套可以被稱為現代人類傲慢的志向，同時也帶來了我們還是能夠設法度過這個時代的希望。我們能否生活在人類國度之中，但仍能超越這裡？

這是在描寫菇類與採集人的故事之前讓我猶豫不決的困境。現代人類的傲慢總使這類敘述變成一行裝飾性的注腳。這個「anthropo-」隔絕了對於參差的地景、多重時間性，以及人類與非人類的變動聚合體的關注，但這些都是合作生存的關鍵。為了把採菇的故事說得精采，首先我必須繪製這幅「anthropo-」作品，並且探索它一向拒絕承認的領域。

確實，我們要想想「還剩下什麼」這一問題。有鑑於國家與資本家對自然地景的破壞威力，我們也許會懷疑在他們的計畫外為什麼有東西能夠安然活到今日。為了解決這問題，我們必須覺察那些不規整的邊緣。是什麼把瑤族人與松茸帶來奧勒岡？這類瑣碎的探問可能會扭轉情勢，將原本難以預期的遭逢（encounters）轉變為事物的中心。

我們每天都能在新聞上看見危殆不安的消息。人們為失業或從未擁有工作機會而憤怒。大猩猩與河豚正瀕臨滅絕。海平面的上升淹沒整個太平洋島嶼。然而，多數時候我們相信這些危殆不安只不過是世界運轉時的例外，是「掉出」系統之外的狀況。如果說正如我所提出的那樣，危殆狀態**正是**我們這個時代的處境——或者，換個方式來說，如果我們的時代已經成熟到能感知到危殆？如果說危殆、不確定性，以及那些我們想像中微不足道的事，正是我們所追尋的系統性的核心呢？

危殆是一種易受他者傷害的狀態。難以預測的遭逢改變了我們；我們無法控制一切，甚至無法控制自己。我們再無穩定的社群結構可依賴，轉而被扔入一種變動的聚合體裡；它重塑了你我及他人。我們也無法再仰賴現況；一切都處於流變之中，包括我們的生存能力。在危殆狀態中思考能改變社會分析的方式。危殆的世界就是沒有目的論的世界。不確定性與時間無法規劃的本質令人心驚，但在危殆狀態中思考，能彰顯出不確定性如何讓生命可能。

這番說法聽來奇怪的唯一原因，在於我們多數人的成長過程都浸淫在現代化和進步的夢想裡。這些框架會在當下挑選出能帶領我們走向未來的部分。其餘的則一概斥為微不足道；那些是「掉出」歷史的事物。我猜你可能會駁斥：「進步？那可是十九世紀的想法。」以「進步」一詞表達一種共通狀態已經變得罕見，甚至連二十世紀現代化這個用語也開始顯得跟不上時代。但它們的分類與進步假設至今仍無所不在。我們終日想像著它們的目標：民主、成長、科學、希望。我們為何會期待經濟要成長、科學要進步呢？因為即便沒有在清楚指涉發展，我們的歷史理論仍與這些範疇糾纏不清；個人的夢想也是如此。我承認，對我而言要說出「未來或許沒什麼集體美滿的結局」確實很難。這樣一來每天早上何必起床？

同樣地，進步也廣泛地被嵌入各種對於人類為何的預設當中；即使偽裝成其他術語，例如「能動性」、「意識」與「意向」，仍一再使我們認為人類之所以與世上其他生命不同，就是當其他物種只圖一日溫飽因而依賴人類時，人類還知道要展望未來。如果我們繼續想像人類是在追求進步中**被創造出來**，那麼非人類也會永遠困在這種想像框架當中。

進步是埋頭往前的行軍隊伍，硬是將其他性質的時間全拖進它的韻律當中。若能拋開這個強力的節拍，我們或許能覺察出其他時間模式。每種生物都透過其季節性生長脈動、生命繁殖模式與地域上的擴張而重塑世界。任一既定物種也都有其多重的時間創製計畫，一如有機體在形成地景的同時也會彼此互助協調合作。（喀斯開山脈的光禿林地與廣島的輻射生態學中的再生現象，都顯示了多物種的時間創製能力。）我所提倡的好奇心便是遵循著這種多重時間向度，重新帶起描述與想像。這不是一種簡單的經驗主義，任世界發明自己的範疇。相反地，既然前進方向已屬不可知論，我們不妨去找出那些因為從不符合進步的時間表而遭漠視的事物。

讓我們再思考一下本章開頭提到的奧勒岡州的歷史片段。第一，它與鐵路，以及其所代表的進步有關。它曾導向未來：鐵路改變了我們的命運。第二，它出現了中斷，也就是一段森林砍伐的歷史、而且影響重大。然而，第二點與第一點的共同處在於對進步的說法足以認識世界的這一假設，不論世界是成或敗。衰敗的故事沒有殘渣、沒有剩餘、沒有逃脫進步的東西。即使在毀滅的故事中，進步依然主宰著我們。

然而，現代人類的傲慢不是創製世界的唯一方案；我們四周還有許多世界創製的計畫，無論人類或非人類。[7] 世界創製的計畫來自於創造生命的實際活動；在這個過程中，這些計畫改變了我們的星球。要想看清它們，我們就得在人類世「anthropo-」的陰影中調整注意力。從採集到偷竊，許多工業化之前的謀生方式都持續至今；後來出現新的方式（包括商業菇類採集）時，我們卻因為那不是進步的一部分而對之忽略。但那些營生方法同樣也參與了世界創製的計畫，同時也提醒我們，不妨環顧周遭，而非一味向前。

不是僅有人類才能創製世界。我們知道，河狸在建造水壩、渠道與巢穴時就會改變溪流；事實上，所有有機體都能打造適應的生存環境，改變土壤、空氣與水。沒有這種打造及調節環境的能力，物種必會滅絕。在這過程中，每種生物都能改變世界。細菌為我們創製了有氧大氣，植物則幫助維繫這個狀態。植物能於地表生存，是因為真菌分解石頭成為土壤。從這些例子看來，世界創製的計畫是能相互重疊的，並且有空間容納不只一種物種。人類也始終置身在多物種的世界創製中。火是早期人類的工具，不僅可用於烹食，還能焚燒環境，讓大地長出可食球莖與野草，吸引動物前來，使得人類有機會獵捕。當我們的生活安排方式能為其他生物騰出空間時，人類便形塑了多物種的世界。這不只是作物、牲畜與寵物的問題。松樹與它共生的真菌夥伴經常在被人類燒毀的環境裡蓬勃生長；松樹與真菌共同善用了森林明亮的開闊空間與外露的礦質土。人類、松樹與真菌三者同時在為自身和彼此安排生活方式——這就是多物種的世界。

二十世紀的知識學問加深了現代人類的傲慢，合力使得我們不懂去覺察歧異的、層疊的、聯結的創製世界計畫。學者們因為對某些大幅擴散的生活方式過於入迷，毫不理睬其他正發生的問題。然而，隨著進步的故事失去吸引力，觀看的眼光或許能有別以往。

聚合體（assemblage）這個概念相當有幫助。生態學家轉向聚合體，以避開「群落」（community）這個意涵有時僵固受限的名詞。在一個物種的聚合體之中，不同生物是如何彼此影響——假設有影響的話——的問題，始終沒有解答；有些生物會阻撓（或吞食）對方，也有一些會為生存而相互合作，還有一些只是原地不動。聚合體是開放性的群聚，讓我們得以探尋群落的作用，但無須接受它的預設。它也能讓我們看見在醞釀中的潛藏歷史。然而，為達到我的目的，我需要除了有機體以外其他可以群聚的組成元素。我需要看見各種生活方式——包含非關生活的存有方式——匯聚在一起。非人類生命的存有方式與人類的一樣，都在歷史中不斷變化。對生物而言，物種身分是個起點，但那還不夠：存有方式是遭逢後茁生的結果。思考一下人類的狀況就能明白這個道理。尋找菇類是種生活方式，但並非所有人類的共同特徵。放到其他物種上也是一樣。松樹發現菇類能幫助它們利用人類造成的開闊空間。聚合體不只是聚集各種生活方式，而是創建它們。思考聚合體能促使我們提問：群聚有時候如何形成「上演的事件」（happenings），也就是說，使得整體大過各部分的總和？如果沒有進步的歷史既充滿不確定性又如多頭馬車，那麼聚合體能否為我們帶來新的可能？

在聚合體中會發展出非刻意達成協調的模式。要覺察這種模式，就要去認識時間韻律與尺度在不同生活方式的群聚中的互動。令人驚訝的是，這可能會變成一種重振政治經濟學與環境研究的方法。聚合體能將政治經濟拉入其中，而且不只是為了人類。種植園作物的生命，有別於那些在野外自然生長的同類物種；役馬與獵駒雖屬同物種，但生活方式大相逕庭。聚合體無法逃脫資本與國家；它們是觀察政治經濟運作的場域。如果資本主義沒有目的論，我們就得留心是什麼集結起來產生結果——不只透過預製組件，也靠著並置對比。

其他作者提到「聚合體」時可能與我的意思不同。[8]「複音」（polyphonic）一詞或許能幫助解釋我的版本。複音音樂是由兩條以上的獨立旋律交織而成的樂曲。在西方音樂裡，牧歌與賦格都是複音音樂的例子。對現代聽眾而言，這種音樂形式似乎老舊且陌生，因為它們已被具有統一韻律與旋律的樂曲取代。巴洛克之後的古典音樂把統一性視為最高目標；這種「進步」恰好符合我一直在談的觀點：一種統一協調的時間性。在二十世紀的搖滾樂中，這種統一性是以強烈節拍形式表現出來，暗示聽眾的心跳；我們習慣聆聽的，始終是單一觀點的音樂。我首次聽到複音音樂時，那真是一次對聆聽的啟示；我被要求邊聽邊找出獨立、卻同時進行的旋律，並且仔細抓出它們共譜的和諧與不和諧。要體會多重時間韻律和聚合軌跡，需要的正是這種覺察方式。

對那些沒那麼喜愛音樂的人而言，把複音聚合體想像成農業生產可能會有點幫助。自從有種植園以來，商業性農業的目的便是將單一作物分離，使其同時成熟，以利協調收成。其他種類的耕作則有多重韻律。我在印尼婆羅洲研究的輪耕中，就有許多農作物是長在同一塊土地上，彼此的成長進度各不相同。水稻、香蕉、芋頭、甘藷、甘蔗、棕櫚樹和果樹，全都交雜共存；農民必須注意這些作物個別的成熟進度。這些韻律就是它們與人類收成活動的關係；倘若我們加入其他關係，例如授粉者或其他植物，韻律會有更多層次。複音聚合體就是這些韻律的群聚，它們是人類與非人類共有的、世界創製計畫的成果。

複音聚合體也把我們帶往未經探索的現代政治經濟領域。工廠勞動是進步時間協調下的典範。不過供應鏈卻為其注入了複音韻律。思考一下朱立儀（Nellie Chu）研究裡的中國小型服裝工廠；它與周圍許多競爭者一樣為多條供應鏈服務，不斷在國內精品品牌、山寨國際品牌，以及之後才會有商標的一般產品之間周旋、切換訂單。[9] 每種單子都需要不同的標準、材料與勞力類型。工廠的責任是將工業配置與供應鏈的複雜韻律達成協調。當我們走出工廠觀察對捉摸不定的野地產品的採集時，韻律會變得加倍複雜。我們越是走往資本主義生產的邊界，複音聚合體與工業化程序彼此的一致性就益發重要，如此方能獲利。

正如最後例子裡表明的，放棄進步的韻律、覺察複音聚合體，並不是為了做良心事業。進步讓人感覺良好，彷彿永遠能期待明天會更美妙。在我自己的成長過程中，進步曾帶給世人「向前走」的政治動力。我甚至不太知道如何在不談進步的觀點下看待正義。如今的問題是，進步已失去意義。越來越多人抬頭一看，卻發現國王根本沒穿新衣。就是這種兩難處境，使得新的觀察方法更顯重要。[10] 確實，地球上的生靈已岌岌可危。第二章裡，我們將討論合作生存的兩難困境。

魔幻時刻，於雲南。
市場中這位彝族男子背心上所繡的松茸圖案，展演出財富與幸福的許諾。
背心象徵了族裔（彝族）與物種（真菌），
讓這些元素得以在動態歷史遭逢的片刻中有所動作。

第 2 章
汙染即合作
Contamination as Collaboration

我希望有人告訴我一切都會沒事，但沒人這麼說。

——馬玫能（Mai Neng Moua），《往湄公河途中》（*Along the Way to the Mekong*）

一場群聚是如何形成一次「上演的事件」，也就是，使得整體大過各部分的總和？答案之一就是汙染（contamination）。我們因自身的各種遭逢而被汙染；在讓步給他者時，這些遭逢也改變了我們。一旦汙染改變了世界創製的計畫，互相關聯的世界與新的方向就可能會顯現。[1] 每個人都帶著汙染的歷史；純粹並不存在。記取危殆能帶來的一個價值在於它能提醒我們，隨不同狀況而改變乃是生存的法則。

然而，什麼是生存？在普遍的美式幻想裡，生存就是擊倒他人以拯救自己。這種美國電視節目或外星人故事裡主打的「生存」，是征服與擴張的同義詞。我不會這麼用它。我們不妨開放一點，嘗試別的用法。這本書主張的是，活下去——對所有物種而言——需要彼此共生的合作。合作代表努力克服差異，而這一定會帶來汙染。沒有合作，我們全都會滅亡。

這種普遍存有的幻想並非問題的全部，因為這種與一切為敵的生存觀點，也得到知識分子的背書。學者們始終把生存視為個體利益的提升——無論這「個體」是物種、種群、有機體，還是基因，不論是人類的或是其他。想想二十世紀的兩大孿生科學——人口遺傳學與新古典經濟學就知道。兩者皆是在二十世紀初獲致主導地位，以大膽的構想重新定義了現代知識。人口遺傳學刺激了生物學中的「現代演化綜論」（modern synthesis），結合了演化論與遺傳學。新古典經濟學重塑了經濟政策，創造出現代經濟的想像力。雖然這對雙胞胎科學的學者雙方不太有交集，彼此卻建立了相似的框架。兩者的核心都是封閉自足的個體，為個人利益的最大化而行動，無論那是為了繁衍後代還是為了財富。理查．道金斯（Richard Dawkins）的「自私基因」一說便貫穿了這個想法，在許多不同規模的生命上都通用：是基因（或有機體，或種群）追求自身利益的能力刺激了演化。[2]同樣地，「經濟人」（*Homo economicus*）的生命，也是遵循自己最大利益的一連串選擇。

這種自我封閉的假設促進了新知識的爆炸。自我封閉與自利個體（無論規模大小）的思考方式，忽略了汙染的面向，亦即遭逢帶來的轉變。自我封閉的個體不會受遭逢改變。他們會為求自身利益的最大化而去利用遭逢，但不會受其影響。**覺察**（noticing），對於這些不會改變的個體而言是沒有必要的。任何一個「標準」的個體都可以代替作為分析的單位。如此一來，似乎單憑邏輯推理就能組織起知識。當少了具有轉變力的遭逢，數學便能取代自然歷史與民族誌。這種簡化能帶來的生產力，使得前述的雙胞胎科學變得非常強大；最初那明顯有謬誤的前提也就逐漸被人遺忘。[3]經濟學與生態學成了「進步等於擴張」這條演算法的場域。

在危殆中生存的問題幫助我們看見錯誤所在。危殆是一種體認到我們會因他者而脆弱的狀態。為了生存，我們需要幫助，而幫助始終是一種來自他者的服務，不論意圖的有無。當我扭傷腳踝，拐杖能助我行走，我接受它的輔助。我因此成為一場進行中的遭逢，一個女人與拐杖的組合。我很難想像自己可能遇到的任何困難裡，有不必尋求他者協助的地方，不論來自人類或非人類。是一股毫無自覺的特權使我們違反事實地幻想，以為我們得以獨自生存。

如果生存總是涉及他者，那必然也受到自我與他者組合的轉變與不確定性的影響。我們在物種之內和之間的合作中轉變。地球上重要的生命內涵就發生在這些轉變當中，而不在自我封閉個體的決策樹模型裡。我們不能只看見個體不停歇的擴張與征服策略，還得探索因汙染而開展的多重歷史。因此，一場群聚究竟是如何成為一次「上演的事件」的呢？

合作是克服差異，但那不是自我封閉的演化軌道上單純的多樣性。我們「自我」的演化已被遭逢的歷史汙染；我們甚至在開始任何新的合作之前，便已與他者混合。更糟的是，我們也與危害我們最深的計畫相互牽連。讓我們能進入合作關係的多樣性，來自於滅絕生命的、帝國主義的，以及其他族繁不及備載的多重歷史。汙染，創造了多樣性。

這樣一來就改變了我們對分類名稱想像出來的研究工作，包含族群與物種。一旦分類不穩，我們就必須觀察它們如何從不同的遭逢中出現。要使用分類名稱，就應該要有決心來追尋在這些片刻穩定的分類中的聚合體。[4]唯有如此，我才能返回喀斯開森林，與瑤族和松茸重逢。身為「瑤族」或「森林」的意義到底是什麼？這些身分已從具有轉變性的廢墟歷史中進入我們的相遇，儘管新的合作關係也已改變了它們。

奧勒岡國家森林是由美國國家森林局（U.S. Forest Service）管理，該機構的目標是致力保護作為國家資源的森林。但是，地景的保育地位卻因百年來伐木與滅火的歷史而亂無章法。汙染孕育了森林，在此過程中加以轉化。因此，若要認識地景，留心覺察與計算是同樣必要的。

奧勒岡的森林在美國國家森林局於二十世紀初成立時扮演著重大角色，因為當時林業官員正想推出能獲得伐木業大亨支持的保育項目。[5]滅火是最顯著的結果，伐木業者與林務官員雙方都能有共識。同時，伐木業者也迫不及待想開採白人拓荒者在喀斯開山脈東部非常喜愛的西黃松。到了一九八〇年代，大片的西黃松林分已被砍伐殆盡。原來，沒有森林局阻止的間歇性野火，西黃松就無法順利再生。但是冷杉（firs）與細長的黑松（lodgepole pines）卻隨著火災排除政策而蓬勃生長——如果在一片更稠密、易燃、死活交雜的森林中擴張意味著蓬勃的話。[6]森林局數十年來在管理上一方面希望能復原西黃松，另一方面也試圖以削減、修整等手段，控制易燃的冷杉與黑松灌木叢。西黃松、冷杉與黑松均在人類擾動之下找到生命途徑，如今也成為具有汙染多樣性的生命體。

驚人的是，在這片廢墟般的工業地景裡，新的價值誕生了——那就是松茸。松茸在成熟的黑松下長得尤其好，而喀斯開山脈東部因為施行火災排除政策之故，成熟黑松的數量尤其多。隨著西黃松的採伐與火災排除，黑松向外占地蔓延。儘管黑松易燃，火災排除卻讓它們有足夠時間茁壯成熟。奧勒岡的松茸因此便有機會在樹齡四十到五十歲、未經大火肆虐的黑松下長成。[7] 松茸的豐足是近年的歷史產物：汙染多樣性。

不過，來自東南亞山區的人群在奧勒岡州做什麼？當我一意識到出現在這座森林裡的每個人幾乎都帶有明顯的「族群」因素時，找出這些族群蘊含的意義變得十分重要。我需要知道是什麼造成了他們共同關注的議題，包含菇類採集在內。因此，我去追尋他們列出給我的族群名稱。對待採集人就像對待森林一樣，應當去理解其形成的過程，而不是只去計算數量而已。不過，美國國內所有對東南亞難民的研究，幾乎都忽略東南亞族群形成的問題。為了填補這種疏漏，容我說一則延伸出來的故事。瑤族雖有其特殊性，在這裡卻能代表所有採集者，以及我們其他人。透過合作而來的轉變，無論過程難堪與否，都是人類共同的處境。

小高所屬的瑤族的遠祖，被想像為從矛盾情勢當中出現且不斷在移動和逃跑的人群。為躲避帝國統治而在中國南方群山裡四處遷移的他們，也重視能免除他們賦稅與勞役的帝國文件。約在一百多年前，有些人跑得更遠，躲入北方深山，也就是今日的寮國、泰國與緬甸所在的地區。他們帶來特殊的書寫系統，是以漢字為基礎，並以之與神靈溝通。[8] 作為對中國政權同時的排斥與接納，那套書寫系統正是汙染多樣性的清楚表現：瑤族是中國人，也不是中國人。後來他們又被認為是寮族人／泰族人，但又不是寮族人／泰族人，接著是美國人，但也不是美國人。

瑤族一向不理會國界的限制，人群不斷在國境之間穿梭，受到武力威脅時尤其如此（小高的叔叔便是在跨國境移動中學會中文與寮文）。然而，儘管有著這種移動性，瑤族卻稱不上是獨立自主的部族，能免於國家控制。霍里佛・揚森（Hjorleifur Jonsson）已經告訴我們，瑤族的生活方式是反覆地隨著國家政策而變動。例如二十世紀前葉時，泰國的瑤族人便靠著鴉片貿易組織起自己的社群。只有那些位高權重的年長男子所掌控的一夫多妻大家族，才能控制鴉片買賣契約。有些大家族成員甚至多達百人。泰國沒有刻意扶持這種家庭組織；它是始於瑤族與鴉片的遭逢上。二十世紀晚期，在類似且未經計劃的過程中，泰國的瑤族人被認為是一個有獨特習俗的「族群」。泰國對於少數族群的政策使得這種身分得以出現。但同時，瑤族還是在寮國與泰國邊境上四處流竄，儘管受到兩方國家政策左右，他們仍然東躲西藏。[9]

這些亞洲國境邊界山區中住有許多人群；瑤族在與這些多變的群體交流時發展出了特殊的敏感度，畢竟所有人都曾在帝國統治與叛亂、合法與非法貿易，還有千禧年運動中交涉協調。若想了解瑤族為何來到奧勒岡成為松茸採集者，就不能不考慮他們與現在森林中的另一個族裔、也就是苗族之間的關係。苗族有許多地方與瑤族相似。他們一樣逃離中國南方，跨越邊境，占領了適合種植鴉片的高海拔地區。他們一樣重視自己獨特的方言與傳統。二十世紀中時，由一個不識字的農夫所帶領的千禧年運動，造就出一套原創的苗族書寫系統。當時正逢越戰爆發，而苗族正在勢頭上。語言學家威廉・史莫利（William Smalley）指出，那位農人可能從該區域遭棄置的軍事設備上接觸到英文、俄文與中文書寫文字，他也可能見過寮文與泰文。[10]這套從戰爭廢棄物中生成、有著多重來源的獨特苗族文字，就與瑤族的一樣，都是汙染多樣性的完美代表。

苗族人以自己的父系氏族組織為傲，根據民族誌學者威廉・紀德斯（William Geddes）的研究，氏族是男性形成遠距聯繫的關鍵。[11] 氏族關係還讓軍事領袖得以在自己親近的網絡之外招兵買馬。有個例子可以證明其相關性，那就是當一九五四年越南民族主義者擊敗法軍後，美國接下了帝國管理的責任，因此也接收了曾受法國訓練的苗族士兵的投靠。當中有位士兵就是後來的王寶將軍（Vang Pao）；他動員了寮國境內的苗族為美國而戰，成為七〇年代美國中央情報局局長威廉・寇比（William Colby）口中「越戰最偉大的英雄」。[12] 王寶不只招募個人，甚至招募整個氏族與村落參戰。雖然他自稱代表所有的苗族人，掩蓋了還是有其他苗族人在為寮國共產主義戰線「巴特寮」（Pathet Lao）作戰的事實，但他還是把自己的使命視為同時是苗族與美國反共的使命。王寶對於鴉片運輸、轟炸目標、中情局物資空投任務的掌握，再加上他的個人魅力，吸引了極大量族人的忠誠，鞏固了一種「苗族」的集體性。[13] 很難想像還有比這更好的例子可代表汙染多樣性。

有些瑤族人也加入了王寶的軍隊。還有一些人跟著苗族人抵達班維奈（Ban Vinai）難民營；那是王寶在一九七五年隨美軍撤離寮國時，在泰國協助建立的難民營。但是，戰爭並未給瑤族帶來苗族所擁有的民族政治統一感。有些瑤族人為其他政治領袖而戰，像是瑤族將軍召拉（Chao La）。也有一些人早在寮國共產主義得勝前就已前往泰國。揚森的美國瑤族口述歷史當中便提到，經常被認為單純以區域劃分的寮國瑤族人——來自北方或南方——實則卻代表著由王寶與召拉兩位將軍分別強制安置的分歧歷史。[14] 揚森還主張，是戰爭創造了民族認同。[15] 戰爭不只迫使人群移動，還再次凝聚眾人，並與祖先文化重建連結。苗族協助促進了這種混合作用，瑤族繼而參與其中。

一九八〇年代時，逃到泰國的寮國瑤族人加入了美國將反共分子從東南亞帶進美國的計畫，並以難民身分成為美國公民。這些難民抵達美國後，正逢社會福利開始縮減，幾乎沒有得到什麼謀生或同化的資源。來自寮國或柬埔寨的大部分人群身無分文，而且未曾受過西方教育；他們於是只好選擇從事松茸採集這類地下工作。在奧勒岡森林中，他們使用從中南半島戰爭中磨練出來的本事。那些經歷過叢林戰的人不太會迷路，因為他們懂得如何在陌生森林裡找到方向。不過，森林並未激發出一種泛中南半島——抑或是美國人的認同。這些人模仿了泰國的難民營結構，瑤族人、苗族人、寮族人與高棉人等各有各的區位。但是奧勒岡的白人有時卻統稱他們為「柬埔寨人」，有時甚至更錯亂地以「香港仔」稱呼他們。多重形式偏見與剝奪的協調，使得汙染多樣性益發擴大。

我希望此時此刻你會說：「這又不是什麼新鮮事！我可以從身邊地景和人群中舉出許多類似的案例。」我非常同意；汙染多樣性無所不在。如果這類故事這麼普遍，而且廣為人知，那麼問題就會變成：我們為何不利用這些故事來了解這個世界？其中一個原因是，汙染多樣性非常複雜，而且也通常醜惡、屈辱。汙染多樣性往往暗示著有一群人是從貪婪、暴力與環境毀滅的歷史中逃脫的倖存者。從企業伐木生長的糾纏地景，提醒了我們那些無可取代的優雅巨樹曾經活過。來到我們眼前的戰爭倖存者，也提醒著我們他們曾經爬越過——或射殺過——的屍體。我們不知道究竟是該去愛還是去恨這些倖存者。簡單的道德評斷是不適用的。

更糟的是，汙染的多樣性頑固地抵抗著已成為現代知識標誌的各種「結論」。汙染的多樣性不只具特殊性、歷史性且變化不斷，同時也有關係性。它沒有自我封閉的單位；它的單位是以遭逢為基礎的通力合作。沒有自我封閉的單位，也就無法計算其中任何「一方」的成本、效益或功能。沒有自我封閉的個體或群體能夠確保自己的利益在遭逢中不會被忽視。在沒有以自我封閉為基礎的演算法的狀況下，學者和政策制定者也許得從關鍵的自然與文化歷史中領悟出一些什麼才行。這需要時間，而且對那些期盼以一個等式囊括整體的人而言，這時間可能還嫌太久。但是誰讓這些人主導一切？如果這一連串波濤洶湧的故事才是解釋汙染多樣性的最佳方式，那麼此時此刻，便該把這類故事納入我們的知識實踐中。或許，我們就與那些戰爭倖存者一樣，需要不斷訴說，直到我們所有關於死亡、瀕死，以及無謂的故事都能與我們一同面對現下的挑戰為止。正是在聆聽那些混亂故事的雜音中，我們也許能遭逢在危殆狀態下生存的最佳希望。

這本書就是要講述諸如此類的故事，這些故事不僅帶我探究喀斯開山脈，也領我走進東京的拍賣會場、芬蘭的拉普蘭（Lapland）森林區，還有一位科學家的餐桌；興奮過頭的我甚至在那邊打翻了一杯茶。同時追蹤所有這些故事既有重重困難，然而一旦找到訣竅，又會變得直白簡單，就如同唱一首牧歌，每個聲部旋律的高低起伏都在與他聲部互動。如此交織的韻律展演出一個充滿生氣的另類時間性，有別於我們依然渴望服從的統一進步時間觀。

魔幻時刻，於東京。
築地批發市場進行的松茸拍賣。
把菇類轉為存貨頗費周折；只有當之前的連結被切斷後，
商品才能加速與市場節奏同步。

第3章 規模的一些問題
Some Problems with Scale

不，不，你沒有在思考；你只是想符合邏輯。

——物理學家尼爾斯．波耳（Niels Bohr）為「幽靈般的超距作用」（spooky action at a distance）辯護

聆聽與講述一連串的故事，是一種**方法**。何不試著提出更強烈的主張，稱之為一種科學、能夠加入知識的行列？它的研究目標就是汙染多樣性；它的分析單位是不確定的遭逢。若要有新收穫，我們就必須重振覺察的藝術，把民族誌與自然歷史都納入其中。但我們還會遇到規模的問題。一連串的故事無法簡潔地概述。其規模大小不一，並引起對擾動的地理與節奏的注意。而這些擾動又會引出更多故事。這就是一連串的故事作為科學的力量所在。不過，正是有這些擾動，才能跨越大多數現代科學的界限；現代科學要求的是在不改變研究框架的情況下無限擴張的可能性。覺察的藝術之所以被認為過時，是因為

它無法用這個方式「擴大規模」。這種不改變研究問題、而是把研究框架應用到更大規模上的能力，已成了現代知識的標誌。若希望與菇類一同思考，我們就必須走出這種期待。秉持著這股精神，我接著要嘗試把菇類森林看作是「反種植園」（anti-plantations）的表現。

擴大規模的期待並不僅止於科學界。進步本身始終被定義成是有能力在不改變預設框架的情況下擴大計畫。這種性質就是「可規模性」（scalability）。這個術語會帶來一些困惑，因為它可以被詮釋成「能以規模來進行討論」。不過，無論是可規模化或不可規模化的計畫，都能從與規模的關係去討論。當歷史學家費爾南．布勞岱爾（Fernand Braudel）把歷史解釋成「長時段」（long durée）發展，或是物理學家波耳將量子原子介紹給世人時，談的都具有可規模性的計畫，雖然他們倆都革新了對規模的思考方式。可規模性，相反地，是一個計畫能在不改變框架的狀況下順利改變自己規模的能力。一個可規模化的商業活動，無須在擴大時改變它的組織。這只有在商業關係不具轉變性的情況下才可能，因此商業活動的改變只是新關係的加入而已。同樣地，一個可規模化的研究計畫只會接收符合研究框架的資料。可規模性也要求計畫元素無視那些遭逢帶來的不確定性；這是計畫能順利擴張的原因。因此，可規模性同樣驅逐了有意義的多樣性，也就是那些能夠促成事物改變的多樣性。

可規模性並不是自然界的尋常特質。要讓計畫可以規模化非常費功夫。即便成功了，在可規模化與不可規模化的計畫元素之間仍會有交互作用。然而，儘管有像是布勞岱爾與波耳等思想家的貢獻，擴大規模與人類進步之間的關聯性依然強大，以至於可規模化的元素贏得了龐大的關注，而不可規模化的元素卻變成一種阻礙。現在該是時候把注意力轉向不可規模化的元素上了，這不只是在將它當成描述的對象，也是理論上的刺激。

不可規模性的理論或許源自創造可規模性時所要進行的工作，以及在那過程中造成的混亂。有一個早期且影響深遠的代表性圖像或許能作為觀察的起點，那就是歐洲的殖民種植園。例如在十六與十七世紀的巴西甘蔗種植園中，葡萄牙的殖民種植園主在無意間發現了一條能順利擴張的公式。他們打造出自我封閉、可互換的計畫元素：消滅當地人民與植物；預備好如今已荒蕪、無人認領的土地；引入外來的孤立勞工與農作物以事生產。這種可規模性的地景模式啟發了日後的工業化與現代化。此書的主題菇類森林與種植園模式所形成的鮮明對比，很適合成為如何與可規模性保持必要距離的基礎。[1]

想想看葡萄牙殖民巴西時期的甘蔗種植園中的元素。首先，關於甘蔗，葡萄牙人所知的是，種甘蔗就是將蔗莖整支插入土中，而後等它發芽。所有作物都是無性繁殖，但歐洲人對於如何繁殖這個來自新幾內亞的栽培物種毫無概念。種苗不受再生影響的可互換性，是歐洲甘蔗的特性。當它被帶進新世界後，幾乎沒發生什麼物種之間的關係。作物生長時相對孤立，毫不理會周遭境遇。

第二，關於甘蔗勞工：葡萄牙的甘蔗種植事業與其新興權力一同前來，從非洲引入了大批奴隸。從種植園主的角度來看，利用這些非洲奴隸作為新世界的甘蔗工人有著諸多好處：這些人缺乏當地的社會關係，因此無法建立逃生路線。他們也與甘蔗一樣，在新世界裡沒有伴生物種或疾病關係的歷史；兩者都是孤立的。他們逐步成為封閉的個體，因此能被標準化成為抽象的勞動力。種植園被組織成能夠進一步異化的地方，以進行更好的控制。一旦中央工廠開始運作，所有的工作程序都必須跟從它的時間框架來運作。奴工必須以最快的速度收割甘蔗，並且聚精會神以免受傷。在此一情況下，奴工果真成了自我封閉、可互換的單位。早已被當成商品的他們，被迫從事因為替甘蔗設計出的規律和時序而成為可互換的工作。

與計畫框架有所關聯的可互換性，不論是對於人類勞動或種植商品，都是在這些歷史實驗中出現。這它獲得了高度的成功：歐洲因此獲得巨大利潤，但多數的歐洲人卻因為遠在天邊而看不到實際影響。這個計畫是可規模化——或者更精確地說，貌似可規模化的首例。[2] 甘蔗種植園範圍擴大，橫跨世上所有溫暖的地區。它們的組成成分——複製生殖的種苗、強迫勞動、征服與開放土地——顯示出異化、可互換性與擴張能夠帶來何等空前的利潤。這條公式塑造出了我們所謂進步與現代化的夢想。如同美國人類學家西敏司（Sidney Mintz）所說，甘蔗種植園是工業化過程中工廠的原型；工廠紛紛將這種種植園型態的異化植入自己的計畫內。[3] 透過可規模性達成擴張的成就，形塑了資本主義的現代化。從種植園視角想像出更多世界樣態的投資者，設計出了各式各樣的新商品。最終，他們斷定，地球上的一切——甚至超出地球之外的一切——都是可規模化的，也因此能夠以市場價值來交易。這曾經只是一種功利主義的思考，最終凝結成了現代經濟，並協助打造出更多的可規模性——或是至少表面上看起來具有可規模性的事物。

反觀松茸森林：松茸與甘蔗複製生殖不同的是，如果沒有其他物種的轉化關係，松茸顯然無法生存。松茸是與特定樹種共生的地底真菌的子實體。真菌會與寄主樹建立起互惠關係，自樹木根部得到碳水化合物，也為之覓食。松茸讓這些寄主樹木能在缺乏肥沃腐殖質的貧瘠土地上生存。相對地，松茸也從樹木身上得到養分。這種具有轉化力的互惠性，是人類不可能栽培松茸的原因。日本研究機構已投入數百萬日圓嘗試培植松茸，但截至目前依然壯志未酬。抗拒種植園環境的松茸，反倒需要森林裡動態的多物種多樣性——以及其能造成汙染的關係性。[4]

此外，松茸採集者不同於紀律嚴明、可互換的甘蔗園奴工。沒了有紀律的異化，森林裡也無法形成可規模化的企業型態。在美國太平洋西北地區的採集者是跟著「菇熱」湧入森林。他們都自食其力，在無正式雇用狀態下為自己尋條生路。

然而，將松茸貿易視為一種原始的生存方法是有誤的；這是進步迷障造成的誤會。松茸貿易並非在可規模性之前某種想像的時間中出現。它是隨著可規模性而生——來自其造成的廢墟。奧勒岡州的許多採集者是因為工業經濟才流離失所，而森林本身就是可規模性作用後的遺跡。松茸貿易與生態學兩者都依賴可規模性和其失敗產物之間的互動。

美國太平洋西北地區是二十世紀木材政策制定與實行的試煉場。這個地區吸引了那些先前已摧毀中西部森林的木材業者——而當時的科學林業正好也成為美國政府治理的強大力量。私人與公共（以及後來的環保人士）的利益在太平洋西北地區一決勝負；他們初步同意的科學與工業化林業，是一個多方妥協下的產物。不過，這裡有個地方可以看出森林也曾被當成可規模化的種植園對待。一九六〇與七〇年代是公私聯營的工業化林業的全盛時期，這意味只有單一樹種的同齡木材能在林中屹立不倒。[5] 如此單一化的經營非常費工夫。不被需要的樹種，事實上也就是其他所有的樹種，都被噴灑毒藥除去。火災也被絕對地去除。被異化的工作團隊種下「優越」的樹群。疏伐的作業嚴苛、規律且重要。為林木保留適當的間隔，目的是為了達到最大生長率與機械收成率。木材就是新的甘蔗，它能夠均勻成長，不受多物種擾動，而且能由機器與無名工人負責疏伐與收成。

儘管技術高超，把森林變成木材種植園的計畫表現也只能說成果參差不齊。木材公司初期可以靠著只砍伐最昂貴的樹而獲取暴利；當二戰過後國家森林開放伐木時，他們繼續從事「選擇性開採」（high grading），也就是一種美名為依據標準、成熟樹木最好被生長快速的低齡樹木取代的開採方式。全面砍伐（clear-cutting），或者說「同齡管理」（even-aged management）的技術被引入，以揮棄這種沒效率的挑三揀四收成法。但從利潤方面來看，在科學工業化管理下復育的森林並不吸引人。雖然早期的美洲原住民以燃燒法維護下來更多的樹種，但要讓「正確」的物種再生是很困難的事情。冷杉和黑松開始往高聳的西黃松曾經獨占的區域生長。再接著，太平洋西北地區的木材價格暴跌。輕鬆好賺的利潤不再，木材公司於是轉往他處搜尋更便宜的原木料。失去大林場的政治靠山與資金，區域中的森林局經費也因此流失，繼續維繫一個種植園般的森林遂變得成本過高。環保人士開始上法院，要求更嚴格的保育政策；這些環保人士雖然被指責為摧毀木材經濟的兇手，但其實各家木材公司——以及大多數的參天大樹——此際早已沒了影蹤。[6]

二〇〇四年，當我漫步在喀斯開山脈東部時，冷杉與黑松在原本幾乎由西黃松獨霸的區域裡大幅成長。雖然高速公路沿線的標誌依然寫著「工業木材」，但此處已看不出有何工業跡象。這片地景上密布著大批黑松與冷杉：對多數木材使用者而言，這些樹種過小；對休閒產業的發展來說，又不夠壯觀。但這個區域經濟裡冒出了別的東西——那就是松茸。一九九〇年代森林局的研究者發現，松茸每年度的商業價值至少可與木材的價值比肩。[7]在這片可規模化的工業化林業所造成的廢墟裡，松茸激發了一種不可規模化的森林經濟。

思考危殆狀態的一個挑戰，就是要同時理解那些創造可規模性的計畫如何轉變地景與社會，以及可規模性又是如何以失敗收場——還有不可規模化的生態與經濟關係如何由此爆發。在此的一個重要關鍵，就是要細心留意可規模化與不可規模化各自的發展軌跡。不過，若預設可規模性一定是壞的、而不可規模性就是好的，將會是天大的錯誤。不可規模化的計畫導致的影響也可能與可規模化的一樣糟糕。不受管制的伐木工會造成比科學林業員對森林更迅速的破壞。可規模化與不可規模化計畫的主要區別不在於道德行為，而在於後者比較多元繁雜，因為它們並非為了擴張而準備。不可規模化的計畫有可能很糟糕，也可能良善。什麼樣的程度都有。

不可規模性的新爆發不代表可規模性已經消失。在新自由主義結構重整的時代，可規模性正逐漸被歸結為技術問題，而不是公民、政府與企業應當合作的全體動員。我們在第四章將會探索到，可規模化的計算方法與不可規模化的職場關係兩者間的接合，正逐漸被認可為一種資本主義積累的模式。只要領導階層能規範好自己的帳本，生產就不一定要可規模化。當我們鑽研著危殆的形式與策略時，能否保持對可規模化計畫持續霸權的關注？

本書的第二部分，會追蹤可規模化與不可規模化以資本主義的形式來進行的互動；在此之中，可規模化的計算會允許不可規模化的勞力與自然資源管理的存在。在這種「搶撈式」（salvage）資本主義裡，供應鏈建立起轉譯過程，使得形式多元的工作與自然能為了資本而對等。本書的第三部分則會回到作為反種植園的松茸森林，以及轉化性的遭逢如何在其中創造生機。在此的核心議題，會是生態關係的汙染多樣性。

現在，得先談談不確定性：它是我所研究的聚合體的主要特徵。到目前為止，我都是以其負面特質來下定義，例如它們的組成元素因經過汙染而不穩定；它們拒絕被順利擴大規模。然而，聚合體除了總是可能產生的消散外，也可以從其中群聚的事物的力量來加以定義。它們也能創造歷史。這種難以名狀又富存在感的混合體，最能以氣味來表達：那正是菇類的另一樣天賦。

難以捉摸的生命，於東京。
松茸經過一位廚師的處理、細聞，並以炙燒方式料理，上桌時再佐以一片酸橘。
氣味是他者在我們自身中的存在。
難以形容、卻又栩栩如生的氣味，能帶我們進入遭逢——以及不確定的狀態中。

插曲
聞一聞
Smelling

「何葉？何菇？」

——約翰．凱吉（John Cage），譯自日本詩人松尾芭蕉的經典俳句

氣味的故事是什麼？這不是嗅覺的民族誌，而是氣味本身的故事，是一股飄入人類與動物口鼻中，甚至印在植物根部與土壤細菌菌膜上的氣息吧？氣味把我們拉入記憶與可能性的糾纏線索裡。

松茸不只引導我，還有許多其他生命。受氣味牽引的人與動物為了尋覓它，橫跨了北半球，勇闖荒野地勢。鹿在覓食時會優先選擇松茸，而非其他種的菇類。熊會翻動原木，挖溝搗渠找尋它的蹤跡。好幾位奧勒岡採集人告訴我，麋鹿會因為將松茸從尖銳的浮石土壤中刨出而造成吻部血跡斑斑。他們說，松茸的氣味使麋鹿尋遍一處後又轉往另一處。氣味除了是特殊形式的化學感受外還是什麼？在這種詮釋中，樹木也會受松茸的氣味觸動而任之進入其根部。此外，就和松露一樣，據說有翅昆蟲也會在地底有

松茸藏身的地方盤旋。相反地，蛞蝓、其他真菌和許多土壤細菌，則會排斥這種氣味而紛紛走避。

氣味難以捉摸。它的作用讓我們訝異。即使我們的反應強烈且篤定，也不曉得如何將氣味化為文字。人類是在吸入空氣的同時聞到氣味的，描述氣味幾乎就和描述空氣一樣困難。但氣味不只是空氣；氣味還是他者存在的跡象，而我們早已對之有所反應。反應總會將人帶往新的領域，我們不再是自己——至少不再是先前的那個自己，而是與新的遭逢互動的自己。遭逢，在本質上就是不確定；我們會產生無法預期的轉變。也許，氣味這難以捉摸又必然存在的紊亂混合，對於想認識不確定遭逢的我們，會是條實用的指引？

不確定性在人類對菇類的欣賞中留下豐富的遺產。美國作曲家約翰·凱吉曾寫過一部集結一系列簡短小品的音樂作品就叫《不確定性》（*Indeterminacy*），其中許多部分就是在讚美著人與菇類的遭逢。[1]對凱吉來說，尋找野生菇類需要特定的專注力：要能掌握此時此刻的遭逢，捕捉它所有的偶然與驚喜。凱吉的音樂寫的就是「瞬息萬變」的此時此刻，意在與古典音樂作品持久的「同一性」（sameness）做出對比；他的創作是要聽眾去聆聽周遭環境聲響，如同聆聽樂曲一般。他的知名作品《四分三十三秒》（*4'33"*）裡完全沒有音樂，聽眾被迫就這樣聽下去。凱吉把聆聽視為事物的發生這一看法，使得他開始欣賞不確定性。我在此章開頭引用的，便是凱吉對十七世紀日本詩人松尾芭蕉的俳句翻譯，其原文是「松茸や、知らぬ木の葉の、へばり付」；我見過有人將之譯成「松茸；附著其上／不知名樹上之葉」。[2]凱吉認為這種翻譯無法清楚呈現遭逢的不確定性。他先是修改成「是未知使菇類與樹葉相遇」，藉此表達遭逢的不確定性。但他又想，這未免太過冗長。譯成「何葉？何菇？」，更能帶我們走入凱吉從菇類體悟到的開放性中。[3]

不確定性在科學家對菇類的認識過程中也同等重要。真菌學者艾倫・雷納（Alan Rayner）認為，生長時的不確定性是真菌最令人雀躍的一部分。[4] 人類的人體構造在生命早期便已達到確定的形式，除非受傷，否則我們在型態上不會與青少年時期有什麼不同。我們無法長出更多肢體，我們都只會有一個與生俱來的大腦。相反地，真菌終其一生都在成長變化。真菌以能夠隨著不同環境與遭逢變形而聞名。許多真菌「有永生的潛力」，意指它們會因疾病、傷害或缺乏資源而死，但卻不會因年老而死。光是這麼一則事實，便足以警醒我們，我們對於知識與存在的思考，有多少是以確定的生命形式與老年作為預設的。我們很少去想像有不受這些限制的生命存在——一有如此想像，我們會推說那是魔法。雷納挑戰我們反倒應該透過菇類來思考。他指出，我們的生命有些層面其實與真菌的不確定性相當類似。我們的日常習慣不斷在重複，但又因回應著機會與遭逢而呈現開放性。如果說，人類不確定的生命形式並非實現於身體樣貌，而是在隨時間變化的行動狀態上呢？這種不確定性擴大了我們對人類生命的看法，表現出我們如何能隨遭逢而轉變。人類與真菌都有這種透過遭逢而產生的當下轉變。有時候，它們也會彼此衝突。如同另一首十七世紀的俳句所寫：「松茸／被摘走了／就在我鼻尖前。」[5] 何者？何菇？

松茸的氣味以一種非常具體的方式改變了我。我生平首度烹煮松茸時，它們把我一只可愛的平底鍋給毀了。松茸的氣味太過強烈，我根本不想吃，甚至也揀不出一塊沒被它氣味染上的蔬菜。我只好把整個鍋子丟掉，只吃白飯。那次經驗之後，我變得很謹慎，只採集松茸，卻沒打算吃。終於有一天，我把所有採來的成果全數送給一位日本同事，她高興得簡直要飛上天。她這輩子從沒見過這麼多松茸；想當然耳，晚餐時她便煮了一些。首先，她為我示範如何在不用刀的情況下撕開每株松茸。她說，金屬刀片會改變松茸的味道，而且她母親也告訴過她，松茸之靈不喜歡這種做法。接著，她以一只平底鍋在熱了鍋、不加油的狀況下炙烤松茸。她說，油也會改變味道。比油更糟糕的是用奶油，因為味道會更重。松茸一定要乾炙或入湯，油或奶油都會毀了它的美味。她在炙烤松茸上桌時加了一點萊姆汁。那實在太好吃了！松茸的氣味開始為我帶來愉悅。

我的感官在接下來幾週全變了。那是松茸豐收的一年，遍地都是。現在的我只要嗅到一絲幽微的松茸氣味便滿心歡喜。我在婆羅洲住過幾年，對那兒其臭無比的榴槤有過類似體驗。第一次吃榴槤時，我覺得自己就快吐了。但那一年榴槤豐收，四處飄溢著榴槤味。沒多久，那股氣味便讓我滿心雀躍，根本想不起來為何起初會覺得噁心。松茸也是這樣——我再也記不得是什麼讓我反胃。如今它的氣味就是喜悅。

我不是唯一有這種反應的人。上田耕司（Koji Ueda）在京都錦市場裡經營一間小巧整齊的蔬菜店。他說松茸季時，大多數的來店客人並不是為了購買松茸（他的松茸非常昂貴），而是想聞聞松茸的氣味。他說，大家光是在店裡聞一聞就開心得很。這就是為什麼他要賣松茸：因為松茸給人帶來純粹的愉悅。

也許松茸氣味帶來的快樂因子，就是促使日本的氣味工程師製造人工松茸味的原因。如今，你能輕易買到松茸口味的洋芋片與即食味噌湯。我吃過這些東西，也確實在舌頭邊上品嚐到松茸的遙遠記憶，但那依然與真正的松茸滋味截然不同。不過，有許多日本人只接觸過這種形式的松茸味，或是那些加在松茸飯或松茸披薩上的冷凍菇。他們不解松茸有什麼好大驚小怪的，對那些開口閉口都是松茸的人時有微詞。哪有那麼神奇的味道。

日本的松茸愛好者很清楚這種奚落，因此養成一種慷慨激昂的辯護姿態。他們的說法是，松茸氣味勾起的是這些年輕人一無所知的往昔，而這是年輕人的損失。松茸的氣味，他們說，聞起來就像鄉間生活，還有探望祖父母與追逐蜻蜓的童年時光。它讓人聯想到原本開闊、如今卻擁擠垂死的松林。許多微小的記憶匯聚在這股氣味當中。有位女士解釋，它讓人憶起鄉下和室門紙；她的祖母每逢新年都會更換門上的紙張，用換下的紙包裝來年的松茸。那是更為純樸的時代，自然還未惡化、充滿有毒物質。

懷舊之情可以做好事。至少小川真（Makoto Ogawa）這位在京都專精於松茸科學的老人家是這樣解釋的。我和他見面時，他剛辦退休。更不巧的是，他已將辦公室清理得一乾二淨，丟了許多書籍與科學文章。不過他本人就是一座松茸科學與歷史的行動圖書館。退休後的小川先生談起自己的興趣，態度更是輕鬆。他的松茸科學，他解釋，始終擁護著人類與自然兩方。他一直希望能向大眾證明，養護松茸森林或許有助於復甦城市與鄉村之間的連結，讓城市居民對農村生活產生興趣，而村民也得以藉此販售貴重的農產品。此外，即使當松茸研究因經濟振興而獲得資助時，它也對基礎科學也有許多好處，尤其有助於了解多變生態裡生物之間的關係。如果懷舊感是這項計畫裡的一部分，那麼情感越深越好。這也是小川先生的一種鄉愁。他帶著我的研究團隊走訪一處位於古寺後方、松茸曾經蓬勃生長的森林。如今那座小丘因針葉林的種植與長青闊葉林的堵塞而相對幽暗，僅存的幾棵松樹奄奄一息。我們找不到任何松茸。曾經，小川回憶著，這片山坡上滿是松茸。就像普魯斯特的瑪德蓮蛋糕，松茸就是有氣味的《追憶似水年華》。

小川博士以幾分諷刺與笑聲回味著自己的懷舊之情。我們站在雨中，身旁就是松茸蹤跡不再的古寺林地，此時他向我們解釋日本松茸的韓國起源。在你繼續往下聽這則故事前，要知道日本民族主義者與韓國之間可是水火不容。小川博士關於韓國貴族開啟了日本文明化的提醒，與日本人整體的觀點是格格不入的。此外，根據他的故事，文明也未必都是好的。但小川博士說，韓國人早在抵達日本中部前就已開始砍伐自家森林，以取木建廟，並取得煉鐵燃料。他們在自己的家鄉中已發展出受人類擾動的開放松林，讓松茸得以生長，而這些都比日本松林出現的時間還早。韓國人在八世紀往日本擴張時砍伐了日本的森林。因為這種開伐，松林與松茸便如雨後春筍般成長。韓國人聞到松茸氣味，想到的是家鄉。這是第一次的懷舊，是與松茸的初戀。小川博士告訴我們，當時日本的新興貴族是因為嚮往韓國，才開始讚嘆這種聞名遐邇的秋季芳韻。他補充，也難怪海外日本人會對松茸這麼癡迷。最後他還說了一則趣事；他曾在奧勒岡遇到一位日裔美籍松茸獵人，對方以嚴重混亂的英日混合語向他的研究致敬，並說：「我們日本人真的是松茸狂！」

小川博士所述的故事使我悸動，這些故事不僅始於懷舊，也直抵另一個重要觀點：松茸唯有在受高度擾動的森林裡才能生存。松茸與赤松在日本中部有著夥伴關係，兩者都只能在經人類大幅開伐的森林裡生長。事實上，環顧世界各地，松茸只會在受嚴重擾動的森林現蹤：像是冰山、火山、沙丘地形，乃至因為人類活動而不見其他樹木、甚至有機土的地方。我在奧勒岡州中部探訪的那片浮石平地，某種程度就是松茸知道如何生長的典型環境；它的地面根本難以讓大多數植物與真菌攀附。籠罩在如此貧瘠地景上的，就是遭逢的不確定性。是什麼樣的開路先鋒找到這裡，它又如何落地紮根？即便是最頑強的植物種子也不可能辦到，除非它遇上了同樣堅忍的真菌夥伴，懂得從岩石地表中吸取養分。（何葉？何菇？）真菌成長時的不確定性也很重要。它能否遇到願意接納它的樹根？若受質或潛在的營養突然改變呢？在不確定的成長過程裡，真菌也在學習適應這片地景。

還有與人類的遭逢。人類會不會在砍柴或蒐集綠肥之際，無心插柳地滋養了真菌？還是會引入不利真菌的栽種物、進口外來疾病，或者為市郊發展而夷地鋪路？人類對這些地景也有重大影響。人類（一如真菌與樹木）同樣帶著歷史，與遭逢裡的所有挑戰交會。這些歷史無論是人類的或非人類的，從來就不是死板的機器人程式，而是不確定的當下凝結。我們所掌握的過去，如同哲學家班雅明（Walter Benjamin）所說，是一種「在危險關頭的一閃而現」[6]的回憶。班雅明還曾寫道，我們制定的歷史，是「往消逝事物的一次縱身虎躍」。[7] 科學研究學者海倫・維蘭（Helen Verran）則提供了另一幅圖像：澳洲陽古（Yolngu）原住民有個部落儀式，儀式高潮就是把一支矛擲入說故事的人的圓圈裡，將祖先們的夢想及回憶凝結於現在。擲矛的動作融合了過去與此時此刻。[8] 透過氣味，你我都認識了那飛矛與虎躍。我們帶入遭逢中的往昔被濃縮到氣味裡。要嗅出那段探望祖父母的童年，便要把日本歷史濃縮成塊，不只是濃縮二十世紀中葉農村生活的活力而已，還有在那之前十九世紀的森林砍伐、地景剝蝕，以及那之後的城市化和森林遺棄。

雖然有些日本人在受他們擾動而生的森林裡聞到了懷舊之情，但這當然不是置身野地時唯一的感覺。再思考一下松茸的氣味。現在我該告訴你，大多數歐洲人都受不了這種氣味。有個挪威人為這歐亞物種取了第一個學名，叫做「*Tricholoma nauseosum*」，意同「噁心的滴蟲」。（分類學家近年來首開先例地為松茸重新命名，認同日本人的口味而將其改為「*Tricholoma matsutake*」。）歐洲裔的美國人也對自家太平洋西北部的美洲松茸（*Tricholoma magnivelare*）氣味敬謝不敏。我請白人採集者描述一下氣味特徵時，他們說，那就像「發黴」、「松節油」、「泥巴」。不只一人在我們的對話中提及腐敗真菌的惡臭味。有些人則會引用加州真菌學者大衛・阿羅拉（David Arora）的描述，說那是「『紅色小辣椒』與『髒襪子』的大膽組合」。[9] 基本上都不會是你想吃下肚的東西。奧勒岡州的白人採集者若要吃菇類，會以醃漬或煙燻的方式處理來蓋住氣味，隱匿菇類的特性。

因此，美國科學家研究松茸氣味能否驅蟲（蛞蝓），而日本科學家好奇的卻是它的吸引力（對一些有翅昆蟲），這之間的差異或許就不教人意外了。[10] 不過，大眾對同一個遭逢事物卻有如此迥異的感受，那還能算是「同一種」味道嗎？這個問題是否能延伸到蛞蝓、蚊蚋，以及人類身上？要是嗅覺——如我個人經驗所示——會改變呢？要是菇類也能透過它遭逢的對象而改變呢？

奧勒岡州的松茸會和不同寄主樹木締結關係。奧勒岡州的採集人能分辨哪種寄主樹木會長出特定的松茸——一部分靠的是尺寸與形狀，另一部分則靠氣味。這個主題，是某天我在觀察某種正要被拍賣、氣味極臭的松茸時冒出來的。那位採集人解釋，這些菇類是他在白冷杉這種不尋常的松茸寄主樹木下找到的。他說，伐木工稱白冷杉為「小便冷杉」，因為砍伐這種樹時它會散發出臭味。那些菇類真的就像重傷的冷杉一樣難聞。對我而言，那氣味根本不像松茸。但這氣味不就是松茸與小便冷杉共同遭逢之下的混合體嗎？

這種不確定性中有個有趣的自然文化紐結。不同的嗅覺方式與氣味性質全被這些故事包容在一起。

似乎在描述松茸氣味時，不可能不一併道出濃縮在當中的多重文化自然歷史。任何想要明確拆解的企圖——或許就好比人造松茸味——都可能失了重點；氣味是往歷史的縱身虎躍，是遭逢中不確定的經驗。氣味不就是如此嗎？

松茸的氣味裹纏著記憶與歷史，而且不只是對人類而言。它把許多不同存有方式集聚成一個富有情感的紐結，而且力道強大。它從遭逢中現身，為我們呈現正在發生中的歷史。聞一聞吧。

資本主義邊緣效應，於奧勒岡州。
公路旁有買家立起告示。
松茸貿易將不受規範的勞工與資源
和庫存的中心位置連結起來，
資本價值就在這個轉譯中累積。

第二部

進步之後：搶撈式積累

After Progress: Salvage Accumulation

我第一次知道松茸是拜真菌學者大衛・阿羅拉所賜，一九九三到九八年間，他都在研究奧勒岡的松茸營地。當時，我正在尋找一種文化色彩繽紛的全球性商品，而阿羅拉的松茸故事讓我甚感興趣。他告訴我，松茸買家會在公路旁搭起帳棚，等著入夜時購買松茸。「他們整天無所事事，所以有很多時間跟你聊天。」他大膽地說。

買家是找到了——但找到的遠不只如此！在這個大營地裡，我似乎穿越來到了東南亞的農村地區。身著紗籠的瑤族人正在石頭三腳架上煮滾一桶煤油罐裡的水，把條狀的野味和魚肉掛在爐上烤乾。從北卡羅萊納州遠道而來的苗族人正販售著自製的罐裝竹筍。寮國麵棚不只賣河粉（*pho*），還有我在美國吃過最道地的「涼拌絞肉」（*laap*）——那是一道由生血、辣椒與大腸組成的風味菜。電池發電的喇叭裡高聲傳出寮國的卡拉OK旋律。我甚至遇到一名占族（Cham）採集者，但他沒有說占語，雖然我本來以為占語和馬來語相近，或許我能理解一二。我有限的語言能力被一個穿著邋遢的高棉年輕人給嘲笑了，他向我吹噓他能說四種語言：高棉語、寮國語、英語和黑人英語。當地的美洲原住民有時也會來這裡販賣菇類。此外也有白人和拉丁美洲人，雖然他們大多會選擇避開官方營地，獨自待在林中或自成小團體。最後，還有觀光客。有一年，一個來自沙加緬度的菲律賓人隨著他的瑤族朋友到此一遊，雖然他說他始終搞不懂這是怎麼回事。另一個來自波特蘭的韓國人則說自己也許會加入。

然而，這個場景中還是有毫不世界主義的東西：這些採集者及買家，與日本的商店及顧客之間存有一道裂痕。大家都知道這些菇類（除了很小的比例是為了銷給日裔美國人市場）都是要運往日本。每個買家和運貨業者也都希望能直接銷往日本——但沒人知道該從何下手。當時，無論是在日本或其他供應地區，對松茸貿易的誤解都是有增無減。白人採集者信誓旦旦說松茸在日本形同春藥（雖然日本松茸確實有壯陽的暗示，但沒人拿它當藥吃），也有人會抱怨中國工農紅軍徵集人力去採集，因此壓低了全球價格（其實中國採集者就跟奧勒岡的一樣，都是獨立行動）。有人在網路上發現松茸在東京的價格攀天，卻沒人明白那是「日本」松茸的價格。只有一位運貨業者是例外；來自中國且日語流利的他，把這些誤解悄聲說給我聽——但他是個局外人。除了此人以外，奧勒岡州的採集者、買家、運貨業者，對日本境內那端的貿易情況毫無頭緒。他們編織起日本的奇幻景觀，完全不懂如何評估。他們活在自己的松茸世界裡：身為松茸供應方，他們自有一套手腕與方法，卻對松茸後續的遠方道路一竅不通。

這道美國與日本商品鏈之間的裂痕引導著我的探索。每個環節在製造與取用價值上都有不同過程。有鑑於這個多樣性，又是什麼讓這部分的全球經濟變成我們所謂的資本主義？

資本主義邊緣效應，於奧勒岡州。
採集人排隊將松茸賣給路邊的買家。
危殆的生計狀態常出現在資本主義治理的邊緣。
危殆狀態就是過去無法通往未來、僅存於此時此刻的當下。

第4章
邊緣工作
Working the Edge

想以一種強調短暫聚合與多向歷史的理論來處理資本主義，或許看似奇怪，畢竟全球經濟一向是進步的中心，即便是激進的批評家也是以「填滿這個世界」來形容資本主義不斷向前的動能。資本主義就像一輛巨型推土機，為了一致的規格而把世界推平。但這一切只是讓我們更值得去追問還有什麼其他事情在發生——不是在某種受保護的飛地中，而是世界各處，由裡到外。

對十九世紀工廠興起印象深刻的馬克思，讓人看見需要將雇傭勞動與原料理性化的資本主義形式。絕大多數的分析家都遵循著這一先例，想像在與民族國家的合作下如何打造出一種由工廠驅動的系統，伴隨著一致性的治理結構。然而，一如過往，今日大部分經濟都發生在極度相異的環境裡。供應鏈拖曳橫跨的不只是各大洲之間，也跨越了標準；很難確認這鏈條上會有單一的理性。然而，資產卻仍在為進一步的投資而積累。這是怎麼回事？

供應鏈是一種特定的商品鏈：由領導公司左右著商品的流動。[1]透過這個部分，我要去探索那條介於奧勒岡森林松茸採集者與食用松茸的日本人之間的供應鏈。這條鏈結令人驚訝，而且當中充滿文化變異。我們藉以認識資本主義的工廠運作方式在此大體而言是缺席的。然而，這條鏈結卻彰顯出當今資本主義很重要的一部分：就算沒有理性化的勞工與原料，仍有可能繼續積累資本。不過，它需要在各種社會和政治空間之間——姑且借用生態學家的說法，稱之為「區塊」（patches）——進行轉譯。轉譯（translation），以佐塚志保的說法，是將一套世界創製計畫引入另一套中。[2] 雖然這個術語會讓人想到語言上的轉譯，但它也可以用來指涉其他局部調整的形式。在不同場域間進行的轉譯**就是**資本主義：它們讓投資者有機會積累財富。

象徵自由戰利品的菇類採集怎麼會成為資本主義的資產，而後又變成日本人的高貴禮物？要回答這問題，就得去關注供應鏈組成環節中意想之外的聚合體，還有將這些環節全納入一大跨國迴路的轉譯過程。

資本主義是一種集中財富的系統，允許新的投資投入，並進一步集中財富。這個過程就是積累。古典模型把我們帶向工廠：工廠業主藉著付給工人低於他們每日生產商品價值的工資來集中財富。業主便從這額外價值「積累」投資資產。

然而，即使在工廠裡也有別的積累元素。資本主義在十九世紀首次成為研究對象時，原料被想像成是自然贈予人類的無限資產。不過，原料再也不能被視為理所當然。舉例來說，我們的食物取得系統中，資本家不只以重塑生態的方式剝削生態，也利用了生態的能力。即使在工業化的農場上，農夫仰賴的也是超出他們能控制的生命過程，好比說光合作用與動物消化。而資本家的農場上，誕生在生態過程中的生物則被用來幫助財富集中。這就是我所謂的「搶撈」（salvage），也就是奪占那些資本家控制之外的產出價值。許多資本家的原料（想想煤與石油）在資本主義出現前便已存在。資本家也無法製造人類生命，也就是**勞動**的先決條件。「搶撈式積累」是企業在不控制商品生產條件的情況下聚斂資本的過程。搶撈不是普通資本主義過程中的裝飾品而已；它是資本主義運作的特徵。[3]

搶撈的場域可以同時在資本主義的內部與外部；我稱它們為「近資本主義」（pericapitalist）[4]。所有近資本主義的活動——無論是人類活動或非人類的活動——所生產的各種物品與服務，都會被資本主義積累搶撈走。如果一個農民家庭產出能進入資本主義食物鏈的作物，資本主義積累便有可能透過搶撈農民種植活動中生產的價值來進行。既然全球供應鏈已成為世界資本主義的特徵，這個過程也隨處可見。「供應鏈」是能把價值轉譯給優勢企業使之獲益的商品鏈；它們所進行的就是在資本主義與非資本主義價值體系之間的轉譯。

透過全球供應鏈進行搶撈式積累並不是新鮮事，從一些早期的著名例子便能看出它的型態。思考一下十九世紀中非與歐洲的象牙供應鏈，一如約瑟夫．康拉德（Joseph Conrad）的小說《黑暗之心》（*Heart of Darkness*）裡所描寫的那樣。[5] 小說中的敘事者原本仰慕一位歐洲貿易商，卻漸漸發現對方為了獲取象牙，開始變得野蠻。野蠻的心態出乎意料，因為所有人都期待踏上非洲大陸的歐洲人會成為文明與進步的力量。但相反地，文明與進步卻變了調，化為掩蓋行為與轉譯機制，以便占有透過暴力實現的價值：

這便是傳統的搶撈方式。

也有對供應鏈轉譯更正向一點的看法；想想看赫曼・梅爾維爾（Herman Melville）對十九世紀美國北方投資客採購鯨魚油的敘述。[6]《白鯨記》（*Moby-Dick*）裡，整船捕鯨人粗野的世界主義風格，和我們對工廠紀律的刻板印象有著強烈反差，不過他們在世界各地捕鯨後得到的鯨魚油，卻進入了以美國為主的資本主義供應鏈。奇怪的是，小說裡皮廓號（*Pequod*）上的船員，全是來自亞洲、非洲、美洲與太平洋的未同化原住民。這艘船上的人要是曾受美國工業紀律訓練，恐怕連一頭鯨魚都殺不了。但這項工作的產品最終仍須轉譯成資本主義價值的形式；這艘船能夠啟航，完全是因為有資本支持。把在地原生知識轉換成資本收益，就是搶撈式積累。把鯨魚的性命轉換為投資亦然。

在你下結論說搶撈式積累已經過時之前，容我再舉一個當代的例子。庫存管理技術的進步程度已經使今日的全球供應鏈獲得新的能量；庫存管理讓領導公司能從各種資本主義或其他的經濟安排中獲取產品。其中一間讓這種創新到位的公司，就是美國零售巨頭沃爾瑪（Wal-Mart）。沃爾瑪率先啟用通用產品代碼（UPCs），藉著黑白條碼讓電腦判別產品存貨。[7]反過來說，一目了然的存貨也意味沃爾瑪得以忽視產品製造時的勞動與環境條件；近資本主義的手段，包括竊盜與暴力等，可能都是生產過程的一部分。聽著美國歌手伍迪・蓋瑟瑞（Woody Guthrie）的歌曲，我們或許能從UPC標籤的正反兩面想到生產與會計之間的對比。[8]標籤有黑白條碼的那一面能快速追蹤、評估商品。標籤另一面則是空白的，意味沃爾瑪不太在意自家產品是如何製造出來，畢竟它的價值可以透過會計來轉譯。沃爾瑪因為強迫供應商製造更廉價的產品而出名，此舉因此鼓勵了野蠻的勞動與破壞環境的手法。[9]野蠻和搶撈常是孿生手足；搶撈將暴力與汙染轉譯成利潤。

隨著存貨逐漸獲得控制，對勞力與原料的控制需求便消退了；供應鏈讓原本在相當不同情況下製造的價值，轉譯到資本主義存貨中。可規模性是思考這件事的方式之一，也就是在不扭曲關係下達成擴張的技術壯舉。存貨的清楚易判讀性質使得沃爾瑪在不需可規模化的生產條件下，達成可規模化的零售擴張。生產和其有著特定關係的夢想與計畫，都被交給不可規模性的混亂多樣性。我們最熟悉的狀況莫過於「逐底競爭」（the race to the bottom）：在推動強迫勞動、血汗工廠、有毒替代成分、不負責任的環境開鑿及傾倒中，全球供應鏈都扮演著重要的角色。當領導公司向供應商施壓、要求廠商提供更廉價的產品時，上述的生產條件便是可預測的結果。如同《黑暗之心》裡，不受管制的生產被轉譯到產品鏈內，甚至被重新定義為「進步」。這實在駭人。對比之下，J．K．吉卜森—葛拉罕（J. K. Gibson-Graham，譯按：裘莉．葛拉罕與凱薩琳．吉卜森共用的筆名）則樂觀地主張「後資本主義政治」，認為經濟多樣化是值得期待的方向。[10] 近資本主義的經濟形式可以是我們用來反思生活中原本不容質疑的資本主義權威的最佳場域。至少，多樣性提供的是有多種可能的前進方式，而不是只有一種。

地理學家蘇珊．佛瑞柏格（Susanne Freidberg）針對西非與法國、東非與英國各自的四季豆（*haricots verts*）供應鏈做了深刻的比較。她指出，不同的殖民與國家歷史引發的供應鏈，可能會產生相當不同的經濟形式。[11] 法國新殖民主義的計畫動員了農民合作社；英國超市的標準則導致了外籍人士的詐騙行動。[12] 在這類差異之中與之間，是有空間去建立能對抗並穿越搶撈式積累的政治性。不過，要跟著吉卜森—葛拉罕的說法，把這種政治性稱作「後資本主義」，對我而言似乎為時過早。生命與產品透過搶撈式積累在非資本主義與資本主義形式之間往返來回；而這些形式也會彼此形塑與滲透。「近資本主義」一詞點出了我輩受困於這類轉譯之中的人無法完全免受資本主義侵擾的狀況；近資本主義空間不太可能成為一座能安全防守與復原的基地。

與此同時，更顯著且具批判性的替代選項——也就是無視經濟的多樣性——在這時代看起來更加荒謬。絕大多數資本主義批評者堅持著資本主義體系的一致性與同質性；其中有許多人，像是麥可・哈德（Michael Hardt）與安東尼奧・納格利（Antonio Negri），則主張資本主義帝國外再無其他空間。[13]一切都被單一的資本主義邏輯所統治了。至於對吉卜森—葛拉罕而言，這種主張是要建立一種批判性的政治立場：找到超越資本主義的可能性。那些強調資本主義主宰世界的一致性的批評者，希望透過單一性的團結來克服這個狀況。但如此希望是多麼盲目啊！何不乾脆承認經濟的多樣性呢？

我提及吉卜森—葛拉罕，以及哈德與納格利的用意，並非是要摒棄他們的觀點；確實，我認為他們可能是二十一世紀初最尖銳的反資本主義批評者。更進一步來說，他們提出了強烈對比的目標，使我們能夠在其中思考與遊走，這是一個很重要的貢獻。資本主義究竟是個單一、支配一切、征服所有事物的體系，還是在眾多經濟形式中分隔出來的其中一個？[14]我們在這兩種位置之間，或許能觀察到資本主義與非資本主義形式如何在近資本主義空間裡互動。吉卜森—葛拉罕提出的建議，我認為相當正確，就是他們所謂「非資本主義」的形式在資本主義世界裡根本隨處可見，而不是僅見於原始的窮鄉僻壤。但他們將這種形式視為資本主義的替代方案。反之，我則傾向去找出資本主義依賴的那些非資本主義元素。因此，舉例來說，珍・科林斯（Jane Collins）的研究指出墨西哥成衣製作工廠的工人被期待在入職前便要懂得縫紉，**因為她們是女人**。此時，我們瞥見了非資本主義與資本主義形式共同運作的一種樣貌。[15]女人從小在家便要學習縫紉，而搶撈式積累就是把這種技能帶入工廠，以圖利業主的過程。於是，要了解資本主義（而不只是它的替代方案），我們不能滯留在資本家的邏輯裡；我們需要一種民族誌的眼光，去看見可能導致積累的經濟多樣性。

讓概念成為現實需要的是具體的歷史。而松茸採集不就是一處能觀察進步之後的光景的地方？奧勒岡與日本之間那條松茸供應鏈上的裂痕與橋樑，展現了透過經濟多樣性而達成的資本主義。在近資本主義展演中被採集、販售的松茸送抵日本後的隔一天，便成了資本主義的存貨。這種轉譯是許多全球供應鏈的核心問題。且讓我從這條鏈結的第一部分說起。[16]

美國人不喜歡中間人，認為中間人剝削了價值。但中間人是完美的轉譯者；他們的存在把我們導向搶撈式積累。先看看松茸從奧勒岡到日本的產品鏈上屬於北美的這一端（日本那端也有非常多中間人，稍後會討論）。獨立的採集者在國有森林裡摘採松茸，將之賣給獨立買家，買家又賣給運貨業者的外勤業務，外勤業務再賣給其他運貨業者或是出口商，最後，這些人再將之銷售、運送給日本進口商。為何有這麼多中間人？最好的答案或許就在歷史中。

日本松茸在一九八〇年代時首度出現稀缺，於是商人開始從海外進口松茸。日本的投資資本洶湧，而松茸是極其高級的奢侈品，非常適合作為獎賞、賀禮或賄賂之用。美國松茸在當時的東京還是十分昂貴的新奇東西，餐廳競相爭取。日本新興的松茸貿易商就像當時其他貿易商一樣，摩拳擦掌地想以自己的資金來組織供應鏈。

松茸價昂，因此供應商的誘因很強。北美商人應該有印象一九九〇年代是個物價攀天、同時投機風險也高的年代。如果一家供應商能精準打中日本市場，回報便非常可觀。不過，因為松茸產量不穩且容易腐敗，加上市場需求變化迅速，全軍覆沒的可能性也很高。談起那個年代，人人都會以賭場為喻。一個日本商人曾以第一次世界大戰後國際港口的黑手黨來比喻這些進口商：進口商不只參與賭局，還會催化賭局，好讓賭局持續下去。

日本進口商需要美國在地的內行人，所以他們開始與出口商結盟。在太平洋西北部地區，第一批出口商是溫哥華的亞裔加拿大人——因為有此先例，多數美國松茸日後仍持續從這些公司運送出口。這些出口商感興趣的可不只是松茸。他們原本就會出口海鮮、櫻桃或原木屋到日本；松茸不過是這些活動的附加品。有些人——尤其是日本移民——告訴我，他們加入松茸這個品項，是為了拉攏與進口商的長期關係。他們願意虧本裝運松茸，以保持雙方的良好關係。

出口商與進口商之間的聯盟形成了跨太平洋貿易的基礎。但是出口商——那些漁獲、水果、木材的專家——卻完全不懂如何取得松茸。松茸在日本是透過農業合作社或個體農民進入市場。而在北美，松茸卻四散在偌大的國家（美國）或聯邦（加拿大）森林內。這是我稱之為「運貨業者」的小公司能介入的地方；運貨業者會先收集這些菇類，再轉賣給出口商。運貨業者的外勤業務是從「買家」那裡收購採集人的松茸。外勤業務與買家一樣，必須熟諳這塊地形，以及能夠採集的人。

在美國太平洋西北地區松茸貿易的最早時期，多數的外勤業務、買家與採集者都是在山林中尋找慰藉的白人男性，例如越戰退伍軍人、流離失所的伐木工，以及拒絕自由主義都市社會生活、遷居鄉間的「傳統主義者」。一九八九年後，來自寮國與柬埔寨的採集者越來越多，外勤業務不得不擴展自己的能力，和這些東南亞人打交道。這些東南亞人最終成了買家，有一些甚至也變成外勤業務。東南亞人與白人兩相合作下，發現了一個共通的字彙：「自由」——這對各個族群而言都代表著某種寶貴的東西，儘管那些東西不盡相同。北美原住民從中發現了共鳴，但拉丁美洲人卻對這種自由的修辭無感。總之，儘管有如此差異，自我放逐的白人與東南亞難民重疊的關懷成了這種貿易體的心跳；自由帶來了松茸。

出於對自由共同的關心，美國太平洋西北地區成了世界上最大的松茸出口地區之一。不過這種生活方式卻與這條產品鏈的其他部分有所隔離。運貨業者和買家渴望直接將松茸出口到日本，但遲遲未能成功。無論是哪一方，都無法克服與這些加拿大亞裔出口商交流時早已存在的困難，因為英語通常不是這群人的母語。運貨業者和買家抱怨這種不公平的交易活動，但事實上他們在建立存貨時所必備的文化轉譯上是毫無功用的。因為讓奧勒岡的採集者、買家與運貨業者和日本貿易商區隔開來的並非只是語言，而是生產的條件。奧勒岡的松茸已經被「自由」的文化實踐所汙染。

有個例外的故事可以佐證這一點。魏先生離開故鄉中國，原本是要到日本學音樂。當他發現無法靠此溫飽，便踏進了日本的蔬菜進口貿易業。雖然對日本生活的某些面向還是覺得棘手，但他的日語變得相當流利。當他的公司希望有人能到北美任職時，他便自告奮勇前去。魏先生於是成為了外勤業務、運貨業者與出口商的特殊組合。他與其他外勤業務一樣，會進入松茸區域觀察買賣，不過他手裡握有一條可直接對日的管道。有別於其他外勤業務的是，魏先生經常與日本貿易商通電話，衡量機會與價格。他也與日本裔的加拿大出口商溝通，雖然他根本不會透過對方來賣松茸；也因為他能與對方以日文溝通之故，對方經常請他解釋現場的狀況，甚至幫忙打聽向他們販售松茸的那些外勤業務的言行舉止。同時，其他外勤業務則是拒絕與魏先生來往，甚至密謀抵制他的買家。他們不歡迎他參與討論，而且實際上，其他愛好自由的山林採集人也都冷落他。

與其他外勤業務不同的，魏先生會付給松茸買家薪水而非佣金。他要求這些員工的忠誠與紀律，不准他們擁有其他買家享有的自由獨立。他購買松茸後會以特定的方式運送，而且具有特定性質；他不像其他人是基於自由競爭的樂趣與技藝而購買松茸。他在買家帳棚營地就已建立起存貨。他的不同之處，突顯出作為一種區塊的自由聚合體的特殊性。

隨著國際松茸貿易進入二十一世紀，正規化也開始在日本進行著。日本的松茸價格之所以穩定下來，是因為許多國家也發展出松茸供應鏈，以及外國松茸排行榜的成形、日本額外津貼的減少、對松茸之需求的更加專業化。奧勒岡松茸的價格在日本變得相對穩定——儘管松茸終究是一種供應不定的野生產品。然而這種穩定性卻沒有在奧勒岡發生，松茸在當地的價格雖未返回九〇年代的高峰，卻持續像雲霄飛車一樣起起伏伏。我與日本進口商談到這個差異時，他們將之解釋成美國人的「心理」問題。一位專門從事奧勒岡松茸事業的進口商開心地向我展示他在奧勒岡造訪西部荒野的照片和回憶。白人與東南亞人的採集者與買家，他解釋，是不會在沒有他所謂「拍賣」的刺激下去生產菇類，而且價格波動越劇烈，買氣就又越旺（他說，相反地，奧勒岡的墨西哥裔採集人願意接受穩定的價格，只是主宰交易的是其他人）。他的工作就是促成這種美式特殊性；他的公司在中國松茸界有另一位對應的專家負責，其任務是處理中國的癖好。藉著促進各種文化經濟的活絡，他的公司便能透過世界各地的菇類打造自己的企業。

正是此人對於文化轉譯必要性的期待，首次警醒我去思考有關搶撈式積累的問題。約在一九七〇年代，美國人滿心期待地認為，資本全球化就意味著將美國企業的標準擴張至全球。然而相反地，日本貿易商卻逐漸成了打造國際供應鏈的專家，並將之當成轉譯機制，在無須顧慮日本的生產設備或就業標準下將物品帶進日本。只要這些物品在進入日本後能成為可清楚易讀的存貨，日本貿易商就能靠它們來積累資本。到了二十世紀末，日本經濟實力下滑，二十世紀的日本企業創新也因為新自由主義的改革而黯然失色。但已經沒人在乎松茸商品鏈的改革了；那規模太小，也太「日本」了。這裡就是一個可以觀察日本曾經撼動世界貿易策略的好地方。在此的核心就是多元經濟之間的轉譯，而身為轉譯者的貿易商遂成了搶撈式積累的大師。

不過，在討論轉譯之前，我還需要談談自由聚合體。

自由……

Freedom …

社群事項，於奧勒岡州。
瑤族採集人的營地。
瑤族人在這裡重溫鄉野生活，逃避加州城市的桎梏。

第5章
開放票地，奧勒岡
Open Tcket, Oregon

前不著村，後不著店

——芬蘭一個新興松茸鎮的官方標語

一九九〇年代末，一個寒冷的十月夜晚，三名苗裔美國松茸採集人蜷縮在他們的帳棚裡。由於哆嗦不斷，他們把炊事用的煤氣爐帶進帳內取暖。入睡時那爐火還點著，夜裡卻自行熄了。結果，三人隔天早上都因煙霧窒息而死。他們的死使整個營地人心惶惶，像受了三人的鬼魂糾纏。鬼魂會使人癱瘓，讓你無法移動或說話。於是苗族採集人棄置了這個營地，其他人也很快地撤離。

美國國家森林局不曉得營地鬧鬼的事。他們想將採集人的露營區域理性化管理，讓警察和緊急救援服務單位易於進入，對營地主人來說也比較好讓規則得以執行並收取費用。一九九〇年代早期，東南亞裔的採集人高興在哪裡紮營就在哪裡紮營，和進入國家森林的遊客沒兩樣；但有白人抱怨他們留下太多垃圾，國家森林局於是把採集人趕到一條偏僻的支線道路上。那起死亡事件發生時，所有採集人都是沿著該道路紮營。後來沒過多久，國家森林局規劃出一片巨型網格，其中有安排編號的露營空間、零星四散的移動式廁所，還有經過諸多抱怨後總算順利設置在營地入口處（其實還是很遙遠）的大型水槽。

露營地裡沒有任何設施，但逃離鬼魂糾纏的採集人很快就自行動手打造。許多在泰國難民營住了十多年的人模仿難民營的結構，按族群自行區隔空間：這一端是瑤族，以及後來願意待下的苗族人；半英里外是寮國人與高棉人；更往後，一個孤立山谷中有一些白人。東南亞人以細瘦的松樹枝和防水帆布搭建營地，把帳棚放在裡邊，有時還搭起木製爐灶。個人物品就與東南亞鄉村地區的習慣一樣掛在木椽上，一個圍起之處則讓人在沐浴時能保有隱私。營地中心有個販賣熱騰騰越南河粉的大帳棚。我邊吃著食物、聽著音樂、觀察這裡的物質文化，一度竟以為自己身在東南亞丘陵，而不是奧勒岡森林。

國家森林局的緊急應變構想並未如預期般奏效。幾年後，曾有人替傷勢嚴重的採集人呼叫緊急救援服務。然而，為菇類採集營地而設的規章卻規定救護車必須等待員警護送才可以進入森林。這一等就是幾個小時。警察最後終於出現時，那名傷患早已一命嗚呼。真正阻撓緊急應變的始終不是地形，而是歧視。

這個負傷而死的人也留下一縷危險的幽魂；沒人會在那塊營地附近睡覺，除了奧斯卡。奧斯卡是個白人，也是當地居民中少數幾個會去尋找東南亞採菇者的人；他在一回挑戰下憑著酒膽去那營地睡過一次。順利度過一夜後，他便嘗試到附近一座美洲原住民認為是聖山、也是祖靈家鄉的山區採菇。不過，我認識的東南亞人對那座山都是敬而遠之。他們知道鬼魂的事。

二十一世紀的頭十年，奧勒岡的松茸商業中心就位在地圖上一個未標記的地方，可謂「前不著村，後不著店」。松茸貿易圈裡的人都知道它的位置，但那既不是什麼小鎮，也不是休閒勝地；基本上它真的是隱形的。買家會沿著高速公路搭建成群的帳棚；每天夜裡，採集人、買家和外勤業務會聚集該處，讓當地變成一座富有懸疑感與行動感的生動劇場。因為那個集合地點刻意避開了地圖標示，我決定為這地方編個假名以保護大家的隱私，也替這日漸重要的松茸交易點增添懸疑感。我的複合田野地就叫「開放票地，奧勒岡」。

「開放票」其實是指菇類買賣的行規。採集者夜裡帶著收穫離開樹林返回時，會以磅為計價單位賣給買家，價格根據松茸大小與成熟度，也就是它的「等級」調整。大多數野菇的價格穩定，但松茸的卻是大起大落。一夕之間，它的單磅價格可能出現十美金、甚至更大的波動。若以季論之，落差可能更大。二〇〇四到〇八年間，頂級松茸的單磅價格差距可以在兩美金到六十美金之間——而且相較於更早年，這種變化幅度還算小巫見大巫。「開放票」的意思是，採集人一開始賣給買家的菇價若在同個晚上攀高時，可以再回頭找原買家獲取價差。按買入總磅數抽取佣金的買家提供開放票給採集人，目的是鼓勵對方當晚盡早賣出松茸，而非乾等著價格攀升。開放票是採集人在談判交易條件時擁有心照不宣的力量的最佳證明。它也反映了買家的策略，不斷藉此機會把其他競爭者踢逐出去。開放票是採集人與買家雙方共同實踐且確保自由的方法。如果以此來指稱一個展演自由的場域，似乎也相當貼切。

每天夜裡在此處交換的不只有菇類與金錢。採集人、買家與外勤業務都參與了一場將自由演出的劇碼。在各自的理解之下，他們進行交易、激勵彼此去追求戰利品：金錢與菇類。確實，有時在我看來，當下最重要的交易其實是那一份自由，至於菇類與金錢不過是這場演出附加的獎盃，或者證據。畢竟正是那份自由的感覺激發了「菇熱」，鼓舞買家端出最上乘的表演，也敦促採集人翌日黎明即起，再次動身尋菇。

然而，採集人所謂的自由指的是什麼？我問得越多，反而越釐不清。這種自由不是經濟學家想像的自由，也就是用來討論個人理性選擇規律性的概念。那也不是政治的自由主義。這種菇類人的自由既不規則，也沒被理性化；它具有展演性質、因社群而異，而且氣氛歡騰。它與此地喧鬧的世界主義有關；那份自由源於開放的文化互動，當中充滿潛在的衝突與誤解。我認為它只存在於與鬼魂的關係中。自由是在鬼影幢幢的地景上與鬼魂的協商；它不驅逐那些縈繞的鬼魂，反而圖謀共生，靠著一身本事與之交涉。

開放票地有許多鬼魂作祟：不只是那些意外死去的採集人的「早逝」鬼魂；不只是那些被美國法律與軍隊驅逐的美洲原住民社群；不只是那些被魯莽的伐木工砍倒、但從未被移除的巨樹殘幹；不只是那些似乎永難消散、始終縈繞心頭的戰亂記憶；更有那些披上鬼魅外表、入侵採集與交易日常的權力形式——它們不過是暫被擱置而已。某些權力是若有似無的；這種鬼魂作祟的感受，是理解這種有著多重文化層次的自由展演的最佳起點。想想下列這些不在場、卻促成了開放票地的事物：

開放票地絕非權力的集中處，它是城市的對立面，是社會秩序的缺席。阿森這位寮族採集人就說過「這裡可沒有菩薩」。他表示，採集人自私貪婪，他巴不得儘快回到寺廟裡，那裡一切事物都有所安排。但另一位高棉少女達拉卻說，只有在這裡生活，才能讓她遠離幫派暴力。還有一位（曾是？）寮國幫派分子的阿通，我認為他是逃到此地躲避拘捕。開放票地是從城市逃逸出來的人群大雜燴。越戰退役白人老兵告訴我，他們要的是遠離群眾，因為那會使昔日戰場情景再現，並引起無法控制的恐慌。苗族與瑤族人士說他們對美國感到失望；美國曾允諾他們自由，卻把他們趕進狹小、擁擠的城市公寓，他們只有在山林間才能找回記憶中屬於東南亞的自由。瑤族特別希望在松茸森林裡重建記憶中的鄉村生活，而採集松茸正巧是個機會，讓他們能與四散八方的友人重逢，遠離家庭生活的枷鎖。奈東這位瑤族奶奶說她女兒每天打電話給她，央求她回家照顧孫子。她只好平心靜氣地重申，自己至少得賺到一筆足以支付採集許可證的錢才會回去，但現在時候還沒到。那些電話裡沒說出口的關鍵是：逃離公寓生活，她就能盡享山丘上的自由。自由比金錢還重要。

松茸採集無關乎城市，儘管城市幽魂依然縈繞。採集也不是勞動——甚至談不上是「工作」。阿賽這位寮族採集人解釋，「工作」的意義是要服從你的上司，做他們要你做的事。相反地，松茸採集是一種「追尋」，是在尋找你的財富，而不是做你的工作。有一位對採集者多所同情的白人營地主人在和我談話時提到，她認為採集人如此勤奮，總是拂曉出門，烈日風雪無阻，所以應該值得更多，此時我心底有個聲音對此看法嘀咕連連。我從沒聽過有哪個採集人這樣說。我認識的採集人當中，沒有人想像他們靠採集松茸賺得的錢是勞動的報酬。甚至奈東顧孫的時刻，也比採菇更像在工作。

湯姆，一位擁有多年採菇經驗的白人外勤業務，在抗拒勞動這件事上的態度特別明確。他曾是一間大型木材公司的員工；某天，他突然將個人設備放進儲物櫃，就這樣頭也不回地走出公司大門。他舉家遷居森林裡，藉這片土地賜予的一切營生。他曾為種子公司收集毬果，設陷阱捕捉河狸取其毛皮。他採過各式各樣的菇類——不是為了食用，而是拿去販售，然後憑著一身本領踏進菇類交易圈。湯姆還告訴我，自由主義派是如何破壞了美國社會；男人再也不知道如何頂天立地。對此，最好的解方就是拒絕自由主義派所認定的「典型勞動」。

湯姆不遺餘力地向我解釋，為何與他合作的買家不是雇員，而是獨立商人。儘管他每天付給買家大把現金收購菇類，這些買家也可以將菇類賣給其他外勤業務——我知道他們的確也會這麼做。這全是現金生意，沒有合約，如果哪個買家決定捲款潛逃，湯姆也無計可施（但神奇的是，捲款逃走的買家通常會回過頭來與其他外勤業務打交道）。不過湯姆又指出，借給買家秤菇類的磅秤是他的財產，他還是能以磅秤遭竊為由去報警。他講了最近一位買家捲走數千美金潛逃且順手牽走磅秤的故事。湯姆開車上路，沿著他認為買家會走的逃逸路線搜尋，果真在路邊找回磅秤。那筆現金自然全被帶走了，但這就是獨立企業的風險。

採集人將許多文化慣習帶進對勞動的抗拒中。瘋狂吉姆選擇松茸採集業，以緬懷自己的美洲原住民祖先。陸續換過許多工作後，他說他先是在海邊當酒保。有一次，有個原住民女子帶著一張一百美金大鈔走進酒吧；他在震驚之餘問她這錢是怎麼賺來的。「採菇。」她回答道。隔天，吉姆就不幹了。要學採集菇類並不容易；他匍匐爬過灌木叢，追蹤過動物。現在他已經知道如何跟隨沙丘，挖找深埋沙中的松茸。他也曉得要察看山中纏雜的杜鵑花根下方。他再也沒有回到領工資的崗位上。

老蘇沒採松茸時，是在加州的沃爾瑪超市倉庫工作，時薪十一點五美金。然而，當時他為了拿到這種薪資，不得不同意在沒有醫療保險的狀況下工作。有一次，他在工作時傷到背部，無法搬抬貨物，公司讓他放長假修養。雖然他希望公司會再次雇用他，但他說，自己採松茸賺的錢比在沃爾瑪的工作還多，哪怕松茸季其實不過才短短兩個月。此外，他與妻子每年都很期待參與開放票地充滿活力的瑤族社群聚會。他們覺得那就像一段假期；週末時，他們的孫兒們有時也會過來一同採菇。

採松茸雖然不是「勞動」，但也與勞動有關。此外還有財產：松茸採集者將森林視為一種廣泛的共有財。但這塊土地並不算共有地，主要還是國有森林，再加上一些毗鄰的私人土地，全區均由國家保護。不過採集人總會竭盡所能地忽略土地歸屬的問題。白人採集者對聯邦財產特別感冒，喜歡盡可能去違反使用規定。東南亞採集人普遍而言對政府的態度比較溫和，會表達希望政府能多點作為。東南亞人與白人採集者不同的是，後者對於沒有許可證就擅自採集的行為十分自豪，但前者會向國家森林局登記，獲准之後才行動。然而，執法單位一向愛找亞洲人麻煩，就算缺乏證據也不罷休——就像一位高棉買家所說的：「誰叫你是亞洲人。」——於是，盡力守法似乎顯得更不值得了。所以守法的人並不多。

我從個人經驗中發現，站在沒有邊界標記的開闊土地上，實在很難只待在可採集區域裡。有一回，我帶著菇類回來時被一位警長攔住，他打賭似地說我肯定沒有這一帶的採集許可證。即便我是個勤讀地圖的人，說真的，當時也分不出自己的所在地究竟是不是禁區。[1]那次我很幸運，剛好在採集區的邊界上。但那裡根本沒有標記。也有一次，我花了好幾天，央求一個寮族家庭帶我一同去採菇，他們說，若是由我負責開車，他們便願意出發。車子在一條無標記的森林泥路上吱吱嘎嘎地前駛，似是好幾個小時過去了，他們才告訴我抵達了目的地。當我把車停在路邊時，他們卻問我怎麼不把車子藏好。直到那時，我才恍然大悟，我們肯定是非法侵入。

違法採集的罰金非常高。在我的田野工作期間，在國家公園裡違法採集的首次裁罰是兩千美金。但由於警力稀薄，林中道路與小徑眾多，加上國家森林與廢棄的林業道路縱橫交錯，因此採集人大有空窗機會穿越廣闊林地。年輕人也願意徒步好幾英里，去尋覓最偏僻的菇類區域——或許是在一塊禁地上，或許不是。總之，菇類交付到買家手上時，沒人會多問一句。[2]

但是，「公共財產」一詞是否本身就是一種矛盾修辭？國家森林局無疑也認為這些狀況很棘手。法律要求私人土地周圍一平方英里處的公共森林必須疏伐，以防火災；某種程度而言，此舉等同耗去大量公費，只為保護少數人的資產。[3]同時，從事疏伐的是私人木材公司，他們等於是從公共森林再賺取利潤。還有，在演替後期生物保育區（Late Successional Reserves）裡可以採伐，卻不能採集，原因是無人提供資金去進行採集的環境影響評估。如果採集人會搞不清楚哪一塊林地是禁區，那麼他們絕不是唯一會搞混的人。這兩種不同的混淆之間的差異也有啟發性。國家森林局的既定職責是維護**財產**，即便它有時意味著要忽略**公共**的部分；採集人這一方則盡全力將財產歸屬問題擱在一旁去尋覓一種共有財，其上縈繞著會讓他們遭到驅離的可能性。

自由／鬼魂縈繞：同一種經驗的兩面。召喚一個充滿過去的未來、一種鬼魂縈繞的自由，既是一種前進的方式，也是一種記憶的方法。在這股熱潮裡，採菇避開了人與產品在工業生產過程中常見的切割狀況。菇類是未受到異化的商品；它們是採集者自由的成果。然而這一場景能存在，完全是因為這個雙面經驗在一種奇特的商業活動中能有影響力。買家將自由的獎盃轉譯到戲劇性的「自由市場競爭」展演上。市場自由因此進入了一場自由混戰中，使在權力集中、勞工、財產與異化都被擱置一旁的情況下，能夠強而有力地主宰全局。

是時候回來談談開放票地的交易了。現在是傍晚，有些白人外勤業務正隨口開著玩笑，指控彼此撒謊，互罵對方是貪婪的「禿鷹」或卡通裡的「威利狼」。但真的是那樣。他們原本都約定好一旦遇到最頂級的松茸，就以每磅十美金的價格開始喊，但這個約定幾乎無人遵守。自帳棚一開張起，競賽便隨之開啟。外勤業務雖說好十美金起跳，但會打電話給各自的買家，給出也許十二、甚至十五美金的價格。是否需要回報帳棚內的狀況，就看買家自己。採集人也會過來詢問價格。但這價格是機密的——除非你已經是固定的賣家，或者你已經亮出自己的採菇收穫。其他買家也會找朋友喬裝成採集人以便探查價格，因此，價格不是什麼能隨便交流的資訊。再來，一旦有買家想提高價格擊敗競爭對手，那麼他或她應該先聯繫外勤業務。不這麼做的話，若是出現價差，買家得從自己的佣金扣錢補貼——不過這是許多人願意冒險一試的策略。很快地，電話聲在採集人、買家與外勤業務之間此起彼落地響起，價格也開始波動。「情勢很緊繃！」一個監視著買家區域、緊盯現場的外勤業務這麼告訴我。交易進行時他不能與我談話，他需要全神貫注。他對著電話咆哮指令，每個人都想領先，也想拐倒別人。與此同時，外勤業務正與他們的貨運公司及出口商通話，了解他們的價格能喊到多高。想盡辦法要把他人踢出交易，也是一件既刺激又吃力的事。

「想想看以前沒有手機的年代！」一位外勤業務回憶道。所有人都在兩座公共電話亭前排隊，希望價格有異動時能及時輪上。即使現在，每個調查買氣的外勤業務無不像是個老派戰場上的將軍，他的手機就像他的戰地無線電般絕不離耳。他會派出間諜。他必須迅速反應。如果他在對的時機提高價錢，他的買家就能收購到最上等的松茸。更好的狀況是，說不定還能迫使競爭對手誤將價格抬得太高，迫使他買進太多菇類，而最順利的結果就是使之閉門停業好幾天。這當中有各種技巧。如果價格飆升，有的買家會乾脆讓採集人把菇類轉賣給其他買家：有錢在手總強過菇類滯留。這也許會被大肆嘲笑個好幾天，為下一輪互罵騙子的場景埋下導火線——但儘管有著這些伎倆，卻沒人因此失業。[4] 這是一場相互較勁的演出，不一定要與生意有關。**重點**就在於戲劇性。

假設現在天黑了，採集人紛紛抵達一個買家帳棚前，列隊準備交易。他們挑上這個買家不是因為他的出價高，而是因為知道他是個老道的揀選人。分級揀選與基本價格一樣重要；買家會為每顆松茸分級，而等級便決定價格。分級揀選根本是一門藝術！那是一場吸睛、火速的胳膊之舞，惟雙腳定住不動。白人的揀選動作彷彿馬戲團雜耍，寮族女子與其他冠軍買家的動作則有如寮國皇室舞蹈。一位傑出的揀選人光從觸摸菇體就能知道許多事。帶有昆蟲幼體的松茸會讓一整批貨在還沒運抵日本前就變質，所以買家絕對要避免收購。但只有沒經驗的菜鳥買家會切開松茸來檢查。爐火純青的買家光從觸感就能判斷。他們也能聞出菇類的產處：像是它的寄生樹、來源區域、其他能影響尺寸與形狀的一些植物如杜鵑花。這是一場個人造詣的公開表演。採集人有時會拍下分級揀選的過程，也會拍下自己所採得最好的菇類或拍賣得到的錢，尤其是百元美鈔。這些都是野地尋菇的戰利品。

買家會試圖「組隊」，亦即找到一群忠誠的採集人，但採集人不會認為有義務只將收獲賣給特定某一位買家。因此買家會祭出各種親屬、語言、族群關係或特別的紅利來吸引採集人。買家會為採集人準備食物與咖啡，有時還有像是加有藥草與蠍子的通寧調酒。採集人會圍坐在買家帳棚外吃吃喝喝；他們與買家分享共同經歷的戰爭經驗，那種革命情誼也許會持續到深夜。但這種小團體轉瞬即逝；只消一條高價或特殊交易的傳言就能讓買家跑棚、加入別的圈子。然而價格不會出現多大差異。也許展演才是重點？競爭與獨立意味著人人皆享有自由。

有時候，大家都知道採集人就是在等，因為他們不滿意所有人的出價，他們就枯坐在裝著松茸的皮卡車上。但採集人又得在夜晚結束前把菇類賣出；那些菇類可不能滯留。等待，也是這場自由展演的一部分：高興去哪裡尋菇就去哪裡的自由，和繁文縟節、勞動與財產保持適當距離；把採得的菇類賣給任一買家的自由，而對買家而言，也有再轉手給任一外勤業務的自由；把其他買家踢出交易的自由；大賺一筆或賠個精光的自由。

我曾向一位經濟學家描述這個松茸交易場景，他很興奮地說，這才是資本主義最純真、基礎的形式，沒受到強大利益與不平等的汙染。這是真正的資本主義，他說，因為這是一個公平的競賽場地，而且本來就應該如此。但是開放票地的採集與買賣果真是資本主義嗎？問題出在這當中沒有任何資本。這當中的確有很多錢在轉手，但後來又都溜走了，從沒形成一筆投資。唯一的積累發生在下游，在溫哥華、東京與神戶，那邊的進出口商靠著松茸交易創建自己的公司。開放票地的菇類在那裡加入了資本的川流，但它們的買賣並不符合我認為的資本主義形式。

但說起來，這個松茸交易場景裡還是有明顯的「市場機制」吧？還是其實根本沒有？根據經濟學家的說法，競爭性市場的意義在於降低價格，迫使供應商以更有效率的方式採購物品。但開放票地的拍賣競爭卻有明確目標，那就是**提高**價格。無論是採集人、買家或運貨業者，拍賣中的每一方皆希望拉高價格。操弄價格的目的是想讓價格上揚，如此一來，開放票地的所有人都能獲利。似乎有許多人認為在日本有一道流動不息的錢潮，而這個競爭劇場為的就是迫使其管道開通，讓錢得以流向開放票地。交易老手們應該都記得一九九三年時，開放票地採集人手中的松茸每磅價格一度高達六百美金。你只要找到一顆肥美松茸，就能賺進三百美金！[5] 就算那波熱浪退去後，他們說，九〇年代單單一位採集人還是可能在一天內賺進數千美金。如何才能讓通往錢潮的管道再次開放？開放票地的買家與運貨業者把賭注壓在競爭上，努力抬高價格。

在我看來，這套信念與做法能蓬勃發展，源自兩個背景。第一，美國商人在傳統上有種內化的期待，認為只要表現出「競爭」姿態，政府就會代表他們硬起來、向外國企業夥伴施壓，以確保美國公司能得到理想的價格與市場占有。[6] 但開放票地的松茸貿易規模太小，而且毫不起眼，不會有這一類的官方關注。儘管如此，參與競爭展演的買家與運貨業者多少也帶有這種對國家的期待，希望日本方能因此給出最好的價格。他們相信，只要適度展現自己的「美國精神」，便成功有望。

第二，日本商人基本上願意忍受我提過的一位進口商所說的那種「美式心理學」的表演。他們已有心理準備，必須適應這套奇特的展演；如果能因此取得好貨，那就順勢捧場。在那之後，進出口商就能把美式自由所生產的異國產品轉譯成日本存貨，並透過存貨開始進行積累。

那麼，所謂「美式心理學」又是什麼？開放票地裡牽涉到太多人與歷史，我們無法冒然切入當中的連貫性，這個連貫性我們通常將之想像為「文化」。以聚合體的概念——一種多重生活方式的開放性糾纏——來理解，反而更有幫助。一個聚合體內的不同軌跡都會彼此牽繫，但不確定性依然重要。想更深入了解一個聚合體，就必須解開它的紐結。開放票地的自由展演能進行，端賴追尋展延至奧勒岡之外的多重歷史，正是這些多重歷史讓開放票地的糾纏能夠成形。[7]

社群事項，於奧勒岡州。
帶著步槍採集。
大多數的採集人都有經歷戰爭倖存的可怕故事。
從創傷與流離失所的多樣歷史裡，浮出的是採菇營地的自由。

第6章
戰爭故事
War Stories

法國有兩種東西：自由與共產分子。美國只有一種：自由。
——一位在開放票地的寮族買家為自己來到美國而非法國所做的解釋

許多採集者與買家口中所謂的自由，所指涉的除了在地事物之外也有遙遠的東西。在開放票地，大多數人解釋起自己堅信自由的原因時，多半會歸因於越戰與隨後的內戰所造成的可怕悲劇經驗。當採集人談到是什麼形塑了自己的人生，包含加入菇類採集行列，也大多會帶到經歷戰爭而倖存的話題。他們之所以能挺住松茸森林裡的巨大危險，是因為那延續了他們從戰亂生存下來的生命，那是一種被鬼魂縈繞的自由，如影隨形地到處跟隨著他們。

然而，對戰爭的參與一向具有文化、國家與種族的特殊性。帶著不同參戰遺緒的採集者所建構的地景也相互各異。一位面帶嘲弄表情的寮族長者這樣解釋為何寮族年輕採集者要穿著迷彩服飾：「這些人根本不是軍人，只是假裝成那樣而已。」當我問到迷彩的隱蔽性在遇到白人獵鹿人的危險性時，一位苗族採集人卻提出一個相當不同的情境：「我們穿迷彩，是因為要是看到獵人，可以先躲起來。」這言下之意是，獵鹿人要是看到他，搞不好會殺了他。採集人在森林的自由中遊走要經過一種差異的迷宮。他們所形容的自由既具有共同性的軸心，卻也是特定社群事項的分歧點。但儘管這類日常事項差異很大，一些描繪仍能顯示出松茸採集的多元樣貌都是自由驅動出來的。這一章我將擴大探索範圍，藉著採集人與買家訴說的戰爭故事，來理解他們所指的自由到底是什麼。

隨著太平洋西北地區的群山與森林起伏的，是邊境浪漫主義的精神。白人通常會在美化美洲原住民的同時，又認同那些將之滅絕的墾殖者。自給自足的粗獷個人主義與白人陽剛氣息的美學力量，正是他們引以為傲的特質。許多白人採菇者是美國國力向外擴張、有限政府，以及白人至上主義的擁戴者。不過西北部鄉村地區也聚集了嬉皮與反傳統分子。打過越戰的退役白人老兵把自身的戰爭經驗帶入了這個粗獷又獨立的混合體中，同時摻入特殊的怨恨情緒與愛國主義、創傷與威脅。戰爭記憶對於這一特定區位的形成既讓人不安又極富成效。戰爭深具破壞力，他們說，但也讓他們成為男人。無論是參戰或反戰，都可以找到自由。

有兩位白人老兵分別表達了不同面向的自由。艾倫認為自己很幸運，因為兒時舊傷加劇使得他能從中南半島被遣送回家。隨後六個月，他在一座美軍基地擔任司機。某天他接獲命令，得回到越南參戰。他開著自己的吉普車回到補給站，接著走出基地，成了擅離職守的逃兵。後來的四年內，他躲在奧勒岡山區，從此找到人生新目標：住在森林裡，再也不付房租。松茸熱潮根本就像是為他量身打造的機會。艾倫自認是個溫和的嬉皮，反抗著其他老兵的戰鬥文化。某次他到了拉斯維加斯，在周遭全是亞洲人的賭場裡，因回憶閃現而引發恐慌。住在森林裡就是他遠離心理創傷的方式。

但不是所有戰爭經驗都這般輕盈。我初見傑夫時，為自己找到了一個對森林了解甚深的人而樂不可支。他與我分享了童年在華盛頓州東部的快樂回憶，並以熱切、精細的目光描述著鄉間情景。然而，我原本有意與傑夫一起工作的熱忱，卻在與提姆聊天後生變。他解釋傑夫在越南有著一段漫長、艱困的服役經驗。有一次，傑夫的小隊從直升機降落卻當場落入埋伏，許多同袍弟兄因此喪命，他的頸部也被子彈射穿，不過奇蹟似地存活。傑夫返鄉後，總會從惡夢中尖叫驚醒，他根本無法待在家中，只好返回森林。但他的戰爭還沒結束。提姆描述，有一回他們倆在傑夫認定是自己專屬的採菇區塊上偶遇另一群柬埔寨採集者。傑夫竟然開槍，使得這群柬埔寨人抱頭鼠竄往林中逃走。提姆也曾與他共用一間小木屋，但傑夫一整晚不斷邊磨著刀邊沉思。「你知道我在越南殺了多少人嗎？」傑夫問提姆，「多到再殺一個也沒差。」

白人採集者想像自己不只是暴力的退役軍人，更是自給自足的山地居民：獨來獨往、堅韌強硬、足智多謀。與這些特質有關、但不用上戰場打仗的行為就是打獵。一位因為當時年紀太大而無法參加越戰、卻堅定支持美國參戰的白人買家解釋，打獵就像打仗，能造就品格。我們聊到曾在獵鳥時射傷朋友的前副總統錢尼（Dick Cheney）。這位買家說，從這種尋常事故，就能看出打獵如何能鍛鍊人品。透過打獵，就連非戰鬥者也能體驗森林地景作為一種創造自由的場域。

不過，柬埔寨難民卻無法輕易融入太平洋西北部既有的傳統；他們必須在美國寫出自己所屬的自由歷史。這些歷史不只是由美軍轟炸與繼之而來的駭人赤柬政權及內戰所主導，還有他們進入美國的時刻：一九八〇年代國家福利政策的取消。沒人能為柬埔寨難民提供帶福利保障的穩定工作。於是他們和其他東南亞難民一樣，得靠身邊僅存的所有——包含過去的戰爭經驗——自力更生。松茸的繁榮使森林採集成為一個誘人的選擇，只要有堅毅無畏的精神就可以以此謀生。

那麼自由是什麼？一名讚許戰爭樂趣的白人外勤業務建議我與柬埔寨人阿文聊聊。他說阿文能證明也有喜愛美國帝國戰爭的亞洲人存在。由於有這番介紹在前，於是當阿文認定美式自由就等同軍事征服時，我並不意外。只是後來我們的談話轉向了那位外勤業務應該始料未及的方向，但這卻是森林裡其他柬埔寨人的共同心聲。首先，在柬埔寨內戰的混亂中，大家始終搞不清楚是在為哪邊打仗。白人老兵想像自由是出現在敵我分明的種族地景上，但在柬埔寨人訴說的故事裡，戰火總是讓人莫名其妙地從一方跳到另一方。第二，白人老兵有時會來到山林生活以獲得擺脫戰爭創傷的自由，但柬埔寨人在充滿美式自由的森林中卻有更樂觀的復原願景。

阿文當年才十三歲時就離開村莊，加入武裝戰鬥。他的任務是擊退前來侵略的越南人。他說，當時他根本不知道自己的團體隸屬哪一國家陣營，後來才發現，其實就是赤柬政權。因為年紀小，指揮官待他如友並在自己羽翼下保護其人身安全。但後來指揮官失寵，阿文也成了政治犯。他和一群犯人被流放到叢林自生自滅。巧的是，那裡正是他先前打仗時熟悉的地區。其他人看見的是一片陌生叢林，他看見的卻是隱密小徑與林中資源。故事說到這，原本我以為他接著會說如何逃脫，尤其他此時還因自恃熟諳叢林而面露驕傲神色。但是非也；阿文領著這群人找到一處隱匿林中的泉水，使大家有乾淨的水可喝。這種滯留叢林的經驗也許蘊藏某種賦權的能量，即便一開始是被脅迫進去的；正是這點星火般的能量帶他重返森林——唯一的前提，他補充，是能在美帝自由的保護下。

還有其他柬埔寨人提到，採集菇類是一種療癒戰爭傷痛的方式。一位婦女描述自己剛到美國時身體的狀況，雙腿孱弱到幾乎寸步難行。而採集菇類讓她重拾健康。她的自由，她解釋，就是行動的自由。

韓哥分享了他在柬埔寨當民兵的經歷。他帶領過一組三十人的隊伍。不料有天巡邏時，他誤踩地雷，炸斷了腿。他懇求同志當場殺了他，因為他相信男人缺了一條腿在柬埔寨根本無法存活。然而，幸運的是，聯合國部隊救了他並將他轉送至泰國。韓哥到了美國之後已經很適應身上的義肢。不過，當他告訴親戚想進森林採菇時，大家都嗤之以鼻。沒人想帶他同行，因為他們認為他的腳步不可能跟上。最後，一位阿姨載他到山腳下，要他自求多福。結果他竟然找到松茸！自那時起，採集便是他對自我行動力的肯定。韓哥有個好兄弟斷的是另一條腿，他開玩笑地說，他們倆在山上是「完整的」。

奧勒岡山區同時是舊習慣與新夢想的解藥及聯繫。有一天，我請教韓哥有關獵鹿人的事情時，驚訝地發現這一點。當天下午我獨自去採菇時，身旁突然有槍聲響起。我嚇壞了，根本不知道要往哪逃。後來，我向韓哥請教這起事件。「不能逃！」他說。「逃跑表示你害怕。我絕不會逃跑。這就是我為什麼我能當隊長。」森林裡至今還是充滿戰爭，打獵就是戰爭的提示。事實上，幾乎所有獵人都是白人，而且往往瞧不起亞洲人。這一點，就讓森林與戰地的相似性更加清晰。苗族採集者對此更是心有戚戚焉，他們與多數柬埔寨人不同，認為自己不但是獵人，也是獵物。

越戰期間，苗族人成為美國進攻寮國的前線主力。在王寶將軍的招募下，許多村莊集體放棄農業，改以中情局空投的食物維生。這些人聯繫美軍轟炸機，以自己的肉身冒險，讓美國人能從空中摧毀這個國家。[1]不意外地，這個手段加劇了成為轟炸目標的寮族人與苗族人之間的緊張關係。苗族難民在美國過得相對不錯，但戰爭回憶依然鮮明。戰時的寮國地景對苗族難民來說仍然歷歷在目，而且形塑了他們在政治上及日常活動上的自由。

想想看苗族獵人暨美軍神槍手王柴（Chai Soua Vang）的案例。二〇〇四年十一月，王柴爬入威斯康辛州森林裡一座狩獵帳篷中，但被正巡視土地的一群白人地主發現。他們質問王柴，要求他離開。他們似乎罵出侮蔑種族的惡言，然後其中一人朝他開槍，王柴則以半自動步槍回擊這八人，其中六人因而身亡。

這個故事登上新聞，報導將之定調為一起嚴重惡行。CBS新聞台引用當地警長提姆．席格（Tim Zeigle）的發言，指稱王柴「追逐地主並痛下殺手。他就是在獵殺他們」。[2]苗族社群發言人隨即與王柴劃清界線，盡力挽救苗族人的聲譽。雖然在王柴被捕以及後續審判的過程中，有苗族年輕人起身反對種族歧視，但無人公開解釋為何王柴要以神槍手之姿殲滅敵人。

在奧勒岡與我對談的苗族人士似乎都知道這起事件，而且也能同理。王柴的所作所為似曾相識；他可能是任何人的哥哥或父親。雖然王柴年紀輕，不可能參加過越戰，但他的行為卻顯示出他對戰爭地景的高度適應。你在當中遇見的不是戰友就是敵人，而戰爭不是殺人就是被殺。苗族社群裡的長者們有相當大程度仍活在這些戰役的世界中；在苗族人的聚會裡，特定戰役的運籌帷幄——地形、時機與奇襲等——就是這些男人的話題。我向一位苗族長者詢問生活概況時，他還趁機教我該如何回擲手榴彈，以及若是被射傷該如何處理。戰時的生存法則**就是**他人生的實質內容。

打獵喚醒在美苗族人對寮國的熟悉感。一個苗族長者談到自己在寮國的成長過程：他在還是個男孩時就學會了打獵，狩獵技巧在叢林戰時也派上用場。現在到了美國，他也教兒子們如何打獵。打獵帶領苗族男子邁入一個追蹤、生存，以及男子氣概的世界。

由於自身的打獵文化，苗族採集人對置身林中相當自在。他們很少會迷路，因為善用打獵時學到的森林探路技巧。森林地景讓年邁的苗族男人想到寮國：雖然人事已非，但曠野山林還在，仍有必要保持警戒心。這種熟悉感讓老一輩的人每年都回來採集；和打獵一樣，採集也是再次記憶森林地景的機會。一個老人家告訴我，若是沒了森林的聲響與氣味，男人會消沉委靡。菇類採集將寮國與奧勒岡、戰爭與打獵相互交疊。遭戰火蹂躪的寮國地景蔓延到現下的經驗裡。原本看似不合邏輯的推論，現在卻震撼著我，使我意識到這些交疊：我問的明明是松茸，苗族採集人回覆的答案裡卻是寮國、打獵與戰爭。

老陶和他的兒子小傑非常好心，多次帶我與助理王路伊出入森林尋找松茸。小傑是個活潑的老師，而老陶卻是個安靜的長者。因此，我更加珍惜他所說的事情。一日下午，在一次愉快的漫長採集結束後，老陶嘆了口氣，攤坐在車子前座。路伊從旁翻譯。「這裡就像寮國。」老陶說。但他的下一句評論我卻沒有聽懂：「所以保險很重要。」我在半個小時後才明白他話中含意。這關係到他接下來所講的一則故事：他有位親戚回寮國探親後，深受山林吸引，以至於自己其中一個魂魄在返美後還留在那邊。果然，他不久便過世了。懷舊足以奪人命，因此買人壽保險很重要，如此一來家人才有錢買牛舉辦一場體面的喪禮。老陶體驗到的是因健行與採集而變得熟悉起來的故鄉地景思念之情。那也是一個打獵和戰爭的地景。

寮族人信奉佛教，因此傾向反對打獵，而他們反倒成為菇類營地的商人。多數的東南亞松茸買家都是寮族人；他們在營地裡經營起麵攤、賭博遊戲、卡拉OK與烤肉店。我遇到的許多寮族採集人都是從寮國城市遷居過來的，偶爾會在森林裡迷路，但也享受著採菇的刺激，並視之為一種生意競賽。

我在和寮族採集人相處時，才首次思考到戰爭的文化參與。寮族男子偏愛迷彩服飾，大多數人身上還滿布帶有護身意味的刺青——有的是在部隊，有的是在幫派，有的則是學武術時刺上的。對森林局而言，寮族人的喧鬧習性是在營區內實行禁止開槍規定的好理由。比起其他採集群體，我遇到的寮族人似乎較少因為真正的戰爭而受傷，但也更常陷入森林的戰場模擬情境。但他們的傷口是什麼？美軍對寮國的轟炸使得百分之二十五的農村人口流離失所，迫使難民逃往城市，有可能的話甚至會逃難到國外。[3]在美的寮族難民若與營地夥伴有何共同特質，那不就是這一類的傷口嗎？

有些寮族採集者是在軍人家庭中長大。像山姆的父親就曾在寮國皇家軍隊服役；他注定要追隨父親的腳步，加入美國陸軍。正式入伍前的秋天，他吆喝一些朋友相約上山採菇，當成入伍前的最後齊聚。結果他竟然靠採菇大賺一筆，多到他乾脆取消從軍計畫，甚至還帶父母一起採集。有一次，他藉由非法闖入國家公園的土地而在一天內賺進三千美金，於是一整季都浸淫在非法採集活動當中。

我認識的寮族採集者和白人採集者一樣，也會刻意尋找禁止進入的隱藏採菇區塊。（相較之下，柬埔寨、苗族與瑤族的採集人比較常運用敏銳的觀察力，只在眾所周知的尋常地點活動。）寮族採集人喜歡吹噓自己的違法採集行為與脫困能力，這點也和白人相似（其他採集者在違法時較低調）。身為生意人，寮族人擅長居中調解，深諳調解過程的樂趣與危險。就我貧乏的經驗而言，我覺得從經商進入備戰狀態是一組令人困惑的並置對比。不過我還是能察覺到，這在某種程度上鼓舞了高風險的事業。

在我看來，阿通這個年紀三十中旬、身強貌俊的男子就集矛盾於一身：一介鬥士、一個優秀的舞者、一位具反省力的思想家、一名具批判性的批評者。因為藝高人膽大，他會到人跡罕至的高處地方採集。他說自己曾在夜間驅車離開營地時遇上警察，對方以他超速為由攔下他。他告訴警察，就扣押他的車吧，反正他在寒冷刺骨的夜裡也能徹夜行走。警察後來讓步，放他離開。當阿通提到森林裡的採集人士在躲避拘捕令時，我猜想他可能就是在指他自己。而且他最近剛離婚，離婚過程中他辭去高薪工作，改來採集松茸。我相信阿通此舉的目的，多少是想逃避扶養孩子的責任。種種矛盾倍增。他甚至特別表達自己對那些拋家棄子來此採菇的人的鄙視。不過他自己卻沒有和孩子聯絡。

梅塔對佛教思考甚多。他曾在寺廟修行兩年；還俗時決定此生捨棄對物質的追求，而採菇便是他達到這種斷捨離境界的方式。他的所有家當幾乎全數在車上。錢來得快、去得也快。梅塔對物質擁有並無執著。但在西方觀念裡不會把他看成苦行者。喝醉時，他可是擁有溫柔男高音的卡拉ＯＫ高手。

我遇到的採集人中，只有寮族人的孩子會在長大後也加入採集。寶拉第一次採集是和父母一起來，但他們後來搬到阿拉斯加。然而，她還是維持著父母當初在奧勒岡森林裡建立的社會網絡，因此能在其他經驗老到的採集人之間得到一點生存空間。寶拉膽子很大，她和丈夫在森林局開放採集季的前十天便已抵達、準備行動。當警察發現他們和車上的菇類時，她丈夫先假裝不懂英語，而寶拉則斥責起警察。寶拉長得很可愛，而且看起來像個小孩，因此這個頂撞手段比其他人更容易達到目的。但我還是訝異於她所宣稱的膽大妄為之舉。她說她用的是激將法，諒警察不敢干涉她的活動。他們問她菇類是在哪裡找到的？「綠樹下。」這些綠樹在哪裡？「所有樹都是綠的。」她這麼強調。接著她掏出手機開始聯絡援手。

什麼是自由？美國移民政策將「政治難民」與「經濟難民」區分開來，只為前者提供庇護。移民者的入境條件就是為「自由」背書。東南亞裔的美國人有機會在泰國難民營裡先接觸到這個概念，那裡有許多人為移民美國早已準備多年。正如同本章開頭引用的那位寮族買家的話，在被問及為何選擇來美國而不是去法國時，他說：「法國有兩種東西：自由與共產分子。美國只有一種：自由。」他接著說他情願以採集為生，而不想從事待遇好的穩定工作——他曾是個焊工——原因就在於嚮往自由。

寮族人在與自由相關的生存策略上，和拿下「最常受法律騷擾」頭銜的採集團體——拉丁裔人士——有強烈的對比。拉丁裔採集人往往是無證移民，採集菇類是他們整年在戶外活動的行程的一部分。在菇類季期間，許多人會躲進森林生活，而不住在可能會被盤查身分證與採集許可證的合法營地與汽車旅館。我認識的那些拉丁人都持有多個化名、地址與身分文件。若是在採集中被捕，可能不只遭到罰款，還會失去汽車（因為偽造文件）並且被驅逐出境。因此，與其對抗法律，拉丁裔採集人更傾向閃躲；一旦被抓，便以相關文件和法律條文支持來應付。反觀多數寮族採集人因為難民身分而成為美國公民，所以除了享受自由之外，還會想爭取多一點空間。

就是這類反差激勵我繼續探索，以了解戰爭的文化參與如何形塑白人老兵、柬埔寨人、苗族人與寮族難民的自由實踐。老兵與難民透過為自由背書並實現自由來運用美國公民身分。在此實踐下，軍國主義被內化並注入於地景之中，激發了採集和創業的策略。

在這些奧勒岡的商業松茸採集人之間，自由是一個「邊界物件」（boundary object），也就是尚未取得意義且將導往不同方向的共同關懷。[4] 每一年，採集人都基於對於森林同中有異的自由信念而來到此地，為日本在背後資助的供應鏈尋找松茸。他們的戰爭經歷驅動了年復一年返回此處的腳步，由此延續自身的倖存生活。白人老兵在這裡重現創傷；高棉人療癒戰痕；苗族人憶想戰鬥地景；寮族人衝撞界線。這當中的每一道歷史暗潮都動員了採菇的實踐，使之也成為自由的實踐。於是，即便毫無企業的徵募、培訓或規訓，滿山的松茸還是得以匯聚起來運往日本。

社群事項，於奧勒岡州。
一個主要由日裔美國人組成的佛教教會團體正在準備松茸壽喜燒晚餐。
對日裔美國人而言，松茸採集是文化遺產，也是打造跨世代社群連結的工具。

第7章

美國怎麼了？兩種亞裔美國人

What Happened to the State? Two Kinds of Asian Americans

「詩吟」（*shigin*）之友輕裝上山，
蔭涼野地，松樹鬱鬱。
停車入林，尋覓菇類。
哨聲頓揚，劃破林間寂靜。
飛奔而去，我們喊出喜悅。
秋光之中激動忘形的人們，再次變成了孩子。

——瓜生田三櫻（Sanou Uriuda），《在瑞尼爾山採集松茸》（*Matsutake Hunting at Mt. Rainier*）[1]

開放票地的一切都讓我吃驚，當中尤以奧勒岡森林裡的東南亞鄉村生活感最為特別。這股如入他鄉的錯覺在我認識另一群松茸採集團體後更顯強烈：也就是日裔美國人。儘管我華裔美國人的背景與他們有諸多差異，他們卻仍讓我備感親切，彷彿與失散的家人團圓。不過，這種自在卻也給我臨頭一擊，像被潑了一頭冷水。我意識到在二十世紀早期與晚期的不同移民之間，某種巨大而令人費解的事曾發生在美國公民權的議題上。一種狂熱而嶄新的世界主義已經扭轉了身為美國人的意義：一團來自世界各處文化議題與政治目標的未同化碎片。我訝異的並非文化差異造成的那種一般的衝擊。美式的危殆狀態——生活在廢墟裡——就是源自這種未被結構化的多重性、一種未凝聚的混亂。美國不再是大熔爐，我們正與無法辨識的他者共同生活著。如果我是在亞裔美國人的圈子裡找到這個故事，相信其他圈子裡一定也有類似的事。這種多聲吵雜的狀況，以及來自世界各地的迴響，就是美國白人與有色人種雙方都共同感受到的危殆生活。然而最容易觀察到這個現象的，卻是這種狀況的另一面，例如同化。

奧勒岡州第一批「松茸狂熱」分子就是日本人，他們是趁著在一八八二年美國排華法案出現後到一九〇七年阻止日人移民美國的《紳士協約》（Gentlemen's Agreement）頒布前的短暫空檔進入這個地區。[2]最早來到此地的日本移民有部分成為伐木工，並且在森林裡發現了松茸。在這裡定居務農後，這些日本人每一季都會回到森林，春時摘蕨菜（*warabi*），夏時折蜂斗菜嫩莖（*fuki*），秋時則採集松茸。二十世紀初時，出遊摘採松茸同時野餐，已是流行的休閒活動，情景一如本章開頭引用的詩句。

瓜生田的那首詩同時標誌著季節之樂與兩難困境。松茸獵人駕車駛入山林；他們雖保有日本人的感性，卻也是激情的美國人。與其他明治年間出走的日本人一樣，這些移民是認真的轉譯家，學習著另一種文化。當樂不可支時，又以一種既美式又日式的方式變成純真的孩子。然後，世界變了——第二次世界大戰來臨。

當時，這些日本人抵美後便一直苦苦爭取公民權與土地所有權。情況雖不理想，但至少後來有權務農——尤其是種植一些需要密集勞動的蔬果，像是得避光的花椰菜與靠手工採摘的莓果。二戰卻打斷了這條常軌。日本人被趕出自有農地。奧勒岡的日裔美國人被囚禁在「戰爭拘留營」裡。他們的公民權困境也因此翻上檯面。

我第一次聽見有人以古典日文方式吟詠瓜生田的詩，是在二〇〇六年一場日裔美國人慶祝松茸傳統的聚會上。吟詩的老先生還是在拘留營裡學到這種古典吟唱法。確實，當時營區內有許多「日式」嗜好在流行。但就算營中有機會追求日式雅趣，拘留營也徹底改變了身為日裔美國人的意義。這些日本人戰後獲釋時，大多數都失去了身家財產與農地。（朱莉安娜・胡・佩格斯〔Juliana Hu Pegues〕指出，美國在將日裔美籍農夫送進拘留營的同一年，開啟了「手臂計畫」〔Bracero program〕，引進墨西哥農工。）[3] 他們飽受猜疑，而其應對方式就是傾全力做個模範美國人。

正如一位男士所回憶：「我們遠離帶有日本特徵的所有事物。就算你有一雙日式拖鞋，也不會把鞋穿出門。」日式日常生活習慣因此不會在公開場合中被展示出來。年輕人不再學日語。大家期待你完全沉浸在美國文化裡，沒有雙重文化的延伸，而且孩子們就率先這麼做。日裔美國人成了「百分之兩百的美國人」。[4] 然而與此同時，日本藝術卻在拘留營裡蓬勃起來。戰前逐漸衰落的日本傳統詩歌與音樂於焉復甦。拘留營內的活動奠定了戰後在美日人俱樂部的基礎。這些都是私下的休閒活動。包含松茸採集在內的日本文化越來越普及，只不過那變成隔離開來在美式自我展演上的添加物。「日本性」只能以美式風格嗜好為形式發展下去。

也許你能感受到我的一絲困窘。日裔美籍松茸採集人與東南亞難民相當不同——我無法從「文化」或在美居住的「時間」等常用來觀察移民者異同的社會學故事來解釋他們雙方的差別。第二代東南亞裔美國人對於公民權的展演，和在美日裔「二世」（*Nisei*）有著天壤之別。這個差距與歷史事件有關——且容我指出，這就是不確定的遭逢——而且在此之中形成了移民團體與公民權爭取兩者間的關係。日裔美國人遭到強制的同化。拘留營告訴他們的是，要當個美國人，就要認真地從內到外轉變自我。強制同化也讓我看見其反例：東南亞難民是在新自由多元文化主義興起之際成為公民的。對自由的熱愛大抵就足以讓他們融入美國人群。

我個人對這個反差感觸良多。我的母親正好是在二戰結束後到美國求學，那時美中兩國還是盟友。不過共產主義在中國取得勝利後，美國政府便不許她回到故國。從一九五〇到六〇年代早期，我們家與其他華裔美國人一樣，被聯邦調查局視為潛在的敵人而受監控。於是母親也接受了強制同化。她學著做漢堡、肉餅和披薩；雖然她自己的英文還說得不好，但我們出生後她就不讓我們學中文。她相信要是我們學說中文，英語就會染上中文腔，不像美國人。做個雙語人士、展現錯誤的體態、吃不正確的食物，在她看來都不安全。

小時候，家人會以「美國人」來指稱美國白人；他們就是我們平日仔細觀察、引為楷模或警世故事的對象。我在一九七〇年代加入亞裔美國學生會，當中成員多半來自中國、日本與菲律賓。就算我們最激進的政治立場，也仍視這幾個族群遭逢的強制同化為理所當然。可以說，我的成長背景讓我很容易同理我在奧勒岡認識的日裔美籍松茸採集者：對於他們表現出來的亞裔美國人姿態，我感到很自在。這裡有些長輩是移民第二代，幾乎連一句日文都不會，但他們會出門吃頓便宜的中國菜，也會烹調傳統日式菜餚。他們以自己的日本傳統自豪，這點從他們對松茸的熱愛可見一斑。但他們的自豪還是有一種刻意為之的美式風格。連我們一同烹煮的松茸，都是有違日本料理原則、充滿世界主義的混搭。

相對地，我對在開放票地營地發現的亞裔美國文化毫無心理準備。瑤族營地帶給我的衝擊特別大，因為他們不像我過去認識的亞裔美國人，而是母親記憶裡的中國與我曾做過田野調查的婆羅洲村落的混合體。世世代代攜家帶眷進入喀斯開山脈的瑤族人都抱著一個明確目標，那就是要在這裡過著修養生息的村落生活。他們堅定保存自己在寮國生活裡的重要差異性；例如寮族人習慣坐在地上，但瑤族人習慣坐小矮凳，而這也是我母親仍然思念的中式慣習。還有寮族人吃生蔬菜，但瑤族人不吃；瑤族人會煲湯、用筷子炒菜，這點又與中國人相同。瑤族營地裡看不到有人烤肉餅或漢堡。由於這裡實在有太多東南亞人聚集，於是加州家庭式菜園種植的亞洲蔬菜便得以源源不絕地送來。每個夜晚，鄰居們互相分享煮好的菜餚，訪客會抽著水菸聊到夜深。當我看見一位瑤族店主穿著紗籠蹲坐下來、忙著為熟透的長豆去莢或磨利她的彎刀，我感覺自己平行移動到了讓我初識東南亞的印尼高地村莊。這不是我熟知的美國。

其他開放票地的東南亞團體比較沒那麼執著於再造村莊生活；他們當中有些人來自城市，而非鄉村。不過，他們和瑤族仍有個共通點，就是對於我成長經驗裡的美式同化興趣缺缺，甚至一頭霧水。我忍不住想，他們是怎麼逃脫的？我先是佩服不已，也許也有點嫉妒。再後來，我意識到他們其實也被要求同化，只不過是以不同的模式。這就是自由與危殆重回故事之處：自由協調了美國公民身分廣泛多元的表現方式，而且為危殆的生活提供了唯一官方認可的方向舵。然而，這也代表了在日裔美國人和之後寮國與柬埔寨裔美國人到來之間，這個國家與它的公民的關係發生了某種重大的變化。

日裔美國人同化的普遍性，是受從新政到二十世紀末的美國福利國家文化政策所影響的。當時政府有權以吸引人的福利或強制命令去規範人民的生活。移民被勸告要加入「熔爐」，抹除個人的過去以成為徹頭徹尾的美國人。公立學校就是製造美國人的場所。一九六〇到七〇年代的平權法案政策不只設立了學校，更使受公立學校教育的少數族裔，即使因種族因素被排除於網絡之外，仍有可能找到專業工作。就這樣，日裔美國人在哄騙與激勵之下進入了美國社會的行列中。

正是這種國家福利機制的逐步衰弱，最能簡單解釋為何開放票地的東南亞裔美國人會發展出與美國公民身分的獨特關係。打從一九八〇年代中期他們以難民身分抵美開始，美國就已廢除所有國家福利計畫。平權法案被視為犯罪，公立學校經費遭縮減，工會被趕走，典型勞動成了任何人眼中幻滅的理想，更別提初階勞工。即便成功化為美國白人的完美翻版，他們也得不到什麼酬賞。謀生危機於是迫在眉睫。

一九八〇年代時，難民少有資源可享，而且需要公共援助，但嚴格來說當時的社會福利卻大幅縮減。在被許多開放票地的東南亞難民視為落葉歸根之地的加州，國家補助那時也以十八個月為限。許多寮國與柬埔寨裔美國人都接受了語言教育與職業培訓，但很少能確實幫助他們就業。他們最終還是得靠自己在美國社會中找出路。[5] 只有少數受過西式教育、懂英文或金融的人才有選擇餘地。其他人處境困難，難以找到能發揮個人資源和技術——好比說能從戰場倖存——的工作。他們入境美國時所背書的自由，必須轉譯成謀生策略。

倖存的歷史模塑著他們能用來謀生的技巧。而能夠使用這些技巧，代表著他們的足智多謀。但這也造成難民之間的差異。不妨思考一下這些差異：一位來自首都永珍、家族從商的寮族女性松茸買家解釋，自己決定離開故國，是因為共產主義不利經商利潤。永珍位在湄公河畔，對岸即是泰國；而離開，意味得在某個深夜游泳渡河。她有可能遭人槍殺，而且還得帶上小女兒。儘管危險重重，逃離的經驗卻告訴她必須把握機會。把她推向美國的自由，就是市場的自由。

相較之下，苗族採集者堅信，自由就是反對共產主義加上擁有民族自主性。開放票地的老一輩苗族人曾在寮國為王寶將軍所帶領的中央情報局軍隊而戰。中年的苗族人則在共產黨人勝利後，花了數年時間往返泰國難民營與寮國叛軍營。這兩道生活軌跡都結合了叢林生存與民族政治的忠誠。這些就是能在美國進行以親族為基礎的投資活動的技巧，而這也是苗族美國人逐漸廣為人知的特質。有時，此類信念要靠在野外生活才能復振起來。

每個與我對談過的人，無不夢想著謀生策略如何能與自己的族群政治故事連結在一起。開放票地裡沒有人認為移民就是非得抹去個人的過往、成為新美國人不可。一名來自柬埔寨東北部的寮族人夢想能在柬埔寨與寮國間靠開貨車為生。另一名來自越南的高棉人則因家人曾越過邊界保護柬埔寨，因此認為自己家庭的愛國情操使他有資格進入軍旅生涯。這些夢想雖然許多未能實現，但都告訴我一些關於夢想的事：這些都不是我們依然稱之為「美國夢」的新起點。

你越仔細凝視，越會覺得要成為美國人就**必須**重新開始的概念似乎很奇怪。那麼，這個美國夢究竟是什麼？這顯然不只是經濟政策的影響。那有沒有可能像是一種基督教信仰改變的邏輯，只不過是以成為美國人的形式展現，讓罪人向上帝懺悔，決心消除過往罪惡的生活？美國夢需要一個人放棄舊自我，也許這可算是一種形式上的信仰改變。

自美國獨立戰爭以來，新教復興主義一直是組成美國政體裡的「我們」的關鍵。[6]更有甚者，新教教義指引了二十世紀的美國世俗化計畫，以拒絕非自由派的基督教義並倡導沒有被特別標誌出來的自由主義形式。蘇珊・哈汀（Susan Harding）便指出二十世紀中期的美國公共教育是如何受到世俗化計畫的影響，在此之中某些基督教的版本被宣揚為「包容」的案例，其他版本則被限縮理解為早期奇風異俗的遺留。[7]結果在此世俗形式裡，宇宙觀政治超越了基督教義；要當美國人，你就必須改變信仰，但信仰的對象不是基督教，而是美國民主。

二十世紀中期裡，同化就是這個美國新教世俗主義的計畫。移民被期待要「改變信仰」、接受美國白人整套的身體實踐與言說習慣。言說尤其重要——也就是如何說出「我們」。這就是為何我母親不讓我學中文。那就好比是一種邪惡的象徵、偷偷地從我的美式慣習中向外望去。這就是二戰後日裔美國人被捲入的信仰改變浪潮。

那不見得是要你成為基督徒。與我合作的日裔美國人大都是佛教徒。確實，佛教「教會」（很多教徒都這麼稱呼）凝聚了社群。我拜訪的那一間就是個奇特的混合體。每週禮拜用的廳堂前，有一座色彩繽紛的佛教祭壇，其餘空間仍和美國新教教會一模一樣，有著成排的木製長凳，椅背有空格置放詩歌本與公告。地下室有用於主日學課程、募款晚餐與點心義賣的空間。會眾的核心成員還是日裔美國人，但他們很自豪自己教會裡有個白人牧師。他的佛教信仰能夠增強大家的美國認同。這個會眾的「美式」信仰改變坐實了他們的宗教可辨識性。

反觀開放票地的東南亞難民。從宇宙觀政治來說，他們也「改信」了美國民主。他們每個人都已在泰國難民營裡經歷過改信儀式——那就是決定他們能否入境美國的面試。面試裡，他們被要求支持「自由」，並表現出反共產主義的證據，否則就會被視為脫離美國價值的異國敵人。為了入境，就要嚴正主張自由的必要性。難民或許不太懂英文，但他們需要懂得「自由」一詞。

此外，開放票地有些瑤族與苗族美國人確實已改信基督教。然而，就像湯瑪斯．皮爾森（Thomas Pearson）針對北卡羅萊納州越南高地民族（Montagnard-Dega）難民的研究所指出的，從美國新教觀點來看，這些人的基督教實踐方式還真奇怪。[8] 對美國新教徒來說，改信的重點在於能把「我曾迷失，但現在我接受了上帝」這種話說出口。然而，這些難民說的反而是「共產黨士兵瞄準我，但上帝讓我隱形」、「叢林戰讓我家庭破碎，但上帝讓我們團聚」。在此，上帝彷彿是在地的神靈，能抵禦危險。我遇到的改信者無須經歷內在的轉化，而是透過支持**自由**來獲得保護。

另一種對比再次出現：一個是向心（內旋）的改信邏輯，把我的家人與日裔美國朋友拉進一個無所不包、延展擴散的美國化同化世界中。然而，模塑開放票地的東南亞難民的改信邏輯卻是離心（外旋）的，但因自由這個邊界物件而能拉攏起來。這兩種改信模式得以並存。不過，兩者各有各的公民政治獨特歷史浪潮。

於是，似乎可預見的是，這兩類松茸採集人不會混雜共處。日裔美國人在日本松茸進口熱潮興起時選擇了商業採摘，但到了一九八〇年代已被白人與東南亞採集人所取代。現在，他們採集松茸不為生意，只為朋友與家人。松茸是能夠確立日本文化根基的珍貴禮物與食物。松茸採集也很有趣，是長輩展現知識的場合，也是孩子在林中玩耍的機會，對所有人來說更是共享午餐便當的美味時刻。

這種休閒活動能存在，是因為我身邊這些日裔美國人都已進入了在都市就業中的特定階級區位。正如之前解釋過的，當他們從二戰拘留營獲釋返家時，已經失去原有的農地。不過很多人仍盡可能地回到原本熟悉的地方定居。有些人成為工廠勞工，得以加入新興聯合工會。有些人開起小餐館或到旅館工作。那是美國人財富成長的年代。他們的孩子上了公立學校，當上牙醫、藥劑師與商店經理。有些人與美國白人結婚。不過，他們會彼此保持聯繫，整個社群相當緊密。即便現在已無人須靠松茸支付生活所需，松茸依然維繫著這個社群。

這個社群最喜愛的其中一處松茸森林，就是一座松樹羅列、苔蘚覆蓋的山谷，現場地表光滑潔淨，足以媲美日本寺院的地面。對於能為人類與自然謹慎地維護這麼一個區域，這群日裔美國人感覺十分光榮。甚至連已逝親友的採集區，他們都能記得並予以尊重。可是一九九〇年代中期，一個來自開放票地的白人買家卻大膽地帶了一大批商業採集者進入這個區域。這些採集人沒有謹慎採收的習慣；為了達成當日目標，他們需要大範圍的行動，結果破壞了青苔，把現場弄得一團糟。一場衝突於是展開。日裔美國人找來森林局主持公道，局處以國有森林內禁止從事商業活動為由規勸買家；買家則指控局處種族歧視。「為何日本人能享有特權？」這位買家說給我聽時還是滿腔不悅。最後，森林局關閉了該區的商業採集許可。買家則返回開放票地。不過，一旦執法單位離開，商業採集者還是會偷溜進來，所以日裔與東南亞裔兩方的敵意至今仍暗自沸騰。他們顯然是兩種不同的亞裔美國人。一位日裔美國人不自覺地打趣說：「這森林曾經很棒，直到亞洲人到來。」這指的是哪一種亞洲人？

且讓我回來談談東南亞採集人的自由。確實，在能躲開懲誡的前提下，自由也包含潛入禁地採集。但自由不是個人的膽大妄為而已；它也是對一種新興的政治形構的參與。身為融合政策下的產物，我相信我不是唯一一位對於二十一世紀對此計畫的強烈憎惡而感到驚訝的人——特別是來自那些自覺遭遺棄或被遺忘的鄉村白人。有些白人採集者與買家會稱自己的立場是「傳統主義」。他們反對融合；他們只欣賞自己的價值，不想受他人汙染。他們也將此稱為「自由」，但這並非多元文化的計畫。然而，諷刺的是，這卻使促成了美國史上最具世界主義樣貌的文化形構。新的傳統主義者反對種族融合，也反對促進融合的強大國家福利傳統——亦即反對強制同化。然而當他們拆解同化時，新的形構卻應運而生。沒了中央的安排，移民與難民只能抓緊自己謀生的最佳機會：那就是他們的戰爭經驗、語言與文化。他們透過「自由」一詞加入了美國民主。他們確實是自由的，能繼續進行跨國政治與貿易活動；他們甚至可能密謀推翻外國政權，把個人財富賭注押在國際潮流上。與早期移民相比，他們無須思忖如何從內而外地變成美國人。隨著福利國家政策的發展，與此同時出現的自由議題及其狂放不羈的多樣性，可以說充分把握住了良機。

而且不會有比全球供應鏈還更好的參與者了！這裡有由蓄勢待發的積極企業家所構成的節點，無論有無資本在手，他們都有辦法動員自己的族群與宗教同胞來填補幾乎各種的經濟區位。薪資與福利也都不是必要的。只要為了社群共同的理由，整個群體都可動員起來。通用的福利標準似乎也無所謂了。這些都是自由的計畫。請注意，資本家此刻想找的，是搶撈式積累。

……在轉譯之間

… in Translation

轉譯價值，於東京。
松茸、計算機、電話：中間批發商攤位上放置的靜物。

第8章 美金與日圓之間
Between the Dollar and the Yen

我一直主張商業松茸採集具體表現了危殆的普遍處境——尤其是那種沒有「固定工作」的謀生方式。但是，我們怎麼會陷入缺乏附帶基本工資與福利的工作機會的窘境？即使在世界上最富有的國家也是如此。更糟的是，我們是如何失去對這類工作的期望與興趣？這都是最近才有的現象；許多白人採集者在早先的生活中都知道要去哪裡找穩定的工作，或者至少抱持如此的期望。但有些事情變了。這一章將大膽斷言，從一條一向遭忽視的商品鏈，就能說明這種出人意料地唐突的全球性變化。

不過，松茸在經濟上不是無足輕重嗎？觀察松茸豈不等於井底之蛙坐井觀天？正好相反——從奧勒岡到日本的松茸供應鏈的微小成功不過是冰山一角，從下方的整體冰山可以找到雖被遺忘、但仍操控著這個星球的故事。一些看似輕巧的事物常在最後變得巨大。正因為松茸供應鏈無足輕重的特質，才讓它躲過二十一世紀改革者的目光，從而保留了二十世紀末一段震撼世界的歷史。這個歷史是關於美日兩國的遭逢如何形塑了全球經濟。我認為，兩者資本間的變動關係促進了全球供應鏈的發展，並終結了對於集體進步的期待。

全球供應鏈終結了對於進步的期待，因為它們允許領導企業放棄對勞工控管的承諾。勞工標準化本來就需要教育與正規工作，才能連結利潤與進步。但相反地，在供應鏈中，從各種安排匯集而來的物品開始為領導公司帶進利潤；對於工作、教育與幸福的承諾也就不再是必要的事，即使只是修辭上的意義。供應鏈需要特定類型的搶撈式積累，包括不同區塊間的轉譯。美日關係的當代史在此就像是對唱中的對位安排，將此實踐方式散播到全世界。

這個故事發生在特定的框架中。十九世紀中葉，美國船隻進逼江戶灣，為美國商人「打開」日本經濟之門；此舉點燃了日本革命的星火，並推翻了國家政治經濟，進而將日本推向國際貿易的世界。日本人透過帶著美國的威脅的「黑船」意象來指稱這個間接顛覆日本的力量。這個意象對思考一百五十年後二十世紀末發生的相反狀況是很有幫助的，這個時候是日本商業力量的威脅間接顛覆了美國經濟。因日本投資的成功而驚慌失措的美國商界領袖，開始摧毀作為社會體制的企業組織，並將美國經濟推向日式供應鏈的世界。我們也許可以稱此為「反向的黑船」。在一九九〇年代龐大的併購浪潮下，隨著企業不斷重組，對企業領袖應提供工作機會的期待已不復見。取而代之的，是勞力開始被外包到其他地方，步入越來越危殆的處境中。將奧勒岡及日本連結起來的松茸商品鏈不過是眾多全球外包安排裡的一例。此類安排都是因一九六〇至八〇年代之間日本資本的成功而應運而生。

這段歷史卻很快被掩蓋不見。美國商人在一九九〇年代重新奪回世界經濟的龍頭寶座，同時日本經濟卻大幅下滑。日本的經濟勢力到了二十一世紀左右已被遺忘，而由美式獨創性所驅動的進步模式可說主導了全球外包的轉向。這裡就是松茸這不起眼的商品鏈能幫我們解惑的地方。是哪些經濟模型讓這個組織形式冒出頭？回答這個問題的唯一方法，就是去細察二十世紀日本經濟的創新。這些創新並非無中生有，而是太平洋兩端的張力與對話造成的。松茸商品鏈把我們牢牢置於美日經濟互動當中，我們從這裡面正好能覺察到這塊被人遺忘的歷史。接下來，我對故事頭緒的梳理會帶我們遠離松茸。不過，每跨出一步，我都需要商品鏈的提醒來拒絕接受當前因清除而形成的風平浪靜。因此，這不只是一個故事，也是一種方法——大歷史總是得透過微不足道但始終存在的細節訴說出來。

講述這個故事，要從金錢開始。美金與日圓相繼出現在原由西班牙披索主宰的世界中，也就是自十六世紀以來開採拉丁美洲銀礦鑄造而成的貨幣。無論是美國或日本，都不是最初的玩家。美國這個國家直到十八世紀才存在，而日本自十七到十九世紀期間都由鎖國的君王統治，嚴格限制對外貿易。美金或日圓在誕生初期似乎都看不出會有什麼遠大未來。然而，到了十九世紀中葉，美金的影響力已經和它的帝國砲艦一樣鋒利。

美國商人不滿德川幕府嚴密控管對外貿易的政策。[1] 一八五三年，美國海軍准將馬修．培理（Matthew Perry）率武裝艦隊駛往江戶灣。幕府面對武力脅迫，於是在一八五四年簽署《神奈川條約》，為美國貿易大開港口門戶。[2] 日本菁英都知曉中國在反抗英國「自由貿易」的鴉片後所受的壓制下場。為了避免戰爭，他們簽署讓出自己的權利。但日本國內的危機緊隨其後，並造成幕府倒台。新時代在明治維新的短暫內戰後就此開啟。勝利的一方決定效法西方現代化。明治政府遂在一八七一年確立日圓為國家貨幣的地位，有意藉此進入歐洲及美國的貿易流通中。因此可以說，是美金間接催生了日圓。

然而，明治時代的日本菁英不滿外國人控制貿易。他們快速地學習西方法則，並建立起自己如同外國企業的國內公司。政府引進外籍專家，送年輕人出國學習西方語言、法律與貿易手段。這些年輕人歸國後紛紛成立各種專業、工廠、銀行與貿易公司，在日本推動「現代化」的契機下日益茁壯。新資金嵌入了新的契約法、政治形式，以及價值的爭辯。

明治時代的日本充滿了創業能量，國際貿易迅速成為經濟裡重要的一塊。[3] 由於日本缺乏工業化所需的自然資源，因此原料進口便是國家建設的必要之舉。貿易成了明治日本最成功的行業，也和新興產業、例如棉花與紡織品的生產緊密相連。明治時期的貿易商了解自己的工作就是在日本與國外經濟世界當中居間協調。[4] 這些貿易商因為曾在外國培訓，累積了經驗，因而擁有雙重的文化靈活性，能跨越雙方的根本分歧進行談判。他們的工作體現了佐塚志保提到的「轉譯」概念，也就是在學習另一種文化時能同時橫跨、但又維持原本的差異。新的貿易商在知道商品於其他地方如何交易後，也利用這種知識為日本締造有利的合約。在經濟學家術語中，這些人是「不完美市場」中的專家；不完美是指在這種市場中，資訊無法自由地提供給所有買家與賣家。明治時代的貿易商穿梭國界、協調市場，也在標準懸殊的價值系統之間往返。在日本人持續想像一個與「西方」有著動態差異性的「日本」的同時，把國際貿易理解成轉譯的概念也延續了下來，指引著當代的商業行動。透過轉譯的工作，貿易**創造**了資本主義的價值。

明治時代的商人與工業企業密不可分。工業需要貿易之手取得原料，貿易與工業一同蓬勃發展。二十世紀初期，一次大戰帶來的繁榮經濟促成了大型聯合企業的形成，其中包括銀行業、礦業、工業與國際貿易。[5]但是與二十世紀美國企業巨頭不同的是，這些聯合企業、或者說「財閥」（*zaibatsu*）在整合時靠的都是金融資本，而非生產——銀行業務與貿易活動就是他們的核心任務。他們從一開始就參與了政府事項（例如三井集團就曾提供推翻幕府的資金）；[6]二戰前夕，在日本民族主義分子的壓力下，財閥與帝國擴張的關係更是難解難分。日本戰敗後，財閥便成了美國占領勢力的首要目標。[7]日圓因而失去價值，日本經濟搖搖欲墜。

美國占領日本的最初期，似乎偏愛較小型的公司，甚至勞動力的提升。然而美國占領者很快地讓一度蒙羞的民族主義者重新站起，負責重建日本經濟，以作為對抗共產主義的堡壘。在這種氛圍裡，銀行組織、工業企業與貿易專家的聯盟再次形成，並成為較不正式的「經連會」（*keiretsu*）。[8]多數這種企業組織的核心都是和銀行合夥的一般貿易公司。[9]銀行把資金轉調給貿易公司，而貿易公司又逐一向其聯營企業提供小額貸款。銀行不必監督這些小額貸款，而貿易公司於是藉此促進供應鏈的形成。這種模式的設計非常適合跨越國界往外擴展。貿易公司提供貸款——或設備、技術諮詢，或者特殊行銷協議，給海外供應鏈夥伴運用。貿易公司的工作就是把從不同文化與經濟安排中採購而來的物品轉譯成存貨。在這種安排中很難不看到當今全球供應鏈霸權的根源，以及與之相關的搶撈式積累形式。[10]

我是在研究印尼的伐木業時首次知道所謂供應鏈，並且就是在這裡，能看出日本供應鏈模式是如何運作。[11]在一九七〇到八〇年代的日本建築熱潮中，日本從印尼引進原木以製作膠合板建築模具。然而砍倒印尼原木的卻不是日本人。日本貿易公司向其他外國公司提供貸款、技術援助與貿易協定，由對方依照日本要求的規格切割原木。這種手法對日本貿易商有諸多好處。第一，它避開了政治風險。日商知道印尼華人的政治困境；他們因為其財富與和印尼政府較殘忍的政策的合作而被憎恨，因此不時成為暴動攻擊的對象。日商透過提供金錢給印尼華人，並由他們負責與印尼將領交易來避開這個棘手問題。第二，這種安排促進了跨國流動。日本貿易商在進入印尼前，已造成菲律賓與馬來西亞婆羅洲森林的大量砍伐。與其去適應一個新國家，貿易商認為不如引入願意和他們合作的在地代理人。事實上，菲律賓與馬來西亞的伐木工在日商的資助下，已隨時能前往印尼森林開伐。第三，供應鏈的安排促進了日本貿易標準，但同時忽略對環境造成的後果。環保人士在調查時只能搜查出一個大型福袋，當中塞滿不同公司行號，其中很多是印尼的；在森林中找不到任何日本人。第四，供應鏈的安排將非法伐木視為一層分包合約，任之在環境保護規範下採伐受到保護的原木。非法伐木者將原木賣給更大型的承包商，然後再交給日商，這當中沒人需要為此負責。到後來，印尼甚至也以日本貿易的供應鏈體系為藍本，開始經營自己的膠合板貿易。木材實在太便宜了！計算成本時，可以完全不顧伐木工、森林本身或林中居民的生活與生計。

日本貿易公司因此得以順利在東南亞伐木，但他們在世界其他地方也同樣忙於其他商品。[12] 且讓我回到這些貿易布局剛出現的二戰戰後初期，來觀察這套體系的發展。戰後第一批日本供應鏈有部分是利用了韓國這個日本前殖民地的連結。美國當時是世上最富裕的國家，也是各國商品最理想的銷售目的地，但美國對日本商品進口施行嚴格的配額限制。歷史學家羅伯特・卡斯特利（Robert Castley）展示了日本如何藉由協助南韓建構經濟以避開美國進口配額限制。[13] 日本貿易商藉著將輕工業移往南韓，得以不受限地將更多產品出口到美國。然而，日本在韓國的直接投資也引起反感。因此，日本採用了卡斯特利所謂的「外包」（putting out）手法。「這包含了商人（或公司）向分包商提供貸款、信貸、機器與設備以製造或完成產品，再由他們自己往遙遠的市場銷售。」[14] 卡斯特利點出了商人與銀行家在這種策略中的權力：「日本人與海外供應商簽署長期合約，並且頻繁地為資源發展提供貸款。」[15] 這種擴張形式，他說，是一種日本政治以及經濟安全的形式。

外包系統把獲利較低的製造業部門和較舊的技術轉移到南韓，為日本企業升級清出一條道路。根據這個日方後來以「雁行」意象描繪的模式，南韓企業永遠會在創新上落後日本一輪。[16] 然而，所有人都可以往前飛，部分原因是南韓也可以把自家落後的製造業部門轉往其他更貧窮的東南亞國家，使自己繼承新一輪的日本創新技術。南韓菁英樂於承接日本資本的好處——有些資金甚至還被視為戰爭賠款。由此而生的企業網絡造就了日本資本跨國擴張的模式，包括孕育出受日本控制的亞洲開發銀行（Asian Development Bank）。

到了一九七〇年代，各式各樣的供應鏈在日本蜿蜒進出。一般貿易公司為了取得原料而組織起橫跨各大洲的供應鏈，也因而躍入世上最富有的公司之林。銀行也贊助亞洲各地和日本有聯繫的企業。同時，生產者也會組織起自己的供應鏈，在英文文獻中有時會以「垂直的經連會」（vertical keiretsu）稱之。舉汽車公司為例，將零件的開發與製造分包出去能節省成本。家庭式供應商則在家中製造工業零件。搶撈式積累與供應鏈分包在此共榮發展。

綜合起來的成果是如此顯著，以至於美國企業與政府支持者都感受到了這股熱度。日本汽車產業的成功對美國權威人士而言特別痛苦，因為他們一向相信美國的經濟與汽車息息相關。日本車在美國境內的出現，加上底特律汽車產業的連帶衰退，激起了對日本經濟振興的公眾意識。有些企業領袖立刻從日本的成功中汲取教訓，展現出對「品質管制」與「企業文化」[17]的關心。也有一些企業領袖尋求的是美國對日本的報復。一股大眾的恐懼浪潮隨之浮現。其中一樁指標性事件就是一九八二年華裔美國人陳果仁（Vincent Chin）的謀殺案。他被失業的底特律汽車工人誤認為日本人而被打死。[18]

日本造成的威脅引發了一波美國革命。「反向的黑船」顛覆了美國事物的秩序，但美國自己也推了一把。由於公眾對美國衰退的擔憂，一小群原本意見不太受重視的改革派股東與商學院教授被允許進行拆解美國企業的工程。[19]一九八〇年代「股東革命」的改革分子便是在回應他們目睹美國國力受到侵蝕的狀況。為了重回主導地位，他們的目標是把企業收回到擁有者、也就是股東身邊，而不是交到專業管理人員手上。他們開始收購公司、拆卸資產，然後加以轉賣。到了一九九〇年代前後，這個運動已經獲得進展；流行一時的激進「槓桿併購」（leveraged buyouts）變成了「合併與收購」的主流投資策略。公司僅留最有利可圖的部門，其餘盡數擺脫，將大多數曾屬公司內部的事務改交由遠方的供應商承包。供應鏈，以及對其獨特搶撈式積累形式的投入，開始在美國以資本主義的強大形式起飛。這對投資者來說成效非凡，以至於到了二十一世紀初期時，美國商界領袖已忘了這個轉變曾是他們掙扎求上位過程中的一環，而將它重塑成發展過程的前瞻計畫。他們忙著把世界塞進這個過程中，也確實取得進展，強行在日本推動美國的版本。[20]

要了解日本威脅是如何消退的，需要稍微後退一點，好讓金錢擔任這個故事的主角。一九八〇與九〇年代中，由於美金與日圓之間的對峙，許多事情因此有所轉變。

一九四九年，在布列敦森林體系（Bretton Woods）的協定下，日圓與美金的匯率開始掛鉤起來。隨著日本經濟的蓬勃發展，美國對日本的國際收支餘額受到了不利影響，而這一部分的原因是日本對美國的無互惠出口。[21]從美國觀點來看，日圓匯率的「低估」使得日本貨品在美國很便宜，但美國出口到日本卻過於昂貴。美金對日圓的焦慮是一九七一年讓美國放棄金本位制的情勢的一小部分。一九七三年起，日圓匯率開始自由浮動。隨後美金在一九七九年提高利率，吸引了對美金的投資，維護住它高價值貨幣的地位。由於日本經濟持續向美國出口，日本政府買入並賣出美金，好讓日圓保持低價。一九八〇年代的前半，日本資本大幅流出，維持日圓相對於美金的弱勢位置。大約在一九八五年，美國商界領袖對此情形感到恐慌；作為回應，美國政府於是制定出一份國際協定，也就是《廣場協議》（Plaza Accord）。此後美金貶值、日圓上漲。到了一九八八年，日圓對美金的價值已經翻升一倍。日本消費者幾乎能在國外買到所有東西，包括松茸。日本全國的自豪感提昇了，這是「日本可以說不」的時刻。[22]然而，這卻讓日商的貨品難以出口，因為如今價格過高。

日商的解決方法是把更多產品送到國外。他們在南韓、台灣與東南亞的供應商也因幣值變化受到影響而有同樣的舉動。供應鏈因而開始四處移動。以下是兩位美國社會學家對該情況的描述：

> 亞洲企業面對美金價值突增，又急於保持低價以維繫與美國零售商的合約，於是迅速展開分散的工程。台灣的輕工業……遷至中國，還有東南亞地區……日本出口導向型的產業也大量轉移到東南亞。此外，有些像是豐田（Toyota）、本田（Honda）與索尼（Sony）等日商，則是前往北美設置分部。

南韓企業也將勞力密集的業務遷至東南亞，以及其他拉丁美洲與中歐等發展中國家。在新公司漸次成立的各個地方，低價供應網絡也逐漸誕生。[23]

日本國家經濟接著受到衝擊——首先是房地產與股票價格在一九八〇年代晚期出現通貨膨脹的「泡沫經濟」，繼而是九〇年代經濟衰退的「失落十年」，再接著是一九九七年更進一步的金融危機。[24]但供應鏈卻一如既往地運作；不只是日本資助的供應鏈而已，還包括日本自身所有供應商的場域，它們如今也都有自己的鏈結。供應鏈資本主義出現在世界各地，只是日本已不再能做主。

有一間公司的歷史便鮮明地刻劃出日本與美國兩方勢力在全球供應鏈中的消長：那就是引領潮流的運動鞋品牌 Nike。Nike 是以身為日本品牌運動鞋經銷鏈中的前哨站起家（經銷是許多日本供應鏈的一項元素）。在日本貿易體制的約束下，Nike 學到了供應鏈模型，但也慢慢開始以美式風格進行轉換。Nike 不透過貿易作為轉譯來製造價值，反而善用美國在廣告與品牌行銷上的優勢。當 Nike 創始人脫離日本鏈結獨立出來時，他們增添了品牌風格，展現在「勾勾」標誌和主打非裔美國運動明星的廣告手法上。然而，從日本經驗中學習的他們，其實從沒想過要製造鞋子。「我們完全不懂製造業。我們是行銷人員與設計師。」Nike 一位副總裁這麼解釋。[25]於是，他們與亞洲迅速繁衍的供應網絡簽約，妥善利用前述後一九八五年代蓬勃發展的「低價供應網絡」。到了二十一世紀初期，Nike 公司已與逾九百間工廠簽約，成為供應鏈資本主義刺激又恐怖的象徵。Nike 一方面映襯出血汗工廠的恐怖，另一方面又反應著設計師品牌的愉悅。Nike 成功地讓這個矛盾看上去非常具有美式風格。但從日本供應鏈崛起的

Nike，也提醒了我們日本廣布的經濟遺產。

那份經濟遺產清楚地鑲嵌在松茸供應鏈當中，但它的規模太小又太特殊，吸引不了美國大企業介入挖掘。不過松茸供應鏈還是延伸到了北美，把美國人拉進來擔任供應商，而非大董事。這與 Nike 完全相反！但美國人為何願意接受這種卑微的角色？因為正如我解釋過的，奧勒岡州裡沒有人認為自己是日本企業的員工。採集人、買家與外勤業務都是為了自由而做。但自由在美國唯有透過讓謀生方式從預期受雇於人的想像中跳脫，才有辦法動員窮人——這是美日兩國資本跨太平洋對話的結果。

我們在松茸商品鏈中也看到我一直在描述的歷史：日本商人努力尋找在地合作夥伴；美國工人從對固定工作的希望中解脫；不同企圖心的轉譯，使得美式自由能匯集日式存貨。我一直主張的是商品鏈的組織能讓我們注意到這段歷史，否則它可能會因美國全球領導地位的大外宣而被掩蔽。當小商品能夠照映出大歷史，就能顯露世界經濟是如何從歷史的因緣際會中出現——這就是遭逢的不確定性。

如果因緣際會能創造歷史，那麼一切都取決於協調的時刻——轉譯讓日本投資者從美國的採集中獲利，也讓採集人從日本的富裕中得益。但是，為了自由而被採集的松茸是如何轉化成存貨的？我得回到開放票地及它的商品鏈上。

轉譯價值，於奧勒岡州。
苗族丈夫正拍攝妻子手上的當日採菇所得。
交易帳棚裡，松茸與它帶進的現金就是自由的戰利品。
後續的分類動作才會讓松茸脫離糾纏，成為資本主義商品。

第9章
從禮物到商品——復歸禮物
From Gifts to Commodities—and Back

該回到異化的問題上了。在資本主義的商品化邏輯裡，事物從它們原有的世界被拉扯出來、成為可交換的物件，這個過程即是我所謂的「異化」，而我用這個詞來指人類以及非人類的潛在屬性。在奧勒岡州尋找松茸讓人驚訝的一點是，採集人與松茸之間的關係並沒有異化。確實，菇類是被人從真菌體中摘出（雖然身為子實，這就是它們存在的目的）。但松茸並未成為隨時能在金錢與資本間轉換的異化商品，而是變成狩獵戰利品——即便它們後來會被賣掉。然而，採集人總是眉飛色舞地展示自己的採集收獲，滔滔不絕敘述搜尋時的樂趣與危險。松茸彷彿成為採集者的一部分，正如同被吃下肚那般。這表示，這些戰利品無論如何必須被轉換成商品。如果松茸被當作自由戰利品集結起來，並在過程中成為採集者的一部分，那麼，它們又是如何變成資本主義商品的？

我在此的策略是受到一個人類學傳統的指引，也就是對禮物作為一種社會交換形式的特殊性質的關注。這種關懷是形成自新幾內亞以東的美拉尼西亞人製造並交換的貝殼項鍊與臂環，馬凌諾斯基

（Bronislaw Malinowski）將之描述為「庫拉圈」（kula ring）交易。[1] 對幾世代以來的社會分析家而言，庫拉交換啟發了對於價值是如何以多樣的方式創造的思考。這些裝飾物相當奇特。它們並不實用，也不屬於一般交易代幣，本身更無引人入勝之處。它們之所以有價值，**純粹是**因為在庫拉圈中的角色。作為禮物，它們建立了關係與名譽；那就是它們的價值。這種價值推翻了經濟常識——這也是為什麼很好拿來思考。

確實，從庫拉來思考，異化反而成為一種令人費解的特殊資本主義性質。庫拉提醒我們，事物和人都會在資本主義下受到異化。正如同工廠工人被異化脫離了他們所製造的產品、使產品在沒有製造者身分的狀態下出售一樣，事物也會被異化脫離製造並交換它們的人們。事物變成疏離的物件，能被使用或交換，與製造和部屬它們的人際網絡毫無關聯。[2] 雖然如此狀態對身處資本主義世界的你我來說看似正常，但若對庫拉有所研究，就會知道這其實很奇怪。在庫拉中，事物與人會在禮物中一同成形，而透過這個過程，事物會成為人的延伸，反之亦然。庫拉的貴重物品是透過它們建立的人際關係而被彰顯出來；另一方面來說，有名聲的人也是因為他們的庫拉禮物而被知曉。因此，事物不只是擁有使用價值與商品交換價值而已，也能透過它們所屬的社會關係與名聲來取得價值。[3]

在價值創造上，庫拉與資本主義兩者之間的差異如此懸殊，以至於有些分析者認為，我們可能該將世界分成「禮物經濟」與「商品經濟」，雙方以各自獨立的邏輯來創造價值。[4] 與多數二分法一樣，禮物與商品之間的對比在實際狀況中其實很難釐清；大多數情況都會並置、混淆這些理想類型，甚至將之過度延伸。然而，即便它們被過度簡化，依然可以是一項有用的工具，因為它可以促使我們去尋找差異。

與其鬆懈地倒向經濟常識，不如對價值體系之間的對比保持警覺。要探索資本主義是如何利用非資本主義價值體系，以及這些價值體系又是如何在資本主義中運作，能覺察差異的工具便值得我們一試。禮物與商品的區別就在於異化與否，也就是把事物轉變成資本主義資產的必要特性。

思考松茸商品鏈，尤其是關於松茸最終目的地時，這種工具的吸引力也會跟著增加。松茸在日本幾乎都是作為禮物之用。等級最低的松茸會在超市販售，或當成食品的製作原料，但等級好一點的則是最典型的禮物，而這也是松茸最為人所知的面貌。幾乎沒有人會買上等松茸回家自己吃。松茸可以建立關係，而作為禮物時便無法與這些關係切割。松茸成了人的延伸，也就是禮物經濟中最具標誌性的特徵。

也許在某些時空背景中，松茸作為禮物是直接從採集者交到接受者手中；例如在中世紀的時候，當日本農民把松茸獻給領主時，採集並呈上的動作表達了禮物建立關係的純粹力量。然而在現今世界大部分的狀況下，禮物是從資本主義商品鏈中搶撈過來的。送禮者在高級的商行買下松茸，或者帶著想致意的對象到高檔餐廳享用松茸；商行與餐廳都是從批發商那裡取得松茸，而批發商又是從進口商或在地的農業合作社處取得。所以說，商品是如何變成禮品的？換個方向來說，那些商品或許更早時也是從禮物延伸出的鏈條製作出來的？在本章剩下的部分裡，我們要繼續探討這些謎題，由此步入轉譯的核心。正是透過轉譯，資本主義與它的其他組成部分能夠彙整起來。

且讓我從海外松茸抵達日本講起。想當然耳，那些被小心冷藏、包裝與分類的菇類是資本主義的商品。它們與我們一般看到的那些被異化的疏離物件幾無二致：上頭只有來自出口商國家的標籤，無人曉得這些松茸是在何種條件下採集或出售。[5] 它們與更早先喜愛、交換它們的那些人已無聯繫。這些松茸已成為存貨，是進口商用以建立公司的資產。這是轉譯的魔術，而且日本商品鏈這端每個環節上的批發商都是行家。跟著他們準沒錯。

進口商會把送來的松茸貨櫃直接轉往政府許可的批發商那裡，並支付批發商佣金，由他們監督後續銷售。批發商會將進口松茸分成兩條路線：不是通過談判，就是透過拍賣，轉給中間批發商。讓我相對驚訝的是，不管是哪條路線，批發商都不認為自己的工作僅止於讓物品在商品鏈上有效率地移動而已。他們還是積極的中介者，工作內容還包括替那批松茸配對最適當的買家。一位在批發商行管理松茸的從業者就說：「松茸季時我從不睡覺。」只要貨一到，他就必須仔細評估。在對一批貨的品質與特色做出判斷後，他會開始聯絡適合的買家——也就是只能夠使用這批松茸的人。他已賦予松茸製造關係的力量：也就是品質的力量。

在幾次訪談中聽到這類經驗後，我的研究夥伴佐塚志保把批發商的角色解釋成「媒人」。他們的任務是讓物品配上合適的買家，然後透過配對取得最好的價格。另一位蔬菜批發商談到他如何拜訪農夫、並從中了解農作物種植的情況。他的目的在於了解這些農穫能滿足哪種買家。在作媒的過程裡，商品已經開始被轉譯成禮物。批發商會在他的物品中尋找特定的關係性特質，並據此使它與特定的買家匹配。因此，松茸的銷售從一開始就包裹著人際關係的建立及維繫。松茸有著關係性的特質；它們被賦予了建立人際紐帶的力量。

在拍賣會上購買松茸的中間批發商更是熱衷於作媒。批發商是從銷售中賺取佣金獲利，但中間批發商不一樣；他們若找不到適合的買家，便毫無賺頭。因此，當他們出手時，通常心中已有特定客戶。他們也有懂得評鑑品質的長才，而這種能力有助於打造關係。在此的例外就是與超市合作的業務；比起品質，他們更關心數量和可信度。超市會買入低價松茸，但上等松茸是小型零售商從中間批發商收購來的珍藏；而他們之間的關係讓整筆交易更具人情味。正確評判松茸的能力是人情味裡的必要成分；如此一來，賣家才能將個人見解傳遞給買家。畢竟，松茸不只是普遍理解下的商品。這種專業見解就是伴隨松茸而來的禮物，使之超越了使用或交換價值。

最頂級的松茸是由精品食材店與高檔餐廳販售，他們以摸準顧客脾性為傲。一位食材商聲稱自己非常了解自己的貴客：他很清楚何時會有需要松茸出場的儀禮，好比說一場婚禮。當他向中間批發商收購松茸時，腦中也已浮現特定的客戶。他會連絡這些貴客維繫關係，但此舉不是只為了銷售。在松茸還沒離開商品的範圍之前，它甚至已經內建了禮物的性質。

購買松茸的人念茲在茲的，幾乎都在於建立關係這件事上。[6] 一位同事告訴我，他曾與一群焦慮的人共乘，前往一場意在修補家族舊裂痕的慶祝會。「他們會拿出松茸嗎？」他的朋友不斷地問。如果裂痕修補順利，場面上就會出現松茸（後來確實出現了）。因此，松茸也是一種理想的禮物，送給某個你需要與之維繫長期關係的對象。供應商會將松茸送給那些有給他生意做的公司。一位雜貨商提到，宗教皈依者也開始購買松茸獻予精神導師。松茸代表著一份嚴肅貴重的承諾。

雜貨商也告訴我，他認為這是「日式」生活方式的關鍵。「即便你不懂松露，也可以了解法國，」他打趣道，「但你要是不懂松茸，就不會懂得日本。」他指的就是松茸具備的關係性特質。松茸的強大不只在氣味與風味，還有它本身建立人際紐帶的能力。這也是他作為媒人能派上用場的地方；早在松茸準備好被食用前，他就必須使松茸具有關係性。

也正是松茸的關係性力量，喚起了它截然相反的面貌：一種想將松茸大快朵頤一番、超越飽足限度的狂野幻想。有好幾個人淘氣地告訴過我類似的妄想，儘管明知這不可能出現在現實生活中。那不純然是因為松茸的價格使然，還因為此舉恐怕會破壞松茸最重要的角色：打造關係。狼吞虎嚥成堆的松茸完全是豪奢的暴殄天物之舉。

所以說，松茸的價值不僅來自使用與商業交換，還會在贈予行為中產生。這一點能成立，是因為商品鏈上各處的中介者已將松茸的這項特質作為個人禮物送給他們的客戶。也許這種個人化的面向會讓人聯想到其他地方的貴族氣派物品。例如，某個紳士可能會想要一套專為自己量身裁製的西裝，而非一般的成衣。但這種比擬能讓商品與禮物之間的轉換聽起來更具說服力。在許多部門與文化間，中介者總是隨時準備好要將資本主義商品轉換成其他價值形式。此類中間人在進行的就是價值轉譯，而透過這個動作，資本主義也得以與其他創造人與事物的方式共存。

不過，有一組關係從來沒有被含括在日本的松茸禮物範圍內，那就是其他國家中的採集與交易關係。中間人與消費者都不會關心手上的松茸是透過怎樣的關係被收購的。海外的松茸是根據一套日本偏好的標準來排名，這不會牽扯到松茸生長、採集、銷售的境況。松茸一旦抵達進口倉庫，就已與採集者和採購者絕緣，更不會與生態的生命世界連接。這時的松茸完全就是資本主義商品。但怎麼會變成這樣？這當中還有另一個價值轉譯的故事要說。

讓我最後一次帶你回到開放票地的交易場景，去處理異化的難題，以及它在價值創造過程中的另類樣態。我一直主張，儘管參與者各有不同的歷史與關注的事項，讓大家凝聚在一起的就是他們所謂的自由精神。交易時，各種版本的自由相互交換並彼此擴充。採集者帶著代表他們的政治自由還有林中自由的戰利品前來與市場自由的倡導者進行交換——並且願意為了得到更多這類自由，再度回到森林。有沒有可能，自由就與松茸和金錢一樣，也能夠在交易中創造價值？在前述的美拉尼西亞庫拉圈中，參與者帶來普通的物件如豬隻與山藥，與庫拉珍品一同交換；這些附屬交易品透過它們與締造名聲的項鍊與臂環的關聯而產生價值。同樣地，在開放票地裡，松茸與金錢與其說是本身就有貴重價值，不如說是用來交換自由的代幣與戰利品。它們是因為與自由的聯繫而獲得價值。它們不是孤立、可被擁有的物件，而是能創造出個人的特質。從這個觀點來看——儘管此處沒有明顯的「禮物」可言——如果我必須判斷松茸是禮物經濟還是商品經濟，我會把它歸在禮物經濟這邊。個人價值與物件價值在自由的交換中共同成形：作為個人價值的自由，是透過金錢交易與搜尋松茸的過程被創造出來，正如同金錢與松茸的價值，也是參與者透過買家與採集人獲得的自由來判斷的。金錢與松茸不只有使用價值或資本主義交換價值；它們也是為採集人、買家、外勤業務三方所重視的自由的一部分。

然而，大半夜過後，環繞著他們的松茸與金錢卻已成為截然不同的東西。等到松茸被裝進附冰包的運輸箱、放在停機坪跑道上，等著飛往日本時，已經很難找到任何一絲讓它們成為戰利品的獨特自由經濟的痕跡。這是怎麼回事？回到開放票地，夜間十一點左右，有卡車來把已裝箱的松茸送往華盛頓州、奧勒岡州、與加拿大卑詩省溫哥華的運貨業者倉庫。那裡發生一件怪事：松茸再度被分類。這真的很怪，因為開放票地的買家已是分級揀選的大師。分級揀選全靠買家的個人造詣；這也是他們與松茸關係深刻的展現。更奇怪的是，這次的分類人士都是對松茸冷感的臨時工人。他們是兼職、隨時待命、而且沒有福利保障的工人：也就是需要多一點額外收入但缺乏全職工作的人。我在奧勒岡州看到回歸土地風格的嬉皮在凌晨時分於霓虹燈下揀選松茸。在溫哥華，卻是由香港移民家庭主婦負責。這些是古典意義上的工人：對產品毫無興趣的異化勞動。但他們也是帶著北美風格的轉譯者。正因為他們對這些松茸是怎麼被送到手邊既不了解也無興趣，因此能把松茸淨化成存貨。把松茸帶來倉庫的那份自由，在這個新的評估作業中被抹去。如今松茸只是物品，按成熟度與大小排序。

為什麼要再次分級？倉庫的分級揀選是由運貨業者策劃的：小型商人願意把自己定位在出口商與買家之間；前者聽從日本經濟常規的指揮，後者則忠於關於戰爭與自由的美國在地禮物與戰利品經濟。他們也會與加入買家競爭行列的外勤業務合作。因此，外勤業務和出口商雙方必須把松茸轉變成可接受的出口商品。他們需要知道自己運送的是什麼，並且重新整理交給出口商。再次分級幫助他們**認識**這些菇類。

有一個細節可以充分說明這個狀況。採集、購買、出口體型極小的松茸，也就是在奧勒岡所謂的「幼菇」，是非法的。雖然美國當局說這是出於保育觀念而導引出的法規，但真正原因是幼菇不受日本市場歡迎。[7]不過採集人還是會摘；買家則會宣稱是採集人**強迫**他們買小菇類。[8]在倉庫二次分級揀選時，幼菇會被剔除。因為幼菇極小，我猜想那對重量並無太大影響。美國當局從未特地檢查出口箱裡的幼菇。但淘汰幼菇卻有助松茸符合商品標準。自此，松茸不再糾纏於採集者與買家之間的自由交換，而成為具有特定尺寸與等級的商品。[9]它們已準備好被使用或進入商業交易中。

因此，松茸是一個生命始於禮物、也終於禮物的資本主義商品。它作為全然異化商品的時間只有幾個小時：從它作為存貨停在飛機跑道上、然後在機腹裡飛向日本開始計算。但這些時間非常關鍵。主宰並架構起供應鏈的出口商及進口商之間的關係，就是在這幾個小時裡獲得鞏固。作為存貨，松茸能讓流向出口商與進口商的利潤被計算出來。從他們的觀點來看，這使得組織商品鏈的辛苦工作變得值得投入。這就是搶撈式積累：從非資本主義價值體制裡創造出資本主義價值。

轉譯價值，於奧勒岡州。
幾個高棉買家正在揀選一位採集人的松茸，以決定價格。
經濟多樣性讓資本主義運作，但也削弱了它的霸權。

第10章 搶撈式韻律：在擾動中做生意

Salvage Rhythms: Business in Disturbance

一位研究婆羅洲住民與森林的同事向我說了以下的故事：與他合作的社群原本生活在一片廣闊森林裡。後來有一家木材公司來到森林開始砍伐。在所有樹木砍伐殆盡之後，那家公司也撤離了，只留下一大堆破敗機具。當地人再也無法仰賴森林或那家公司維生。他們只好拆掉機具，把金屬零件當成破銅爛鐵賣掉。[1]

對我而言，這個故事囊括了搶撈的矛盾性：一方面，我對那些儘管森林被破壞、仍知道如何在其中生存的人滿懷敬意；另一方面，我卻也不禁擔心當這些破銅爛鐵賣光後，一片廢墟之中還有沒有足夠的東西能讓他們持續生存。此外，儘管不是所有人都過著這種一如字面意義上的「廢墟生活」，我們多數人也一樣置身於已遭人類破壞的環境，得試著在各自的迷惑與苦惱中調整生活。我們跟隨著搶撈式的韻律，無論那是關於破銅爛鐵的市場，或是松茸採集的糾纏歷史。我所謂「韻律」，指的是時間協調的多重形式。沒了單一的、向前的進步脈動後，我們擁有的，正是不規律的搶撈協調。

在二十世紀大部分的時間中，許多人——或許尤其是美國人——都相信是商業活動鼓動了進步的脈動。商業活動總是不斷擴大，似乎不斷在增加世界的財富。它根據自己的目標與需求，有效地重塑世界，讓人得以透過金錢以及可使用、可商業交換的事物獲得權力。似乎所有人——即使是沒有投資資本的一般人——所必須做的，就是把自己的韻律與商業前進的脈動綁在一起、共同前進。這裡靠的是可規模性；人與自然都成了這條擴張演算法下的單位，加入進步的行列。不斷擴張的進步也透過與它們的串連而啟動。

如今這一切似乎越顯怪異。然而，商業世界裡的專家似乎無法不依靠這套製造知識的機制。呈現在我們眼前的經濟系統，是一套需要對參與者（投資客、工人、原料）有所假設的抽象概念，領著我們直接走入二十世紀的可規模性和作為進步的擴張中。由於受到這些抽象概念的優雅所惑，很少有人認為應該更仔細地觀察這個經濟系統所造就的世界。民族誌學者與記者向我們報導世上各個地方生存、繁榮與困苦的情況。但專家講述的經濟成長概況與另一方面生活與謀生的故事彼此之間有一道裂痕。這樣是沒有幫助的。是時候再次以覺察的藝術來理解我們的經濟。

思考搶撈式韻律可以改變我們的視野。工業活動不再是通向未來的藍圖。生計方式是多樣的、東拼西湊的，而且經常是暫時的。大家基於不同的原因謀生，但很少是因為在此提供了像二十世紀美夢一般的穩定工資與福利。我認為我們應開始觀察那些生計區塊如何成為一種聚合體。其中的參與者各有不同的關注事項，在世界創製計畫裡盡一份心力。對開放票地的菇類獵人而言，這還包含挺過戰爭創傷並協調出與美國公民身分的關係。這些計畫動員了商業採集活動，吸引了採集人跟隨「菇熱」進入森林。儘管不同計畫之間有所差異，邊界物件已然形成——尤其是採集人對所謂的自由的信念。透過這種想像的共同基礎，商業採集成為一種有著一致性的場景——而且群聚也成為一起上演的事件。透過其逐漸茁生的特質，多向歷史成為可能。在沒有由上而下的規訓或同步協調、沒有對進步的期待的情況下，生計區塊得以協助建構起全球政治經濟。

在從世界各地匯集物品與人的過程中，資本主義本身就具備聚合體的特徵。然而，對我來說，資本主義**也同時**有機器的特質，是一台整體不過是部分之總和的裝置。這部機器並不是我們生活其中的全面機制；相反地，它會在各種生活安排之間進行轉譯，把世界變成資產。但不是任何轉譯都能為資本主義接受；它能認可的群聚不是開放性的。一支由技術與管理人員組成的大軍已準備好要清除阻礙部分——而且他們擁有法院與槍枝的力量。這不代表那部機器有靜態的形式。正如我在追蹤美日貿易關係歷史時說明過的，新型態的資本主義轉譯一直在發生。不確定的遭逢對形塑資本主義非常重要。但那不是一種野性的奔放不羈。有些任務仍透過武力維持進行。

在這本書中，有兩件事對我的思考特別重要。第一，異化是解除糾纏的形式，使資本主義資產得以製造出來。資本主義商品從它們的生命世界中被移出，變成創造後續投資的籌碼。其中一種後果就是無止盡的需求；投資人想要的資產是無窮盡的。也因此，異化使積累成為可能——也就是投資資本的聚集，而這正是我關注的第二個問題。積累很重要，因為它將所有權轉化成權力。擁有資本的人可以翻轉社群與生態。同時，因為資本主義是一種等量計算的系統，資本主義價值形式甚至能在充滿差異性的廣大迴路間蓬勃發展。金錢成為投資資本，又能滾出更多錢。資本主義是轉譯機器，能從各種人與非人的生計活動製造資本。[2]

我之所以能夠思考區塊與轉譯的問題，是得自一個強健的學術領域對這類議題的關注，尤其是源於女性主義人類學的觀點。女性主義學者指出，階級的形成也是文化的形成，亦即我所謂區塊的由來。[3]他們也開啟了對異質地景間交易的研究，也就是我所謂的轉譯。[4]如果要我在這個對話中加入一些什麼，我會請大家關注同時在資本主義內部與外部的生計活動。與其把注意力放在資本主義受規訓的員工與精明的主管的意象上，我試著呈現各種場景中同時接受且拒絕資本主義治理的危殆生活。這些聚合體告訴我們，儘管受到資本主義的破壞，還是有什麼留存了下來。

商品在抵達消費者手上之前，大多會在資本主義形構裡反覆進出。試想一下你的手機。你在電路板深處會發現鈳鉭鐵礦，那是由非洲礦工——有些甚至是童工——在沒有想到工資或福利保障下爬進漆黑洞穴挖掘出的礦石。沒有公司派他們去做這些事；他們之所以從事這項危險工作，是因為內戰，因為流離失所，因為環境受破壞而失去其他謀生方式。他們的工作幾乎不符合一般專家想像的資本主義勞動，但他們的產品卻進入你的手機、一項資本主義商品裡。[5]搶撈式積累加上其轉譯的機制，將他們挖出地表的礦石轉化成資本主義生意可識別的資產。我的電腦又是如何呢？在它有用卻短暫的生命結束後（因為我肯定得換一部更新的機種），我或許會將它捐給慈善機構。像這樣的電腦下場會怎樣？它們似乎會被焚毀以取得內部零件，而確實會有孩童跟著這種搶撈式韻律，把它們拆解成銅與其他金屬廢料。[6]商品經常是在為另一種產品製造而進行的搶撈作業中結束它的生命，並透過搶撈式積累再次被資本主義取回。倘若我們希望我們的「經濟體系」理論能關注到生計實踐方式，我們最好留心這種搶撈式韻律。

這項挑戰非常巨大。搶撈式積累揭露出一個差異性的世界。在那裡面，反抗的政治不會輕易地屬於烏托邦式的團結計畫。每一種生計區塊都有自己的歷史和動態，而在這些區塊之間出現的觀點，即便有對於積累和權力的憤怒，也不會理所當然地想要一**同**表達。既然沒有哪個區塊「具代表性」，所以也沒有哪個團體的鬥爭能獨立出來推翻資本主義。然而這不是政治的終結。聚合體的多樣性能向我們呈現稍後我所謂的「潛在共有地」（latent commons），也就是能夠因共同目標而動員起來的糾纏。因為我們之間總是能合作，所以能在可能性之中斡旋。我們將需要一個具有多樣與變動的聯盟力量的政治策略——而且不只是為了人類自身而已。

進步的生意依賴著透過異化與可規模性來征服無限豐富的自然。如果自然變得有限、甚至脆弱，那麼難怪企業家會急忙地在物資耗盡前竭力攫取，而環保人士則拼了命地設法挽救剩餘碎片。本書的下個部分便要提供一種另類政治，也就是「不只是人」（more-than-human）的糾纏。

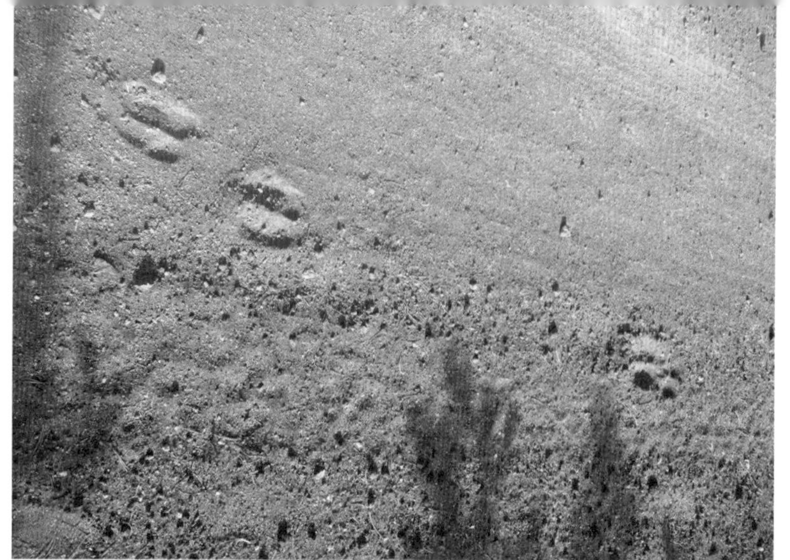

難以捉摸的生命，
於奧勒岡州。
野鹿和麋鹿的足跡
帶領採集人找到松
茸的生長區塊。
在那裡，裂縫代表
有深入紮根的菇類
從地表冒出。
追蹤也代表追尋世
間萬物的纏結。

插曲
追蹤
Tracking

菇類的蹤跡難以捉摸且神祕；追蹤菇類將我帶進一趟狂野旅程，非法入侵每條邊界。當我跳脫商業而進入達爾文多重生命形式的「糾纏的河岸」（entangled bank）時，事情變得更奇特。[1] 在這裡，我們熟知的生物學被顛覆了。糾纏破壞了範疇、翻轉了身分。

菇類是真菌的子實體。真菌非常多樣，而且通常極富適應力，能在許多地方生存，從洋流到腳指甲裡都可找到。但有許多真菌生活在土壤裡，在那裡它們身上的細絲、即所謂菌絲，能穿透土壤，伸展成菌傘、糾結成菌絲索。要是你能讓土壤變成透明液體，而且走入地底，你會發現自己被真菌菌絲網團團包圍。跟著真菌進入地底世界，將發現奇特且富有多樣樂趣的跨物種生命。[2]

許多人認為真菌是植物，但它們其實更像動物。真菌不像植物被動地靠陽光製造養分。真菌與動物一樣，必須自己找東西吃。不過真菌攝食時通常很大方：它們一邊吃還一邊為他人打造世界。這是因為真菌進行細胞外消化，會把消化酸排出體外，將食物分解成養分，這就好像真菌有個外翻的胃，是在體外而非體內消化食物。接著，它們的細胞會吸收養分，讓真菌體成長——而其他物種也隨之生長。有些植物之所以能長在乾燥土地上（而非在水中），是因為真菌在地球歷史的進程中消化了岩石，所以植物得以從中攝取到養分。是真菌（還有細菌）讓土壤變得適合植物生長。真菌也會消化木頭，否則死去的樹木會永遠堆積在森林裡。真菌將之分解成養分進入新的生命循環中。所以，真菌可說是世界的建造者，為自己、也為他人塑造著環境。

有些真菌已經學會與植物緊密共存，而且多數植物只要有足夠時間適應一地的跨物種關係，都能進入與真菌的合作關係當中。「內生」（endophytic）與「內生菌根」（endomycorrhizal）真菌生長於植物內部。這種真菌很多不具子實體；它們在數百萬年前就放棄了性生活。除非以顯微鏡窺探這些植物的內部，否則我們永遠看不到這些真菌，但它們卻充滿於大多數植物體內。「外生菌根」（ectomycorrhizal）真菌則纏繞在植物的根部外，同時也穿透各細胞之間。世上許多受人喜愛的菇類——牛肝菌、雞油菌、松露，當然還有松茸——都是外生根菌植物夥伴的子實體。這些菇類美味至極，而且人類難以栽培，因為它們必須與寄生樹種共伴成長才行。它們只能透過跨物種關係而存在。

「菌根」（mycorrhiza）一詞是由希臘文的「真菌」和「根部」兩字組成；真菌與植物根系在菌根關係中緊密交纏。少了對方，真菌與植物都無法茁壯。從真菌的角度來看，它的目標是飽餐一頓。真菌把身體擴伸進入寄生樹根中，透過兩者接觸時產生的特殊介面結構，以虹吸原理攝取植物的一些碳水化合物。真菌依賴這種食物，不過它可不自私。真菌能刺激植物生長，這首先是透過讓植物獲得更多水分，其次是讓植物也能獲得因真菌細胞外消化而生的養分。植物透過菌根得到鈣、氮、鉀、磷與其他礦物質。

根據麗莎·庫倫（Lisa Curran）的研究，要不是有外生菌根真菌，森林根本不可能存在。[3] 多虧了真菌夥伴，樹木才會茁壯又茂盛，進而形成一片森林。

但兩相互惠的結果未必完美和諧。有時，真菌正好寄生在樹根生命週期的某個階段上，抑或是寄主植物本身養分充足時，它可能會拒絕真菌寄生。沒有植物夥伴的菌根真菌會死亡。但是，許多外生菌根真菌並不限於單一合作對象；真菌會在植物間建構出一片網絡。森林裡的真菌不只與同一種樹木連結，也常與其他樹種交好。如果你遮蔽了森林裡的某棵樹，奪去它葉面上的陽光使之養分不足，它的外生菌根夥伴還是可以從網絡中的其他樹木攝取到碳水化合物。[4] 有些評論者拿菌根網絡與網際網路做對比，稱之為「樹際網路」。菌根形成一個跨物種聯繫的基礎建設，在森林裡傳播資訊。它們也有某些高速公路系統的特質。土壤微生物因此能在菌根互連的管道與聯繫間穿梭，否則只能固守在原地不動。這當中有些微生物對環境修復非常重要。[5] 菌根網絡使森林得以對威脅做出回應。

為什麼真菌的世界建造工作幾乎得不到世人讚賞？部分原因是我們無法探索地底，無法親眼目睹這座地底城市的驚奇建築。但這也是因為直到最近，還是有許多人——或許尤其是科學家——只把生命想像成是物種各自進行繁衍。在這種世界觀中，最重要的跨物種互動是捕食者與獵物的關係，在此的互動意味著消滅對方。互惠關係只是有趣的異常現象，對於了解生命卻並非必要。生命來自每個物種的自我複製，然後獨自面對進化與環境的挑戰。沒有哪個物種需要他者來延續自己的生命力；它能自我生成。這種自我繁衍的觀念蓋過了地底城市的故事。為了重獲地底故事的聲音，我們需要重新思考舊有的跨物種世界觀，以及已經開始轉化該觀點的新證據。

達爾文在十九世紀提出天擇演化論時，他並未解釋遺傳的部分。直到一九〇〇年孟德爾遺傳學的研究才有重新的關注，並提出了一個天擇可發揮效果的機制。二十世紀時，生物學家又結合了遺傳學與演化論，創造出「現代綜合論」（modern synthesis），這是關於各個物種如何透過遺傳分化而出現的強大故事。二十世紀早期對染色體——細胞內攜帶遺傳資訊的結構——的發現更讓這則故事明白易懂。遺傳單位、也就是基因，位於染色體上。在有性生殖的脊椎動物中，發現了一條特殊的「生殖細胞」（germ cells），能保存負責產出下一代的染色體（人類的精子與卵子就是生殖細胞）。身體其他部分的改變——甚至是基因的改變——只要不影響到生殖細胞的染色體，那就應該不會傳遞到後代。因此物種的自我複製會受到保護，不受多樣的生態和歷史遭逢的影響。只要生殖細胞不受影響，有機體就能重塑自身，繼續物種的延續。

這是物種自我創造的故事核心：物種繁衍是獨立自足、自我組成，而且能從歷史上移除。將之稱作「現代綜合論」相當正確，因為它與現代性這個我以可規模性來討論的問題有關。自我複製的事物就是那種本質上可以透過技術能力加以控制的模型：它們就是現代事物。它們能彼此替換，因為它們的變異性受到其自我創造的機制所限。因此，它們也能規模化。可遺傳的特徵能表現在各種規模上：細胞、器官、有機體、相互交配個體的種群，當然還有物種本身。這些規模中的每一個，都是自我封閉遺傳繼承的表現，因此可以整齊地套疊並規模化。只要都表現出同樣特徵，研究就能在這些規模間來回移動而不產生摩擦。但在這種典範的過度使用之下，還是出現了一些問題：當研究者從字面上理解可規模性時，就會編造出關於基因如何主導一切的離譜新故事。犯罪基因與創意基因的理論被提出，在從染色體到社會世界的規模之間自由移動。負責進化的「自私基因」也不需要合作夥伴。這些版本中，可規模化的生命在一種自我封閉和自我複製的現代性當中被認為可以捕捉基因遺傳，這實則是韋伯（Max Weber）的鐵籠。

一九五〇年代，DNA穩定性與自我複製特性的發現，更是現代綜合論的顛峰——卻也是它毀滅的開始。帶有蛋白質的DNA是染色體的材料。它雙螺旋鏈的化學結構是穩定的，而且很神奇地能完全複製在新生成的鏈股上。這真是完美的獨立複製模型！DNA的複製令人著迷；它成了現代科學本身的標誌，因為科學需要能複製結果，也就是穩定且在反覆實驗驗證中可互相替代的研究對象，也就是沒有歷史。DNA複製的結果能在每個生物規模下（蛋白質、細胞、器官、有機體、種群、物種）進行追蹤。生物可規模性被賦予一種機制，強化了徹底現代的生命故事——由基因表現所支配、隔絕於歷史之外的生命。

然而，DNA研究已經導向無法預期的方向。思考一下演化發育生物學（evolutionary developmental biology）的軌跡。這是從DNA革命出現的眾多領域中的一項；它研究的是基因突變與有機體發展的表現，以及這些對物種形成的影響。然而在研究發展時，研究者卻無法避開有機體與環境之間的遭逢歷史。研究者發現自己開始與生態學家對話，也突然意識到他們尋獲一種現代綜合論完全沒預料到的演化類型的證據。與現代正統說法不同的是，他們發現許多環境因素會透過各種機制傳遞到下一代身上，有的影響了基因表現，有的則影響了突變頻率或變異形式的優勢程度。[6]

最讓他們驚訝的一項發現，就是許多有機體只有在與其他物種交互作用時才會發展完全。一種體型嬌小的夏威夷短尾烏賊（*Euprymna scolopes*）就是思考這個過程的最佳範例。[7] 這種短尾烏賊是以身上的發光器官而聞名；它能藉此模仿月光並隱藏自身陰影來閃避掠食者。但幼年烏賊無法發育這個器官，除非牠能接觸到一個特定品種的細菌——費雪氏弧菌（*Vibrio fischeri*）。這種烏賊並非天生就帶有費雪氏弧菌，牠們一定得在海水裡遇上這種細菌才行。沒有細菌，發光器官就不會發展。也許你還是認為發光器官是多餘的。那麼不妨再想想寄生性的反顎繭蜂（*Asobara tabida*）。雌反顎繭蜂要是沒有沃爾巴克氏體屬（*Wolbachia*）的細菌，就完全無法產卵。[8] 同時，大藍蝶（*Maculinea arion*）幼蟲要是沒被蟻群帶走，便無法存活。[9] 即便我們這群以獨立性自豪的人類，要是沒有在滑出母體產道時首次獲得的細菌的幫助，也無法消化食物。人體中百分之九十的細胞都是細菌。我們不能沒有它們。[10]

就像生物學家史考特・吉爾伯特（Scott Gilbert）與同事所寫的，「幾乎所有的發展都可以說是共同發展（codevelopment）。所謂共同發展，我們指的是一物種細胞能協助另一物種身體的正常建構的能力」。[11] 這種觀點改變了演化的單位。有些生物學家開始談論「全基因體演化論」（hologenome theory of evolution），這是指將有機體的複雜性與它們的共生生物視為一個演化單位，也就是「共生功能體」（holobiont）。[12] 例如，他們發現特定細菌和果蠅之間的關係會影響果蠅的交配選擇，因而形塑出新物種的發展之路。[13] 為了更加強調發展的重要性，吉爾伯特與同事使用「共生生成」（symbiopoiesis）一詞來代表共生功能體的共同發展。這個名詞與他們早期的研究發現形成對比；當時的焦點是將生命視為一種內部自行組織的系統，是透過「自我生成」（autopoiesis）而成形。他們寫道：「越看共生現象就越發覺那像是『定律』而非例外……自然可能是在選擇『關係』，而不是個體或基因組。」[14]

跨物種關係讓演化回歸到歷史裡，因為這些關係取決於遭逢的因緣際會。它們不會建構出一種內部自我複製的系統。相反地，跨物種的遭逢始終是一次次的事件，是「發生的事情」（things that happen），是歷史的單位。事件可以導向相對穩定的情況，但是無法像自我複製單位那樣被視為理所當然；它們一向處於因緣際會與時間的框架中。歷史擾亂了可規模性。創造規模的唯一方式，就是抑制改變與遭逢。如果無法抑制，就必須重新思考整個規模之間的關係。因此，當英國的環保人士試著拯救前述的大藍蝶時，他們已無法預設一個相互交配的種群能獨立進行物種繁衍，雖然根據現代綜合論，種群是由基因構成的個體所形成的。他們也無法排除那些仰賴蝴蝶幼蟲生存的螞蟻。[15] 因此，大藍蝶的種群不是蝴蝶 DNA 可規模化的結果，而是跨物種遭逢的不可規模化場景。這便是現代綜合論的問題，因為種群基因學源自二十世紀早期無歷史演化理論的核心。或許種群科學須要讓出位置給一個正在茁生的多物種歷史生態學？而我所討論的覺察的藝術是否就位於它的核心？[16]

將歷史重新引入演化思維這件事，已經在其他的生物規模上展開了。細胞這種一度屬於可複製單位的代表，已變成在自由生活的細菌之間共生的歷史產物。[17] 甚至 DNA 的氨基酸序列也比以往認為的還更富有歷史。人類 DNA 有一部分是病毒；與病毒的遭逢標記出讓我們成為人類的歷史時刻。[18] 基因組的研究也已接受了在 DNA 製造中辨認遭逢的挑戰。不久後，種群研究將無法再逃避歷史。[19]

真菌在此是理想的指引。真菌始終頑強抵抗著自我複製的鐵籠。與細菌一樣，有些真菌能在非繁衍的遭逢下交換基因（「基因水平轉移」〔horizontal gene transfer〕）；還有很多真菌似乎不願意讓自己的遺傳物質被歸類為「個體」或「物種」，更別說是「種群」。當研究者在研究他們認為屬於一個物種的子實體時，即西藏昂貴的「冬蟲夏草」（*caterpillar fungus*），他們發現其實是許多物種糾纏在一起。[20] 當他們觀察腐爛樹木根部的細察蜜環菌（*Armillaria*）絲狀體時，發現了無法辨識為個體的遺傳嵌合體。[21] 同時，真菌也以共生附著聞名。地衣（lichen）就是與藻類與藍菌門共棲的真菌。我一直在討論真菌與植物的合作，但是真菌也與動物共生。例如，大白蟻（*Macrotermes*）唯有在真菌的協助下才能消化食物。這種白蟻會啃蝕木頭，卻無法消化。不過它們會打造「真菌花園」，讓蟻巢傘真菌（*Termitomyces*）在當中消化木頭，製造出可食用的養分。研究者史考特・特納（Scott Turner）指出，雖然我們或許會說是白蟻在養殖真菌，但反過來說是真菌在養殖白蟻也完全合理。蟻巢傘真菌利用白蟻丘的環境戰勝其他真菌；同時真菌也控制著土丘，靠著每年吐出的菌菇讓它保持敞開，在白蟻打造的土丘裡創造有保護蟻窩作用的擾動。[22]

我們的隱喻式語言（像這裡說白蟻「養殖」）有時會妨礙洞察，有時也會折射出意想不到的靈光。討論共生時最常見的比喻之一就是「外包」。你可以說白蟻把消化工作外包給真菌，或者倒過來，真菌把收集食物和營造生態區位的工作外包給白蟻。將生物過程與當代商業安排相比擬會出現大量錯誤，類似案例族繁不及備載。但此處也許有個新見解值得一說。就像在資本主義供應鏈中，這些展開行動的鏈結是不可規模化的。它們的組成無法簡化成自我複製、可交換的物件，無論是公司還是物種。反而，它們需要我們去關注能維繫鏈結的歷史遭逢。以自然歷史來進行描述，而不是數學模型，是必要的第一步——對經濟來說也是如此。激進的好奇心正在召喚我們。也許在為數不多、仍重視觀察與描述之價值的學科中受訓練的人類學家，此刻可能派得上用場。

活躍的地景，於雲南。
活躍的地景是謎團，顛覆了我們原見的自然。
這裡有松樹、橡樹、山羊和人類；
但松茸為何能在這些交流間蓬勃呢？

第三部

擾動的起點：無心插柳的設計

Disturbed Beginnings: Unintentional Design

當加藤先生向我介紹他正在為縣府森林研究機構做的森林復育工作時，我甚感震驚。身為對曠野懷有原生情感的美國人，我本以為讓森林自行修復才是最好的。但加藤先生不這麼想：他解釋，如果想在日本覓得松茸，你就得有松樹；而想要有松樹，就必須加入人類的擾動。他帶我去看一塊由他負責監督移除闊葉林木的山坡地。陡峭的斜坡上連表土都被運走，在我這個美國人看來，這片坡地鑿痕遍布，而且裸露光禿。「那侵蝕怎麼辦？」我問。「侵蝕是好事。」他答道。現在我真的嚇呆了。侵蝕與土壤流失不是壞事嗎？但我依然洗耳恭聽：松樹會在礦質土上茂盛起來，而侵蝕能讓礦質土顯露出來。

與日本森林管理員合作，改變了我對森林中的擾動的看法。刻意擾動森林以復育森林的手法讓我很詫異。但加藤先生不是在栽培一座花園；他希望養成的森林必須要能自行成長。他想創造出一種特定的混沌來幫助它：一種對松樹有利的混亂。

加藤先生的工作帶有一個既流行又科學的使命：復育里山林地。里山是日本傳統的農民地景，將林地與稻耕和水資源管理結合在一起。林地——里山的核心概念——一度受到擾動，但也因此得以被維持下來，並提供了木柴、木炭製造，以及非林木的森林產品。現今，里山林地裡最有價值的產品就是松茸。為了松茸而復育林地鼓動了另一套生命形式的出現：松樹與橡樹、林下草本植物、昆蟲、鳥類等。復育需要人為擾動，而擾動能提昇生物多樣性與生態系統的健康運作。於是有倡議者主張，有些生態系統能與人類活動共同繁榮。

世界各地的生態復育計畫都運用了人類活動來重新安排自然地景。對我而言，里山再興的不同凡響之處在於它的概念，認為人類活動應當與非人類活動一樣，也屬於森林的一部分。人類、松樹、松茸，還有其他物種，在這計畫裡都應該參與地景的創造才對。一位日本科學家就解釋，松茸是「無心插柳」的結果，因為有人類擾動，松茸才更容易出現，儘管人類實際上根本無法自行栽培出松茸。確實，我們可以說松樹、松茸和人類無意地在栽培彼此。他們讓彼此的創製世界計畫得以成真。這句成語能幫助我思考，就一般而言，地景如何成為**無心插柳的設計**下的產物，也就是，許多人或非人行動者世界創製活動的疊合。這個設計在地景生態系統中相當明顯，但沒有一個行動者是在有意策劃出這個效果。人類也加入了其他參與者的行列，一同打造無心插柳設計出的地景。

地景作為「不只是人」之劇碼的場景，是讓人類遠離自大的激進工具。地景不是歷史動態的背景：它們本身也很活躍。觀察正在成形的地景，可以看出人類如何與其他生物一同塑造世界。松茸與松樹不只在森林裡生長；它們也讓森林生長。松茸森林是打造、轉化地景的群聚。本書這部分要從擾動說起——我將擾動作為起點、亦即行動的開端。擾動為具有轉化力的遭逢重新編排可能性。地景區塊從擾動中浮現。也因此，危殆狀態是在「不只是人」的社會性中發生的。

活躍的地景，於京都府。
十二月的里山森林。
有時，森林的生命力在它突破障礙時最為明顯。
農夫劈砍、冬日嚴寒，森林卻仍生機勃發。

第11章 森林的生命力
The Life of the Forest

專注漫步森林間——即便森林樣貌破敗——總會受當中生命的豐饒所吸引，無論是古老或新生，是低在腳邊、或高至天際。但是，該如何描述森林裡的生命？或許，我們能從人類活動之外的劇碼與冒險開始找起。但我們還不習慣一個故事裡沒有人類英雄。正是這個謎團指引了本書這節的書寫。我能否在一段人類不過是參與者之一的冒險故事中，改讓地景擔綱主角？

許多學者在過去幾十年來已指出，只允許人類作為這段故事的主角，不只是普遍的人類偏見，還是一種透過現代化與進步之夢綁在一起的文化關懷。[1] 但還有別的方式可創製世界。例如，人類學家也開始感興趣生計獵人如何認為其他生物是「人」，也就是故事的主角。[2] 但確實是如此，有可能不是這樣嗎？然而，對於進步的期待卻阻礙了這種洞察：會說話的動物只屬於孩童與原始人的世界。動物沉默無聲，我們想像的安康狀態裡不會有動物存在。人類為了自己的進步而踐踏動物；我們忘了合作生存需要跨物種協調。為了擴大可能性，我們需要其他類型的故事——包括地景的冒險。[3]

我們可以從線蟲開始說起——以及一個關於宜居性（livability）的論點。

「叫我松材線蟲（*Bursaphelenchus xylophilus*）。我是蠕蟲般的小生物，屬線蟲動物門。我的大半生多半忙著啃蝕松樹內部。但我們這族與航行全球七大洋的捕鯨船一樣，足跡遍及四方。跟著我吧，且讓我述說一些有趣的旅程。」

等等，誰會想聽一隻蟲講述世界？這其實曾是生物符號學家烏克斯庫爾（Jakob von Uexküll）在一九三四年想討論的問題，當時他描述了一隻蜱蟲（tick）如何體驗世界。[4] 靠著蜱蟲的感官能力，例如察覺哺乳類動物的體熱、藉此評估可吸食的血量，烏克斯庫爾告訴我們蜱蟲也了解並創製了世界。他的方法讓地景甦活過來，成為充滿感官活動的場景；生物不再被視為惰性物體，而是有見識的主體。

然而，烏克斯庫爾對可供性（affordance）的想法，讓他的蜱蟲限縮在自身微量感官的泡泡世界中。蟲子於是被困囿在微小的時空架構，無法參與有著更寬廣韻律與歷史的地景。[5] 但這樣是不夠的——松材線蟲的旅程就能證實這點。想想以下饒富趣味的情況：

若是沒有雲杉小墨天牛（pine sawyer beetles）幫助運送，松材線蟲無法在樹木間移動，而且這是在對自己沒什麼利益的狀況下進行的。線蟲在特定生命階段裡，會像偷渡客一樣跳到天牛身上，利用牠進行移動。但線蟲可不是草率行動，牠必須在天牛處於特定的生命週期、正準備從松樹蛀洞移向新樹之際接近天牛。線蟲會搭坐在天牛的氣管上；當天牛移到新樹產卵時，線蟲會藉機溜入新樹的傷痕裡。這是一樁非凡的協調壯舉。線蟲充分利用了天牛的生命韻律。[6]要讓自己融入如此的協調網絡當中，烏克斯庫爾的泡泡世界是不夠的。

雖然我們在松材線蟲的故事上逗留，但我沒忘記松茸。日本現今松茸稀少的一個主因，就是線蟲的習性導致了松樹消亡。就像捕鯨船以獵鯨為目標，線蟲也攀住松樹，造成松樹及其真菌夥伴的死亡。不過，線蟲並不是只靠這種方式求生。一如捕鯨船與鯨魚的關係，線蟲也只是因為環境與歷史的因緣際會才變成松樹殺手。線蟲進入日本歷史的旅程，就和牠們織成的協調網絡一樣令人驚嘆。

對美國松樹而言，松材線蟲只是微不足道的害蟲，因為兩者是共同演化的。這些線蟲是來到亞洲後才變成松樹殺手，在那裡的松樹對線蟲毫無防備、不堪一擊。神奇的是，生態學家相當精準地追蹤到這個過程。日本第一隻線蟲是在長崎港上岸的，隨著美國松木在二十世紀頭十年飄洋過海而來。[7]木材對當時正進行工業化的日本非常重要，其菁英階級非常需要世界各地的資源。許多不速之客便隨著那些原料入境，松材線蟲便是其中之一。線蟲來到日本後，沒多久就開始與當地的雲杉小墨天牛結伴同行；我們可以追溯出牠的移動路線是以長崎為中心散布出去。就這樣，日本在地的天牛與外來的線蟲連袂改變了日本的森林地景。

不過，遭受線蟲感染的松樹若是生存條件良好，不一定會病死，而這個不確定的威脅也因而讓松茸成為間接受害者，生命狀態懸而不定。那些因為森林擁擠、缺乏光線以及土壤太過肥沃，因而生存倍感壓力的松樹，正是線蟲容易下手的對象。闊葉樹群會擠壓、遮蔽日本松。有時，松樹傷口上的藍染真菌

（Blue-stain fungus）也會餵養線蟲。[8]人類世的氣候變遷與氣溫上升同樣有助於線蟲的傳播。[9]許多歷史匯聚於此，將我們拉出泡泡世界，進入協調與複雜性的連串變動當中。線蟲的維生方法——以及牠所侵襲的松樹和試著幫助牠的真菌——都隨著機遇的出現，以及舊有能力有了新的重要性的情況，而在不穩定的聚合體裡彼此磨合。日本松茸進入了前述所有的歷史爭鬥中：它的命運取決於松材線蟲的敏捷性，究竟比烏克斯庫爾說的還弱，還是更強。

透過線蟲的旅程來追蹤松茸，使我回到如何訴說地景冒險的問題上，但這次有一個清楚論點。首先，我們若想知道哪裡適宜居住，我們應當研究複音聚合體、不同存有方式的群聚，而不是自我限制每次只分析一種生物（包含人類）或一種關係。聚合體是宜居性的展演。松茸的故事引領我們走進松樹與線蟲的故事；它們在相互協調之際，也創造——或摧毀——適宜居住的狀態。

其次，物種特定的敏捷性會在聚合體的協調中彼此磨合。烏克斯庫爾把我們帶上正確的軌道，要我們觀察，即便是最渺小的生物，也都參與著世界的創製。為了擴展他的洞察，我們必須跟隨多物種的協調，當中每個有機體都能順利發展。沒有松茸森林的韻律，松茸也不會存在。

第三，協調是在歷史變遷的因緣際會中消長。日本松茸與松樹是否能持續合作，有很大程度取決於因松材線蟲的出現而啟動的其他合作關係。

若要將這些統整在一起，不妨回想一下第一章曾稍微提及的複音音樂。有別於搖滾樂、流行樂或古典樂的一致性和聲及韻律，欣賞複音音樂必須同時聆聽不同的旋律線，以及它們如何在意想不到的片刻成為和諧或不協調的聲響。這個方法同樣也能用於理解聚合體。你必須同時注意其中各自存有的方式，以及它們如何在偶發但關鍵的協調下聚成一體。此外，相較於寫下的樂譜可以不斷重複演奏的可預測性，複音聚合體會隨情境改變而變動。這是本章節希望傳達的聽力練習。

用以地景為基礎的聚合體作為研究目標，便可能從中留意到許多有機體動態的交互作用。我不局限於追蹤人類與其偏好的盟友的關係，一如多數動物研究那樣。有機體無須顯示自己等同於人類的能力（身為有意識的行動者、有意圖的溝通者，或者道德主體），才堪稱舉足輕重。假如我們對宜居性、無常、湧現（emergence）等概念感興趣，就更應當去觀看地景聚合體的動態。聚合體能組合、變化、解散——它**就是**故事本身。

述說地景的故事既容易又困難。有時候，它讓讀者放鬆到昏昏欲睡，彷彿我們什麼也沒學到。這是我們很不幸地在概念與故事之間築起一道高牆的結果。例如，我們可以從環境史與科學研究之間的鴻溝看到這個結果。科學研究學者不習慣透過故事來理解概念，因此並不太理會環境史。想想看史蒂芬・佩因（Stephen Pyne）的例子，這位科學家對於火災在地景製造上的影響研究細膩，然而他的概念乃根植於他對歷史的掌握，科學研究學者因此對於他關於地球化學能動性的激進論點依舊不為所動。[10] 而寶琳・彼德斯（Pauline Peters）針對英國圈地制度的邏輯如何引入波札那牧場經營的犀利分析——抑或是凱特・蕭爾斯（Kate Showers）在研究賴索托的侵蝕控制時得到的驚人發現——這些都應該能革新我們對一般科學的觀念才對，但可惜並沒有。[11] 如此拒絕的態度使得科學研究成果益發貧瘠，只鼓勵在一個具象化的空間中玩弄概念。理論家往往在提煉出普遍原則後，期待由他人填入特殊性的細節，但「填入」一向不是容易的事。這是一種在概念與故事之間建造高牆的知識機制，也確實使得科學研究者試著提昇的敏感度的重要性逐漸流失。因此，我在隨後的內容裡想挑戰讀者，去覺察我所呈現的地景歷史中的概念與方法。

講述地景的故事就得先了解地景上的居民，無論那是人類或非人類。但這談何容易。因此我必須用上所有能想到的學習方法，包含我們將正念（mindfulness）、神話與故事、生計實踐、歷史檔案、科學報告與實驗等形式結合起來的方式。但這個大雜燴引來了懷疑——尤其是來自我找來的、關注另類世界創製計畫的人類學家盟友。對許多文化人類學家而言，在探索另類世界與方法如原住民慣習時，最好把科學視為對立的假想敵。[12] 若將科學與草根證據混為一談，會引來向科學低頭的指責。然而，這種看法是認定有某種鐵板一塊的科學存在，會將所有實踐方式消融成單一的關懷。相反地，我提供的故事是透過多層而迥異的認識與存有實踐方式架構而成。這些組成部分若是互有衝突，也只會讓這類故事的能量更加巨大。

我鼓吹的實踐方式的核心，是民族誌與自然歷史的藝術。奠基在對觀察與田野工作的信念上，我推薦的新盟友就是我所謂的留心覺察。[13] 受人類擾動的地景正是人文主義式與自然主義式覺察的理想空間。我們需要知道人類在這些地方創造的歷史，**以及**非人類參與者的歷史。里山復育的倡導者在此是傑出的導師；他們幫助我將「擾動」重新理解成協調及歷史。他們讓我看見，擾動可以如何創造出關於森林生命力的故事。[14]

擾動是在生態系統中導致明顯變化的環境條件變動。水災與火災都是擾動的形式；人類與其他生物也會造成擾動。擾動可以更新生態，也能將之摧毀。擾動的嚴重程度取決於諸多因素，包括規模。有些擾動範圍很小，例如一棵樹在森林中倒下，會產生一道光隙。有些則很大，好比海嘯擊碎核電廠。時間的規模在當中同樣重要：短期傷害後隨之而來的也可能是旺盛的重生。擾動為具轉化性的遭逢開拓了地域，讓新的地景聚合體成為可能。[15]

不習慣思考擾動的人文主義者，會把這個詞彙與損害聯想在一起。但生態學家所說的擾動並非絕對負面，也不一定是人為造成。人為擾動在挑動生態關係的能力上並不特殊。此外，作為事物的開端，擾動一向處於萬物之中：這個詞彙沒有在指涉擾動前有一個和諧狀態。擾動是跟著其他擾動而來，因此所有地景都是受過擾動的；擾動就是常態。但這不會限制這個詞彙。提出關於擾動的問題並不會中斷討論，反而能開啟它，使我們得以探索地景的動態。擾動能否被承受，這個問題可藉由隨後會發生的事來思考：那就是聚合體的重整。

在擾動成為生態學的關鍵概念之際，人文與社會科學的學者也開始擔心不穩定性與變遷。[16] 人文主義者／自然主義者這兩方，對不穩定性的關注隨著二戰戰後美國對於自我調節系統——一種介於進步中的穩定形式——的熱衷而起。一九五〇與六〇年代，生態平衡的觀點似乎大有可為：透過自然演替，生態系的形成被認為可以達到相對穩定的平衡點。然而在七〇年代，注意力開始導向那些產生地景異質性的破壞與變遷。在七〇年代，人文主義者與社會科學家開始擔憂歷史、不平等與衝突等具轉化性的遭逢。如今回首，這種學術界風向一致的改變，或許就是對我們共同掉入危殆狀態的提早預警。

擾動作為一種分析工具，需要意識到觀察者的視角——一如所有社會理論最好的研究方法。定義什麼屬於擾動，一直是視角的問題。從人類的角度來看，破壞蟻丘的擾動與毀滅人類城市的擾動有天壤之別。從螞蟻的視角來看，代價則又不一樣了。就算在同一物種**之中**也會出現不同視角。羅莎琳德・蕭爾（Rosalind Shaw）的研究便細膩展現出孟加拉的男人與女人、城市與農村、富人與窮人如何因水位上升遭受到不同的影響，而對「水災」有不同的理解。對這當中的各個群體而言，水災就是水位上升超過可承受的程度，而他們的標準各一。[17] 評估擾動不可能有什麼單一標準；擾動與我們的生活方式息息相關。這意味我們需要仔細注意藉以探知擾動的評估方式。擾動從來就不是「有」或「無」；它指涉的是一種範圍開放的動盪現象。哪條線算是過度劃分？關於擾動，這一直是個以生活方式為依據的視角問題。

由於「擾動」一詞已充滿對視角的關注，我可以說是理直氣壯地在以擾動來指涉這個概念如何在不同地方有特殊的使用方式。我是從日本的森林管理者與科學家那邊學到這種充滿不同層次的用法。他們經常擴展歐美的慣用概念，甚至在實際使用時也是如此。擾動是一項好工具，可以藉之開啟將我提到的全球與在地、專家與草根的知識層次錯亂交疊的過程。

擾動把我們帶進了異質性之中，這是觀看地景的關鍵透鏡。擾動製造出區塊，每一塊都由多樣的因緣際會形塑而成。因緣際會也可能由無生命的擾動（例如水災與火災）或生物的擾動開啟。當有機體創造出跨世代的生活空間時，也重新設計了環境。生態學家稱這個有機體自造環境的作用為「生態系統工程」（ecosystems engineering）。[18]一棵樹會以根部盤住巨石，以免遭溪流沖走；一隻蚯蚓能使土壤肥沃。這些都是生態系統工程的例子。如果我們仔細觀察系統工程內各種行為的互動，就能發現出現當中的模式，以及聚合體如何藉此組織起來：所謂無心插柳的設計。這也是生物與無生物生態系統工程學的總和——刻意與無心、有益與有害，以及無關緊要的，全發生在一個區塊中。

物種未必一向是訴說森林生命力的正確單位。而「多物種」也只是超越人類例外論的替代名詞。有時候，個別的有機體會做出激烈的干預。也有時候，較大型的單位比較容易為我們彰顯出歷史的動態。這就是我在橡樹、松樹與松茸上見到的情況。橡樹這種容易雜交且成果豐碩到屢屢跨越物種界線的樹木，就混淆了我們對物種區別的執著。不過，想當然耳，一個人想選擇什麼單位使用，就取決於他要說什麼故事。為了講述松茸森林在板塊移動與冰川作用事件之間的成形與消融，我需要以「松樹」——以及它們神奇的多樣性——為故事主角。松屬植物（*Pinus*）是最常見的松茸寄宿主。談到橡樹時，我會延伸得更遠，加入石櫟屬（*Lithocarpus*，例如石櫟〔tanoaks〕）、錐栗屬（*Castanopsis*，例如板栗〔chinquapin〕）以及櫟屬（*Quercus*，例如橡樹〔oaks〕）。這些關係親近的各屬是松茸最常寄宿的闊葉樹種。因此，我的橡樹、松樹與松茸在它們的群體中會有不同樣貌；它們跟人類一樣，會在離散中擴張並變換故事線。[19]這有助我觀察聚合體故事裡的活動。我會跟隨它們擴張，去覺察它們打造的世界。我的橡樹、松樹與松茸不會因為它們屬於一種特定「類型」而形成一個聚合體，而是在聚合體裡成為自己。[20]

我懷著如此想法遠行，前往四處地方調查松茸森林：日本中部、美國奧勒岡州、中國西南的雲南，還有芬蘭北部的拉普蘭區。我沉浸於里山修復中的短暫經驗有助我觀察到，各地的林務人員都有不同的方式去「做」森林。有別於里山，美國與中國的松茸管理並**不**把人類視為森林聚合體的一部分；那裡的管理者憂心忡忡的是森林裡出現太多人為擾動，而非太少。與里山工作相比，其他地方的林業都是以理性進步的尺度作為衡量標準：這樣的森林是否有助於未來科學與工業的生產力？日本里山卻很不一樣，它是以找到可居住的當下為目的。[21]

然而，比形成對照更要緊的是，我是在尋求人類、松茸與松樹藉以創造森林的歷史。我是在這些因緣際會中提出未獲解答的問題，而不是創造小方塊的知識。我在尋找有不同外表的同一座森林，每一種面貌都是透過他者的陰影顯出。在探索這同時既單一又多重的形構中，我在隨後四個章節將關注松樹。這四章都會展現不同的生命形式是如何透過在擾動中的協調而發展。隨著不同生命形式的匯集，以區塊為主的聚合體就此形成。我將展示聚合體是能思考宜居性的場景——宜居性在此就是於受人類擾動的地球上共生共榮的可能性。

危殆的生活一向是一場冒險。

萌生群松間……

Coming Up among Pines …

活躍的地景，於拉普蘭。
看到我在松林間拍攝這些馴鹿時，我的東道主致歉說林地地面太凌亂了。
他們的森林最近剛經過疏伐，他說還無人有空撿起所有殘木。
森林在此清整下逐漸變得像種植園。
林務人員心中策劃的，是要讓歷史停滯。

第12章 歷史 History

我第一次看到芬蘭北部的松樹林是在九月。那時我正搭乘由赫爾辛基出發的夜間火車，途中穿過標示著聖誕老人之鄉的北極圈，以及越來越細瘦的樺樹林（birches），直到周圍只剩松樹為止。我很驚訝。我以為自然森林裡應該是混雜著不同種類與年齡、高挺與嬌小不等的樹木。但這裡所有樹木都是一個樣：同一樹種、同一樹齡、整齊有致而且間隔均勻。就連林地地面也是乾乾淨淨，不見任何殘根或掉落的木頭。那看起來完全就像是一座工業用的林木種植園。我心想：「啊，界線都模糊了。」這是現代的規訓，就自然或人為而言都是。此時也出現了對比：站在俄羅斯邊界附近，他們告訴我，一旦越過邊界，那邊的森林就是一片凌亂。我問那是什麼樣子——他們說，樹木長得很不整齊，而且林地上滿是枯木，無人清理。芬蘭這邊的森林乾淨得很，即便是地衣也被馴鹿啃短。俄羅斯那邊，他們說，大如球粒的地衣能長到差不多與你的膝蓋同高。

界線已難以分辨。芬蘭北部的自然森林看起來就像一座工業林木種植園。樹木已經成了現代資源，而管理資源的方式就是停止它自主的歷史活動。只要樹木在產生歷史，就會威脅工業經營。清理森林是為了阻斷歷史而進行的一項工事。但樹木是從何時開始創造歷史的？

「歷史」既是人類說故事的方法，也是一套被我們轉化為故事的過往剩餘物。傳統上，歷史學家只研究人類的過往剩餘物，像是檔案與日記，但我們沒理由阻止對非人類軌道與足跡的關注，因為這些也會影響我們共同的地景。這些軌道與足跡和偶然及因緣際會中的跨物種糾纏有關，即「歷史性」時間的元素。為了參與這種糾纏，你不必只靠一種方式創造歷史。[1] 無論其他有機體會不會「說故事」，它們都造就了我們會視為歷史的重疊軌道與足跡。[2] 所以，歷史可說是創製世界的眾多軌道的紀錄，不管那是人類還是非人類所為。

不過，現代林業卻以減少樹木——尤其是松樹——為基礎，以達到自我完備的、等值的、不變動的目標。[3] 現代林業將松樹視為一種潛在、穩定不變的資源在進行管理，也就是一種可永續量產的木材來源。現代林業的目標，就是要將松樹從其不穩定的遭逢裡移出，此舉也等於去除了松樹創造歷史的能力。因為現代林業，我們忘了樹木是歷史的行動者。我們該如何才能揭去現代資源管理觀念的蒙蔽，重新感受對森林生命而言最核心的動能？

接下來，我將提出兩個策略。首先，我跨越許多時間與地點來探究松樹的能力，藉由它們的身影改變場景，並且轉變其他存有的軌道——亦即創製歷史。在這裡，我的指引是一本書，是那種分量驚人的大部頭著作，重到你若騎車轉彎時書掉了出去，必定會在地面上發出巨響，而且阻礙交通。這本書就是大衛・理查森（David Richardson）所編的《松屬的生態學與生物地理學》（*Ecology and Biogeography of*

Pinus）。[4] 儘管該書厚重，標題又保守，當中講述的卻是個冒險故事。理查森的作者群為松屬植物賦予了多樣性與敏捷性的生命力，使它橫縱時空，變成有血有肉的主角、有歷史的主體。這種發想讓我相信，我的研究主題應該是所有松屬植物，而不是特定一種松樹。跟隨松樹跨越重重挑戰，就是一種歷史形式。

其次，我要回到芬蘭北部繼續追蹤松樹的跨物種遭逢，以及身為建築師的它們所打造的聚合體。工業森林回來了，但這些狀況的加劇也使之無法順利阻斷歷史。松茸幫助我說明這個故事，畢竟沒有林務人員的努力，松茸也能幫助松樹生存。松樹只有在這種遭逢中才能蓬勃生長。現代森林的經營雖能在松樹歷史上控制個一時半刻，卻無法阻止以遭逢為基礎的時間的不確定性。

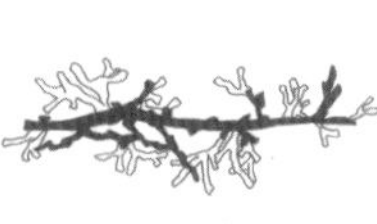

如果你想要被植物的歷史力量震懾，從松樹開始準沒錯。松樹是地球上最活躍的樹木之一。如果推土機在森林間開出一條道路，之後可能就會有松樹幼苗在路肩上湧現。如果你放棄了一塊土地，松樹會是第一棵在這塊地上紮根的先鋒。當火山爆發、冰川消融，或風與海浪堆起砂石時，松樹可能仍會是率先找到立足點的生命之一。在人類能搬移東西之前，松樹只於北半球生長。後來，有人帶著松樹往南，在全球南方的種植園裡將之種下。但松樹繼續跨越種植園的籬笆，開始在地景中四處發散。[5] 在澳洲，松樹已經成了主要的火災隱憂。在南非，它們威脅到少見的原生凡波斯（fynbos）植被。只要是空間遼闊且受過擾動的地景，你很難要松樹低頭。

松樹非常需要光。它們在曠野上可以是具有侵略性的入侵者，但在陰涼處力量會衰退。而且，在那些通常被認為是最適合植物生長的地方——土壤肥沃、濕度適中、溫度暖和的所在——松樹反而失去競爭力。在那裡，松苗會輸給闊葉樹林，因為後者的樹苗能恰如其名地快速長出寬闊樹葉，因而遮蔽了松樹。[6] 因此，松樹是在欠缺理想條件的地方求生存的專家。松樹專門在極端環境中生長：寒冷的高處、近乎不毛之地、沙礫與岩石間。

松樹也會隨火而茁壯。火淬鍊出它們的多樣性；松樹有許多不同適應火的策略。有些松樹需要經歷「野草期」，數年裡外表看來就像一簇簇的綠草，但根部系統卻趁機不斷壯大，接著它們會瘋狂似地迅速抽高，直到松苗高度能超過地表燃燒的火苗。有些松樹會長出肥厚的樹皮與極高的樹冠，因此不管周圍烈燄如何燃燒，對它們而言也不過只是留下一道燙疤。另外也有些松樹像火柴一樣易燃——但它們有辦法確保自己的種子會在燒毀的地表上率先發芽。有些松樹還會將種子長年儲存在燃燒時才會打開的毬果中：那些種子會搶得掉入灰燼土中的先機。[7]

松樹之所以能在極端環境中生長，是因為它們從菌根真菌那邊得到奧援。我們能從五千萬年前的化石上，看見松樹根部與真菌之間的關聯；松樹隨著真菌一同演化。[8] 在缺乏有機土壤的環境，真菌會從岩石與砂礫中運送養分，讓松樹得以成長。除了提供養分，菌根還保護松樹免受有害的金屬與其他侵蝕根部的真菌侵擾。松樹也支持菌根真菌的生長作為回報。就連松樹根的構造形成上也與真菌有關。松樹伸出「短根」供菌根連結，這些短根若沒有遇上真菌，便會萎縮（相對地，真菌不會全然覆蓋專事探索的松樹「長根」，至少會讓末端露出）。松樹藉由移動於受擾動的地景中來創造歷史，但這是唯有透過與菌根真菌的夥伴關係才能進行的。

除了真菌以外，松樹也與動物結盟。有些松樹完全仰賴鳥類為它們散播種子——就像有些鳥完全以松樹種子為食一樣。整個北半球上，松鴉、烏鴉、喜鵲和星鴉都與松樹關係緊密。有時候這種關係甚至是特定的：高海拔的白皮松種子是北美星鴉的主食；反過來說，那些星鴉沒吃掉的種子貯藏，則是松樹種子擴散的唯一方式。[9] 花栗鼠與松鼠等小型哺乳動物貯藏種子的習性也在松樹種子傳播上扮演了重大角色，甚至對於那些靠風傳播種子的松樹亦然。[10] 但沒有任何哺乳類勝過人類，能把種子散播得那麼遠。

人類以兩種不同的方式傳播松樹：一是直接種植，二是創造出各種讓松樹生根的擾動。後者一般是在無意間發生的；松樹喜歡這種人類無心造成的混亂。松樹會盤據廢棄的野地和受侵蝕的山坡。人類前腳一砍下其他樹，松樹的後腳就會鑽進去。種植與擾動兩種方式有時是同時並進的。人類也會種植松樹來修補自己造成的侵擾，抑或是讓環境保持在極度受擾動的狀態，進而讓松樹位居優勢。後者的選擇一直是工業種植者的策略，無論他們是人工種植，或者只是在管理自我播種的松樹；皆伐與翻鬆土壤都被解釋為是有利松樹生長的手法。

松樹處於一些最極端的環境當中時，需要的不是什麼一般的真菌夥伴，而是松茸。松茸能分泌強酸分解岩石與砂礫，釋放出有助於松樹與松茸相互生長的營養物質。[11] 在松茸與松樹共生的嚴峻地景上，往往很難發現其他真菌的蹤影。此外，松茸會織出一面密集的真菌絲狀地墊，阻隔其他真菌與土壤裡的許多細菌。日本農夫與隨後的科學家稱之為「城」（*shiro*），而松茸城能讓我們能想像它的監護者與守衛。[12]它的防守也算是進攻，因為這片地墊能防水，讓真菌得以將腐蝕岩石所需的酸性物質集中起來。[13]松茸與松樹聯手將岩石化為食物，即便沒什麼有機土壤也能據地為營。

然而，在一般自然進程裡，有機土會因為動植物的生成與死亡隨時間漸次堆積。死去的有機體腐爛後變成有機土，然後成為新生命的基礎。在缺乏有機土的地方，這種生死循環被某種偶然的活動打破了；這類活動代表了不可逆轉的時間，也就是歷史。藉著占據受擾動的地景，松茸與松樹共同創造歷史，也為我們展現出歷史的創造如何能擴張到超越人類能力所及的地步。與此同時，人類也製造出巨大的森林擾動。就這樣，松茸、松樹與人類三方共同打造出了這些地景的軌跡。

進入世界貿易圈的松茸，大多來自以下兩種人為擾動的地景。一是生產木材森林中的工業種植松樹，以及一些其他的針葉樹。二是農民的地景，在那裡農人會砍除闊葉林木，有時甚至剝蝕整片山丘，此舉等於幫了松樹一把。在農民的森林裡，松樹經常與橡樹及橡樹的近親共同成長，而這些樹在一些地方也是松茸的寄主。這一章接著要繼續談一座工業森林，裡頭的松樹在成長時旁邊並無其他樹種；在此，正在創造中的歷史牽涉了所有資本主義木材生產的機制，不只是財產，還有伐木業的崛起及衰落，以及勞工與包括火災抑制在內的國家管理機器。下一章則要進入農民森林裡松樹與橡樹之間的相互作用。這兩者一同展現了歷史是如何由人類、植物與真菌共同譜出。

人類與松樹（以及它們的菌根盟友）在芬蘭存在的歷史長度相近：大約九千年前，冰山一撤退，人類與松樹便開始入駐此地。[14]從人類觀點來看，那太過久遠，幾乎不值得記憶。然而對森林而言，冰河期結束後的時間線其實非常短。我們在這種觀點衝突上，就能看見森林管理的矛盾：芬蘭林務人員已習慣將森林視為穩定的、循環的、可更新的環境，但森林是開放的，而且在歷史上是動態的。

樺樹是冰山撤退後第一個抵達的樹種，而松樹緊跟在後。松樹——與它的真菌夥伴——知道如何應付冰山遺留下來的石堆與砂礫。但此時落腳的松樹只有一種，那就是帶著又短又硬的針葉與紅褐色樹皮的歐洲赤松（Scots pine，即 *Pinus sylvestris*）。在樺樹與松樹身後四散出去的是闊葉林木，但多數無法抵達遙遠的北方。最後姍姍來遲的，是挪威雲杉（Norway spruce）。對我們這些習慣溫帶或熱帶森林的人來說，這幾樣樹木種類可說非常少。構成拉普蘭森林的樹木，竟然只有一種松樹、一種雲杉和兩種樺樹。[15]就是因為物種數量這麼少，所以冰河期彷彿仍與我們相距不遠，至今也不見其他樹種進入。這森林或許早就注定成為工業單一作物的用途：許多林分在受人類管理前，樹種就很單一。

但是，芬蘭人對於森林樹種的單一性並非一直特別看重。二十世紀初期起，刀耕火種（以放火燃燒為基礎的游耕活動）是常見的做法；農人透過這種活動把森林化成灰燼，然後在上頭種植農作物。[16]刀耕火種造就了牧場，以及樹齡不均的闊葉萌生林；它激發了森林的異質性。這種不均的農民森林是十九世紀愛好自然的藝術家欣賞的形式之一。[17]同時，有大量松樹被砍伐下來製造焦油，以供海洋資本主義在世界各地獲取產品。[18]這個受到微觀管理的芬蘭林業的故事，不必從森林「長時段」的形式說起，而是從十九世紀一群新興專家的焦慮開始。一份一八五八年的德國森林報告便直白地寫道：

芬蘭人一直很擅長的森林砍伐，現在更因粗率、毫無節制的牲畜放牧、刀耕火種的活動，以及毀滅性的森林放火而惡化。換言之，運用這三種手段，都是為了達到同一個目的，那就是森林砍伐。[19]……芬蘭人源於森林，也居存其中，卻出於愚蠢與貪婪——就像童話故事裡的老婦人——殺了那隻會下金蛋的鵝。[20]

一八六六年，芬蘭通過一條全面性的林業法，森林管理於焉開始。[21]然而，芬蘭直到二戰之後才成為一片現代育林學的廣袤之地。芬蘭人因為兩件大事，而將注意力全心轉向了木材。首先，在二戰結束時芬蘭將卡累利亞（Karelia）地區割讓出去後，有超過四十萬的卡累利亞人從蘇聯來到邊界處。這些人需要房屋與生活設施，芬蘭政府因此開始造路闢林以安置這些人。這些道路使得在新區域發展伐木業成為可能。其次，芬蘭同意支付蘇聯三億美金當成戰爭賠償，而木材似乎是籌措資金的最佳方式——同時也啟動了芬蘭的戰後經濟。[22]雖然大企業參與了林地經營，絕大多數的森林依然是由小地主持有，而這群平民將木材視為典型芬蘭產品的執著，也將科學林業推舉成了國家事業。林業協會於是只能遵從國家的標準。[23]那些標準將森林奉為可更新木材的永久循環——是一種靜態的、永續的資源。歷史的創造是為人類而進行，也只為人類進行。

然而，要怎麼阻止處於演變軌道上的森林？不妨想想松樹。隨著真菌帶入更多養分，而且有機物質不斷聚積，北方的土壤會變得緊實，有時甚至吸飽了水分。雲杉通常長在松樹之下，一旦松樹死亡，雲杉就會接替松樹的地位。森林管理決定阻斷這個進程。首先會有一場皆伐、也就是林務人員所稱的「同齡管理」。在芬蘭，皆伐的目的是要模仿在人類介入之前、約莫每個世紀都會發生並讓大片森林得到更新機會的森林大火效應。松樹在大火過後會長回來，因為它們知道如何利用明亮的開闊空間與裸露的土壤；同樣地，松樹也會在皆伐地點上生長。在皆伐的間隔之間會有好幾輪的疏伐，以清除其他物種，確保森林的開闊程度可供松樹快速成長。腐朽的木頭對雲杉幼苗有益，所以已死的林木會被清走。最後等木材撿拾完畢，就可以移除樹樁，耙整表土直到土壤鬆軟，以利新一代松樹抬頭。林務人員藉由這些技術，就是要創造出唯有松樹能參與其中的復興週期，即便不是人為種植出來的。

就跟在其他地方一樣，這種技術在芬蘭也招致越來越多批評。批評者提醒我們，即便作為松樹林，芬蘭的森林過去也不曾這麼均質。[24] 林務人員則防衛地回應，吹捧他們培育出來的生物多樣性。形狀如腦袋的鹿花菌（*Gymomitra*）這種在芬蘭的熱門可食菇類（雖然美國人認為它有毒）躍上一本本的手冊，成為生物多樣性的代表；鹿花菌經常在受到皆伐擾動的土地上繁殖。[25] 那麼，松茸又能為這串對話補充些什麼呢？

芬蘭北部的松茸最最讓人好奇的，是它盛衰不定的結實習性。有些年頭，地面滿是松茸，但隨後數年它又完全不見蹤影。二〇〇七年，一位來自北極圈羅瓦涅米城（Rovaniemi）的野外嚮導宣稱自己找到一千公斤的松茸。他把松茸堆成金字塔或隨意鋪在地上。隔年再去時，卻什麼也沒找著，就連再下一年也只發現一兩朵。這種情形與樹木「同步大量結實」（masting）的狀況相同，即樹木為了有效分配資源而只零星結實——但受到長時間週期與環境提示的刺激，某地區的果實會突然一次性地大量冒出。[26] 同步大量結實代表的不只是樹木逐年追蹤氣候變化的能力，還需要多年的戰略規畫，這樣積存了一年的碳水化合物才可能用於日後的結實上。此外，同步大量結實也會出現在有菌根夥伴相陪的樹木上。大量結實所需的儲存與消耗，顯然要靠樹木與真菌之間彼此協調。真菌會為樹木未來的結實貯藏碳水化合物。那麼，樹木是否也調節著真菌不一致的結實狀況？我尚未找到有研究去追蹤真菌結實與樹木同步大量結實之間的關聯，但這個奧祕極其有趣。也許，松茸盛衰不定的結實習性，能向我們透漏芬蘭北部松樹林的特殊歷史性？

芬蘭北部的松樹不會每年生產種子。林務人員認為這是森林再生的問題；你無法期待森林在皆伐後總是能立刻恢復，儘管松樹到了該生出種子時，確實仍能大量生產。研究者在瑞典北部注意到，松樹森林即便沒有火，林中仍出現了「波浪似」以及「間歇的」復甦。透過稀少或繁多的幼苗，種子生產的歷史變成了森林的歷史。[27] 松樹的真菌夥伴一定非常善於掌握松樹種子生產的時機。真菌結實可能就是這類協調的複雜韻律所表現出來的跡象之一；在這個韻律中，松樹與真菌共享著階段性的、週期性的繁殖資源。

這是人類能理解的時間尺度。我們當然能說，松樹打從冰河撤退後便涵蓋了新的領土，但那樣的時間對我們而言緩慢到沒什麼區別。不過森林再生的歷史模式又是另一回事了：我們知曉這種時間。它不遵循林業人士渴望的可預期週期。它是來自兩邊的力量拉扯的展現：一邊是管理者喜好的、永恆且循環的森林，另一邊則是真實存在的歷史森林。不定期的結實表現出不太符合循環的韻律，是在回應跨年度的環境差異，以及真菌與樹木之間的多年協調。為了具體表明這些韻律，我們會以日期、而不是循環來談論：二〇〇七年是芬蘭北部松茸豐收的一年。我們或許能在真菌與寄主樹結實的協調過程中，開始欣賞森林創造歷史的能力，也就是它如何追蹤不可逆轉的、以及週期性的時間。不規律的韻律創造出不規律的森林。區塊在不同的軌道上發展，創造出不平整的森林地景。而雖然針對不規律進行強制管理會導致某些物種走向滅絕，這也永遠無法成功地將樹木轉化成沒有歷史的生物。

芬蘭大多數的菇類都是從私人森林裡採摘而來的。不過，除了森林地主外，許多人也都能取得這些菇類。採摘人之所以能自由進出私人森林，是因為一條古老的「普通法」（*jokamiehenoikeus*），可被翻譯成「每個人的權利」。只要不打擾居民，你可以自由地到森林健行與採摘。國家森林同樣也開放給採集人進入。這擴大了採集人能認識菇類的地形範圍。

有一天，我的東道主帶我到一處森林保護區，我們在那邊端詳著身上因三百年前大火而烙下疤痕的松樹。那些樹木也許已有五百歲了。新的研究表示，北半球森林裡有許多地區很少發生造成林分更換的火災，因此老樹能長命百歲。我們在這些樹木底下採摘菇類，也聊到那些無法在現代木材管理創造出的年輕森林中蓬勃生長的其他菇類。但松茸很幸運。日本研究學者指出，最適合松茸結實的松樹——至少在日本中部——是樹齡四十歲到八十歲的松樹。[28] 芬蘭拉普蘭區那些按計畫可收成百年的松樹腳下，沒理由不長滿松茸才是。[29] 不過，它們多年來沒長出松茸倒也是件好事：這是森林所創造之多重歷史的時間不規律性中的一個開口。間歇而突發的結實現象提醒著我們協調的危殆狀態——還有合作生存的奇特因緣際會。

現代林業要使歷史暫停的行動下造成了一種兩難困境。環保人士開始慢慢相信森林需要能遠離管理的「避難所」（refugia）。但要生存，這些避難所也必須受到管理。也許這種「沒有管理的管理」就是一種禪宗的法門，能讓我們去觀察松樹的夥伴而非松樹本身。

活躍的地景，於雲南。
畫在這面市鎮牆上的採菇人在橡木松樹林間尋覓，整幅畫散發出童話般的迷人氛圍。
然而，森林那股能在毀滅中重生的神祕力量在哪裡？
在崇尚永續性的同時，森林不間斷的復甦卻被視若無睹。

第13章
復甦
Resurgence

森林最不可思議的特質之一，就是遭到毀滅後有時還能再生長回來。我們可能認為這就是森林具備的韌性，或者屬於一種生態上的修復；而我也認為這些概念都相當有幫助。但若是更進一步將之想成是一種起死回生的復甦呢？復甦是森林生命的力量，是它伸展種子、根部與匍匐莖、重新奪回森林被破壞之處的能力。冰川、火山與森林大火，都是森林以復甦來回應的挑戰。人類的蹂躪也包含在內。數千年來，人為的森林砍伐與森林復甦總是彼此連動。在當代世界中，我們知道如何阻斷復甦。但這絕不是停止覺察其可能性的好理由。

有幾個慣習構成了阻礙。第一是對進步的期望：過去似乎是那麼遙遠。森林與人類擾動一同在其中成長的林地紛紛退入陰影中，因為就像許多作者告訴我們的，在林地活動的小農已成為舊時代的象徵。[1]再提起他們是件尷尬的事，畢竟我們已經邁向條碼人生與大數據。（然而產品型錄怎麼可能與森林的力量相提並論？）於是第二，我們想像現代「男／人」——相較於農民——有辦法全然掌控自己所有的作為。荒野是自然唯一仍保有至高無上地位的地方，但在受到人類擾動的地景上，我們只看見滑稽形象的現代「男／人」所造成的影響。我們不再相信森林的生命強韌到能讓人類感受到。也許扭轉這個趨勢的最佳辦法，就是重新取回農民的林地，讓它成為此時此地——而不只是過往——的象徵。

為了重新取回這個象徵，我必須走訪日本；當地的里山復育計畫使人為擾動看起來是好事，能讓永保年輕的森林持續復甦。里山計畫重新定位了農民的擾動，教導現代公民如何在活躍的自然中生活。我希望這不是地球唯一的森林類型，但它確實是很重要的一種：這樣的森林能讓其中人類家戶規模的生計也隨之茁壯。里山復育將是第十八章的主題。在這裡，我要先追蹤森林裡的生命，因為這會帶著我們進入日本之內與之外「不只是人」的社會性中，其蹤跡將穿越松樹與橡木。在農民於國家與帝國領土上開拓出能帶來暫時穩定性的飛地裡，通常都有松樹與橡木相伴。[2] 在此隨著毀滅之後而來的就是復甦：松樹與橡木林地的韌性修復了人類造成的過度森林砍伐，並重建了「不只是人」的農民地景。

在世上許多地方，橡木與農民彼此有著深厚的淵源。橡木很實用，除了因為強韌的性質能作為建材之外，也適合長時間平順的燃燒（不同於松樹），是世上最佳的柴薪與木炭。更好的是，伐倒的橡木通常不會死亡（不同於松樹）；它們會從根部與樹樁生長回來，形成新的樹木。這種期待樹木會從樹樁長回來的農民修剪之法被稱為「矮林作業」（coppicing），而經過修剪的低矮萌生橡木林地就是典型的農民森林。[3] 萌生林能永保年輕且生長快速，即便生長一長段時間也能如此。它們遠勝過新的樹苗，因此穩定著森林的組成。由於萌生林開闊明亮，松樹有時也會從中找到生長空間。松樹（與其真菌夥伴）會盤據剝蝕的地段，也因此占用了受農民擾動的連續面中的其他部分。然而要是沒有人類擾動，松樹可能會讓位給橡木與其他闊葉林木。就是這個松樹、橡木與人類之間的交互作用，才使得農民森林能夠完整：隨著在人為反覆剝蝕的山坡上快速生長的松樹讓位給長壽的萌生橡木林分，森林生態系統便得以更新並延續下去。

橡木與松樹的聯繫定義且繫牢了農民森林的多樣性。萌生橡木林的長壽加上空曠地區裡松樹快速的繁衍，創造了暫時的穩定環境，在此之中許多物種得以蓬勃生長，這不只包括人類與其馴化的動植物，還有常見的農地夥伴如野兔、鳴禽、老鷹、野草、野果、螞蟻、青蛙，以及可食用的真菌類。[4] 好比一個生態箱裡頭，有生物能製造氧供其他生物呼吸那樣，農民地景上的多樣性也能自給自足。

不過，歷史總是在動作，既能打造這個生態箱，又能將之摧毀。這種想像中的農民地景穩定性是否能在巨大災難——以及我所謂的「殘破地景」（blasted landscapes）——發生之後隨之出現？我想是可以的。農民社群是以他們在國家與帝國裡的從屬地位來定義；權力與暴力將他們固定在地方上。他們形成的多物種聚合體也是帝國權力運作下的產物，有著自己的財產形式、稅收與戰爭。不過，這不是我們貶低在農民生活周遭發展出來的韻律的理由。農民森林馴服了殘破地景，讓那裡成為多物種生命的場域——並為農民帶來收入。農民的生活之道是從無法被全然控制的森林復甦中引導並發掘。但也因此，農民生活能修復更大規模的破壞性計畫，把生機帶回受損的地景中。

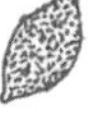

在日本，要探索這個主題可以不從人類開始，而是從同為里山愛好者的灰面鵟（*Butastur indicus*）。

灰面鷲是候鳥，在西伯利亞交配後會飛到日本，趁著春夏兩季養育幼雛，接著再飛往東南亞。雄鳥會負責餵食在巢中孵卵的雌鳥。牠們會棲坐在松樹頂端，調查地景，尋找爬蟲類、兩棲動物與昆蟲。每當五月水淹過稻田時，灰面鷲會轉而捕食青蛙。長成的稻米要是妨礙狩獵，灰面鷲便會到農民林地裡覓食昆蟲。有研究發現，灰面鷲雄鳥要是環顧四周都沒看見食物，棲坐樹上的時間是不會超過十四分鐘的。[5] 農民地景得像食品儲藏室一樣安排，裡面的食物如青蛙與昆蟲妥當地各居其所，供這些猛禽食用。

灰面鷲的遷徙模式已經適應了日本的農民地景。同時，牠們的所有食物也同樣地仰賴這個受擾動的體系。若沒有灌溉系統的維持，青蛙數量就會減少。[6] 還有，許多昆蟲演化的目的可以說是為了能與農民林木一同生活！至少就有八十五個特化種蝴蝶靠枹櫟（*Konara* oak, *Quercus serrata*）為食。有一種色彩繽紛的大紫蛺蝶（*Sasakia charonda*）則需要吸取年輕橡木的汁液——而橡木要常保青春，就需要矮林作業；沒了矮林作業，橡木會老化，該種蝴蝶也會減少。[7]

農民森林的生態關係為何會成為這麼多研究的主題呢——尤其是在石化燃料取代木柴、年輕世代移居城市、現今日本林地早已大幅廢棄的狀態下？一些研究學者很清楚：對於提倡未來的永續性，懷舊之情是最有助益的。至少這是京都一位環境經濟學家Ｋ教授的觀點。

Ｋ教授告訴我，他以前想當經濟學家，以為這樣能幫助窮人。但十年茫茫生涯裡，他發現自己的研究根本幫不到誰。更糟的是，他看到學生們呆滯的眼神。與他們談過後，他知道，不只是自己的研究，就連學生也早已與真正的問題脫節。重新審視自己的人生軌跡時，他回想起兒時到祖父母家的村子探訪：他在探索鄉間時是多麼雀躍快活！那片地景支持著眾人的生命，而不是削蝕大家的力量。於是，Ｋ

教授將專業研究工作轉向如何恢復日本農民地景。他不斷爭取、推動，直到他任職的大學取得一塊廢棄林地的使用權。他帶著學生過去，除了觀察，同時也研究農民生活的技能。大家一起學習：他們重新清整了灌溉渠道，種植稻米，開墾森林，打造一座製炭用的窯爐，並學會以農人的目光與聽覺找出照顧森林的方法。他的討論課現在可熱絡多了！

他帶我去看他們重新取回的田地四周的景況，那裡依然被草木叢生的廢棄森林擠壓。想在糾結的樹叢中開闢出一塊永續農林，仍有許多工作待完成。他說孟宗竹（*Moso* bamboo）在這裡的生長已經管不住了。這種因為竹筍品質甚佳、而在約莫三百多年前從中國傳進日本的竹子，在種植時需要農戶精心不輟地修剪。然而，在廢棄的農林地上，孟宗竹卻成了最肆無忌憚的入侵者，占據了整個森林。他指出這些竹子是如何使原有的松樹窒息、掩蔽在深蔭中、對松材線蟲不堪一擊。但他的學生們會砍竹子，也正學著將之製成竹炭。

萌生橡木林同樣處境堪憂。我們很佩服那些能一再抽芽長成新樹的老樹根。但現在其他植物的野性已經將之團團包圍，也因為它們已有好幾年未被修剪成矮林，如今已不再具有形構森林結構的年輕活力。K教授說，他和學生們都需要重新學習矮林作業的技巧。只有這樣，才能再次吸引組成農民地景的動植物前來，諸如鳥類、灌木與花朵這些讓日本四季富饒且鼓舞人心的事物。他還提到，因為他們至今的努力，這些生命形式又開始回歸大地。但這全是不間斷的愛的勞動。他說，自然的永續性從來無法自行到位；那必須經由人類努力貢獻，但那份努力也帶出了我們的人性。農民地景，他解釋道，是重建人類與自然永續關係的試驗場。

直到最近，農民森林才在日本受人關注。在過去三十年之前，林務人員與森林史學家深為著迷的，是日本柳杉與日本扁柏這兩種林中貴族。當他們寫到日本「森林」時，通常就只是在指這兩種樹。[8]這是有原因的。這兩種樹的樹型優美，而且用途廣泛。日本柳杉（*Sugi*）的英文雖以「cedar」稱之，但其實是日本柳杉屬（*Cryptomeria*）的特有種，身形與加州紅杉一樣，筆直高聳，適合製成色澤華美、不易腐壞的木板、鑲板、柱子與棟梁。日本扁柏（*Hinoki*，即 *Chamaecyparis obtusa*）更讓人歎為觀止。這種木材散發微甜香氣，能刨出美麗的質地。扁柏很能抗腐，是最完美的寺院建材。日本柳杉與日本扁柏都能長成巨木，製成驚為天人的木柱與木板。難怪日本早期的統治者總是想方設法砍下森林裡的柳杉和扁柏，以打造自己的皇宮與神社。

早期日本貴族階層對柳杉與扁柏的執著，反而讓農民有機會取用其他樹種——尤其是橡木。[9]十二世紀時，戰爭瓦解了貴族的和睦，使農民能乘機制度化對村落森林的權利主張。「共有林野權」（*Iriai* rights）是村民共享的共有地權利，允許登記的家戶收集木材、製炭，使用村地上的所有物產。不同於其他許多地方的共有森林權利，日本的共有林野權是正式編纂、可在法庭使用的法條。不過，在日本前現代的共有森林裡，還是不太可能找到柳杉與扁柏；因為那些樹就算長在村地上，也會被貴族給取走。但有時，農民也能取用領主土地上的橡木；共有林野權能作為一種使用權，在他人土地上行使。領主因由他人供養，所以不需要橡木。[10]儘管如此，不意外地貴族仍極力想削減共有林野權。十九世紀明治維新後，許多共有土地開始被私有化或被國家收回。奇特的是，儘管困難重重，有些共有林野權卻仍維持至今——直到二十世紀末因為農村人口湧入城市、農林被棄置，才陷入困境。

是什麼樹種定義了能讓村落共用的森林？日本人以身處溫帶與亞熱帶動植物交會處而自豪：日本四季分明，**同時**還能全年保有綠意。日本與南方的鄰居台灣有共通的亞熱帶植物與昆蟲；與天候寒冷的東北亞大陸也有相似的動植物群。橡木橫跨了這個分野。那些葉片碩大、半透明、會變色並在冬天凋謝的落葉橡木，構成了一部分的東北部植物群。葉片較小較厚、整年青綠的常青橡木，則是來自西南方。這兩種橡木都是實用的燃料與木炭。但在日本中部一些重要的傳統地區，當地人偏愛落葉橡木更甚於常青橡木。農民獨厚落葉品種，會剔除常青橡木幼苗，以及在底層生長的林下灌叢與雜草。這個偏好對橡木與松樹的關係、還有森林的結構造成了影響：落葉橡木不像常青橡木那樣終年提供蔽蔭，在冬春兩季反而會騰出明亮的空間，讓松樹還有溫帶草本植物有生存機會。此外，農民也會持續開墾、清整森林，讓松樹與其他溫帶物種及橡木並存。[11]

與前現代歐洲農民不同的是，日本的前現代農民並未飼養製乳或肉品動物，因此無法像歐洲人那樣用糞肥來為田地施肥。收集植物與森林落葉以作綠肥是農村生活的要務。林地上的一切撿拾乾淨後，便只剩下松樹青睞的裸露礦物質土壤。有些區域則適合野草生長。這片受擾動森林裡的支柱是萌生橡木林；最常見的就是枹櫟。橡木能製成各種有用的東西，從木柴到培植香菇（*shiitake*）都行。週期性的矮林作業讓橡木的樹幹與樹枝保持年輕，使之能夠繼續稱霸森林，因為比起其他樹種，它們回生的速度更快。山脊邊、開闊的草地或裸露的山坡上，都能長出赤松（*akamatsu*，即 *Pinus densiflora*）與其松茸夥伴。

赤松就是農民擾動下的產物。它無法與闊葉林木競爭，因為闊葉林木除了造成遮蔽外，還會產生提升自身生存優勢的厚實腐殖層。古植物學家發現，數千年前人類首度在日本砍伐地景上的森林時，赤松的花粉數量從先前幾乎沒有的狀態，突然急劇增加。[12] 松樹在農民的擾動下開始繁盛：這都歸功於矮林作業與清整過後能照進來的燦爛陽光，以及裸露且耙梳過的礦物質土壤。橡木能驅走農民山坡上的松樹。但矮林作業與蒐集綠肥的做法，為枹櫟與赤松創造出相配的空間。松茸與松樹一同生長，並幫它在山脊與受侵蝕的山坡上找到立足點。在特別裸露的地表上若長滿松樹，松茸會是最常見的林中菇類。

十九世紀與二十世紀時，日本逐漸蓬勃的都市中產階級開始透過尋覓松茸的郊遊活動來拜訪鄉村。這種活動一度是貴族特權，但現在人人都能參加。村民會劃出有松樹與松茸生長的「賞玩山丘」，向從都市來的遊客收取在山中摘採松茸的費用。之後，訪客就在清新的野外享用燒烤午餐。這種做法織起了一捆情感連結，靠著松茸採集活動，把鄉村生物多樣性的樂趣納入對日常煩憂的逃避中。就像孩提時造訪祖父母的農地一樣，松茸郊遊活動在鄉間散發著懷舊風情，而這股風情至今仍持續影響著今日人們對鄉村地景的欣賞。

致力於修復日本農民地景的當代倡導者有可能美化了農林復甦，將之視為傳統知識規劃出來的成果，能在自然與人類需求中締造出和諧關係。然而許多學者指出，這些和諧形式其實是從森林砍伐與環境破壞中發展出來的。環境史學家武內和彥（Kazuhiko Takeuchi）強調，大規模的森林砍伐與十九世紀中葉的日本工業化有關。[13] 他認為今日倡導者想像的、二十世紀前半段的那些農民森林，其實受歷史變遷的影響甚深。十九世紀末期，日本現代化給農民森林帶來了莫大壓力，使得日本中部出現大規模森林砍伐。訪山人總能看見沿途層出不窮的「禿山」。直到世紀交替時，這些裸露山坡背上才又逐漸長出赤松。在一些情況下，松樹會為了集水區管理而栽種；赤松種子則是自由地擴散，松樹也在松茸的從旁協助下站穩腳步。在二十世紀前半段，松茸與松樹森林一樣普遍而茂盛。隨著木柴與木炭需求的增加，橡木矮林作業也頻繁進行著。對這種松樹橡木林地的當代懷舊之情於是開花結果。

身為真菌學家暨松林倡導人的吉村文彥（Fumihiko Yoshimura）特別強調後來的森林砍伐，也就是二次大戰開始前及大戰期間人們對森林的擾動。[14]當時砍下的林木不只作為農用，也是為了軍事建設的燃料與建材。農民地景受到大幅侵擾。戰後，這些地景經歷了回青階段：松樹開始在光禿禿的地景上伸展。吉村博士希望能將松林修復至一個一九五五年的基準線、一個再生的時間點。在那之後的森林不但無法復甦，反而開始衰退。

一九五〇年代之後的轉變如何改變森林的故事，我想留待後面章節再說。在這裡，我想突顯的問題是，巨大的歷史擾動能如何為永保年輕的開闊農民森林這種相對穩定的生態系統打開可能性。諷刺的是，這些森林砍伐的事件卻形成了如今當代日本人所認為的、象徵穩定與永續性的森林。這個諷刺並不會讓農民森林變得不再實用或受喜愛，但是會改變我們如何理解與復甦森林共生的行動：農民日復一日的努力，經常都是為了應付遠超過他們所能控制的歷史變遷。小擾動只是在大擾動浪潮中的小漩渦罷了。為了理解這一點，拋開日本倡導者與志工那種出於懷舊之情而重建林地的態度似乎比較適切，因為他們那種過度完美的美學會誘使我們與歷史脫節。

來到中國西南的雲南中部，農民森林要面對的不是懷舊的修復，而是農民積極的利用。農民森林在這裡不是大家眼中理想的美好事物，而是需要清整的災難現場。那看來完全不像在修復，充其量就是一團亂，有時甚至是刻意為之。這是一片變動中的農民地景，而非懷舊再造。儘管它雜亂無章，但在許多地方，這片年輕開闊的森林與日本中部的林地卻有驚人的相似之處。縱然物種不同，但構成森林的仍是萌生櫟木與松樹。[15]雲南松茸有著與它的日本手足不同的脾性：它既能與松樹相處，亦能與櫟木共生。但這讓農民、櫟木、松樹、松茸構成的複合體更顯複雜。也許，這裡的森林能復甦，也是因為巨大的災難破壞，而不是單憑農民的智慧。

在日本中部時，為我講述迷人農林簡史的人不只有學者，還有林務人員與鄉村居民。一旦熟悉了這套論述，我的工作就容易了；我只需要觀察與聆聽。也因為有了這些養成訓練，我相當意外同樣的農林歷史概念在雲南竟會引起迷惑與防衛之心。每個人都希望農民成為好的森林管理者，但他們卻是透過現代企業家的技巧，而非傳統守護者的身分在進行管理。農民森林在這裡不是舊事物，而是現代物件、是地方分權的結果，而森林專家的目標是讓現代理性成為可能。如果森林狀況不好，那是因為過去犯了錯，而歷史就是那些錯誤總和的故事。[16]

海瑟威與我曾和林務人員、甚至森林史學家談過。他們說明了中國政府是如何封閉森林，然後在改革期間裡又是如何透過家庭承包制將森林送回農民手中。他們談到意在停止損害的一九九八年伐木禁令，以及在嘗試新的森林管理形式的模式計畫。當我改和森林史學家對談時，他們再次提到國家及其所犯的錯誤。現在管理森林的新方法是由獨立農戶承包森林，而且必須在之前集體管理造成損害的地方開啟種植行動。他們認為，關鍵是要釐清所有權與誘因，使企業家、而不是官僚能夠進行管理。在這新時代裡，森林會被市場重塑。我們繼續談到法律、誘因與模式計畫。我還沒接觸雲南這裡的樹林，但卻已經開始想念在日本所認識的森林美學事物，即便現在我已經明瞭它們的奇異之處。

當我來到楚雄州的鄉村地區時，大家對我在日本學到的事情非常不悅。地方官員可以說是行政類別變遷的官方故事的縮影，但一般居民不知道該怎麼面對這些新分類。最後，一位長者發表的評論終於讓我心中有了更具體的比較。他說，中國在「大躍進」時期，因為需要「綠色鋼鐵」所以地景被砍伐殆盡。日本明治時期的森林砍伐，不也和綠色鋼鐵有關嗎？

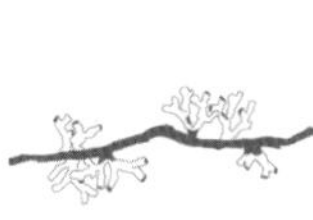

雲南中部的森林多半稀疏且年輕，**光看**就知道備受擾動。小徑貫穿已遭侵蝕的山坡。儘管有商業伐木禁令，林中所有事物都還是被利用，從地表到樹頂無不例外。常青橡木是地景上的主角，從灌木叢到修剪過的矮林都有。不過森林相當空曠，松樹與橡樹混雜共處。松樹與橡樹一樣用途多元，大家有時會收集松木樹脂，採集到的松花粉會販售給化妝品業；有些松樹能產出具有商業價值的可食松子。松針能用來作為各家農戶飼養豬隻的豬舍墊料；收攏在松針中的豬糞就是農作物的主要肥料。採集來的草本植物則是豬隻的飼秣，以及人類的食材與藥材。豬飼料每日在戶外柴爐中烹煮；也因此，即便家家戶戶都有其他燃料可供家庭料理用，日常仍需大量囤積柴薪。牧人會把牛羊群帶到顯然沒有耕作的土地上，任其啃食。商業的野菇採集——除了松茸之外還有很多品種的菇類——在森林中創造了大量足跡。有些地方，還是有大量木材能供可以算是非法的木材交易來開採，但許多地方的樹木既單薄又瘦小。外來種的尤加利樹原先是為了一個以村莊為基地的石油工業而種，但現在沿途處處可見。這樣的森林實在很難用來宣傳什麼歷久彌新的農民智慧，雖然還是有勇敢的中國學者試著這麼說。[17]

這片混亂的農民森林很難讓外國的環保人士滿意；他們成群結隊來到雲南，想拯救瀕危的自然，而且很快就開始譴責過度的共產主義偏離了他們的荒野大夢。中國的青年學者與學生認同外國人的意見。不只一位來自城市的年輕人告訴我，雲南山地森林都是在文化大革命期間被紅衛兵胡亂採伐，但這個說法不太可能為真。文化大革命似乎是一切錯誤最容易找上的代罪羔羊。會把森林損害歸咎到這個時期，基本上是因為對所有人來說，這片開闊的年輕森林的缺陷顯而易見。也是在這種脈絡中，雲南中部與日本本州島中部農民森林之間的相似度似乎特別引人注目。也許日本的橡木松樹森林在它們的全盛時期，在美學和生態上沒有現今倡導者想像的那般完美。也或許，雲南的橡木松樹森林其實比批評者想像的來得更好。這些受侵蝕的山坡是活潑的再生現場，在這裡的橡木、松樹與松茸正處於絕佳狀態——不只是對農民而言，對許多生命亦然。

時間的延遲也怪誕地相似。雲南中部森林在一九五〇年代末到六〇年代初的大躍進時期備受摧殘，因為中國為了快速工業化需要集中資源。「綠色鋼鐵」在老村民的記憶裡，有部分是要當成自家後院熔爐的燃料，熔化家用的鍋碗瓢盆後，才能為中國的發展貢獻出金屬。[18] 有些森林受到保護，但在隨後十年裡，中央政府的手又伸進了這些森林進行開採，然後外銷出口以賺取外匯。四、五十年後，松樹占據了空曠地帶，橡木殘根則長出新樹。農民森林再次繁盛，而松茸就是其成功的一項象徵。

同樣地，日本中部森林也在一八六八年明治維新後的十年裡，因為快速工業化而受到折磨。四、五十年後，農村的橡木松樹林地達到了它們現今在眾人記憶裡的完美模樣。就像中國的情形，在最初的擾動後，農民逐漸學會了如何讓重生的樹再度為人所用。森林裡的連鎖用途彼此契合；地景變得容易辨識，而且似乎也更穩定、因而更和諧。橡木供應建材、木柴與木炭，松樹供應松茸、松木、松節油、松針與易燃燃料。或許日本二十世紀初活潑的農民森林與今日雲南中部的森林有幾分相似；雖然歷史學家急於區分日本明治維新所達成的現代化與中國大躍進失敗之間的差異，若從一棵樹的角度來看，兩者可能沒有太大區別。但如果是在各自的脈絡下看待整體的農民森林，兩者的差別或許一部分是因為近程與遠程、前瞻與保守觀點的對比。

人類與樹木都被困在不可逆的擾動歷史中。不過，有些種類的擾動出現後，隨之而來的卻是能滋養眾多生命的某種再生能量。農民的橡木松樹森林一直是穩定與共生的小漩渦。但它們也經常被巨大災難推動，像是伴隨著國家工業化的森林砍伐。那些存在於擾動巨河裡、生命彼此連動的小漩渦，就是思考人類的才能如何能進行補救的場域。但我們也需要關照森林的觀點。儘管有種種破壞，森林的復甦卻還沒停歇。

活躍的地景，於奧勒岡州。
有人批評東喀斯開山區的森林有如「一隻老髒狗背上的爛瘡」，
就連當地的林務人員也承認，這片山林的管理是一連串錯誤。
但對採集人而言，這片森林是「原爆點」。
在錯誤的偶然中，有時候會綻生出菇類。

第14章 機緣
Serendipity

當老人家說起奧勒岡東部的喀斯開山脈曾是工業伐木中心時，我簡直難以置信。雖然路上的確有幾面標誌寫著「工業森林」，但眼前只見高速公路，以及路旁外表病弱的林木。[1] 他們指給我看哪裡曾有熱鬧的城鎮與工廠，但現在除了灌木之外，空無一物。他們帶我去看如今已消失的住家、旅館及流浪漢營地。流浪漢留下一堆鏽跡斑斑的空罐，但城鎮區如今只剩過度擁擠雜亂的松樹林分，既不屬於荒野，亦不近於文明。還待得下的居民勉為其難地維持著自己的生計。高速公路旁已歇業的店面掛著破窗。還在營業的商家賣的是槍枝與酒。車道上有警語寫著生人勿近，以免遭槍擊。他們說，當初一家新的卡車休息站準備開業時，沒有任何在地人願意出席職前招募的說明會，因為大家聽說公司會進行藥檢和個人管制。「任何住在這裡的人都不想生活被干涉。」有人這麼解釋。[2]

資源管理並不總是能達成預期的成效。想在森林裡找到生機，一個可能的方向就是往那些失敗的計畫去找。錯誤雖然鑄成……但菇類卻迸了出來。

東喀斯開山區專門種植工業用松木，但現場看起來並不像芬蘭的拉普蘭。喀斯開的森林很凌亂，枯木東倒西歪，樹木經常亂糟糟的，不是過於稀疏，就是擠成一團。矮小的槲寄生和腐根吸乾了森林的能量。相對於自耕小農共同管理大部分森林的芬蘭，喀斯開山的松茸都長在國家森林裡或某間木材公司的土地上。幾乎沒有小塊林地的地主會參與協調管理。這恰好也如了森林管理的意，因為白人居民和來訪者往往將森林管制規定視為聯邦政府越權的象徵，因而厭惡不已。他們朝森林局的招牌開槍打出彈孔，誇耀自己違反的規則。森林局希望能讓他們滿意，但這是一個艱困的工作。

社會科學研究者常強調國家森林局的官僚獨斷。不過，我在東喀斯開山區遇到的林務人員，在解釋森林管理時卻是態度謙遜。他們說，局內的方案是一連串的實驗，而且事實上多半一敗塗地。例如，他們該如何處理在益發濃密的灌木林裡不斷長回來的海灘松？他們試過皆伐作業，但卻創造出那些濃密的灌木叢。他們也試過保存母樹和傘伐作業（shelterwood），但孤零零的獨木卻又被風雪吹倒。他們是否該挽救一間僅存的伐木廠的工作，即便那意味得與環保人士對簿公堂？[3] 雖然環境目標改變了森林局使用的修辭，但評量地方森林部門的標準，仍在於他們能產出的木材。他們說，除了好好處理每一個進退兩難的局面以外，他們也無計可施；也因為缺乏良好的替代方案，大家只能繼續嘗試。

這片地景也沒讓森林管理容易進行。儘管美國太平洋西北地區跟芬蘭一樣有冰川，但松樹占據東喀斯開山區的原因卻不同。大約七千五百年前，這個區域在一座火山爆發後，曾被熔岩、火山灰與浮石（熔岩冷卻後所產生充滿空氣的岩石）所覆蓋。地表就算曾經有過有機土壤，也全被掩埋掉了。現在當地仍有許多熔岩和浮石岩床，幾乎寸草難生。能在這片不利生長的地表上長成的松樹，似乎堪稱奇蹟——而且松茸也付出不少辛勞。

在奧勒岡州，松茸會與許多寄主樹共生。在潮溼的混合針葉森林高海拔地區，許多松茸是與夏斯塔紅杉（Shasta red fir）、美國西部鐵杉（mountain hemlock），還有糖松（sugar pine）等樹種一同繁榮。西喀斯開山坡上有時也會看見松茸與花旗松（Douglas fir）的組合；到了奧勒岡海岸邊，松茸則與石櫟屬結合。在東喀斯開山區的乾燥山坡地上，松茸則附生於西黃松腳畔。在上述這些場景中也都還有其他真菌生長，而在海灘松的森林裡，可以看到樹木與松茸的關係緊密到開始具有獨占性。若在海灘松林中採集，只有偶爾才會找到其他種類的菇類。但這並非缺乏地底多樣性的跡象，因為許多真菌幾乎不會讓子實從地底冒出。然而，東喀斯開山區的松茸與海灘松之間，顯然已建立起某種親密情誼。

就與大多數友情一樣，它依靠的是偶然的交會，以及之後才湧現重要性的各種小開端。這兩位主角都曾受世人冷落，如今卻占滿地方新聞版面，這表示當中一定有故事值得一說。採集人以自己的比喻描述這片殘破地景時，會稱這裡是美國松茸場景的「原爆點」（ground zero）。是什麼讓真菌與樹根交織出如此壯觀的成果？

白人在十九世紀初到東喀斯山區時，並沒有注意到海灘松，反而是對稱霸這片森林的巨型西黃松心生敬畏。根據歷史學家威廉・羅賓斯（William Robbins）的研究，這些松樹林一度是奧勒岡州內陸森林裡「最令人印象深刻且壯觀」的景象。[4] 這些樹木很巨大、並且被滿是小灌木的公園般開闊鄉野所包圍。美國陸軍上尉約翰・福瑞蒙（John Charles Fremont）在一八三四年行經此地時曾寫道：「今日整個鄉野都是松樹林……這些樹木都同樣高大，有些樹圍在地表根部測量為二十二英尺，在六英尺高處時則是十二至十三英尺。」[5]一位美國地質調查局測量師在世紀之交時補充道：「森林林地經常乾淨得像被清整過，你可以毫無阻礙地在此騎馬或開車。」[6]一份一九一〇年的報紙做出如下清楚的連結：「世上沒有其他木材比這裡更容易開採。」[7]

西黃松吸引了政府與業界的關注。一八九三年，時任美國總統的克里夫蘭（Grover Cleveland）成立了喀斯開森林保護區（Cascade Forest Reserve）；很快地，一場為輸出木材而闢建鐵路的競賽開跑了，而到了二十世紀初，木材商已取得大批土地的所有權。[8]到了一九三〇年代，奧勒岡州林地地主宰制著美國木材工業的市場；因為需求量大，商人以最快的速度砍伐了東喀斯開山區的西黃松。[9]公有地與私有地的混雜影響了採伐的時機。二戰前，木材公司向政府施壓，希望官方繼續封閉國家森林，以維持木材的高價。等戰爭結束時，因私有地上木材已經耗盡，這同樣的一群聲音於是轉為呼籲政府開放國家森林。他們說，唯有如此才能讓木材廠繼續運轉，避免出現工人失業與國家木材短缺的問題。在這之後，國家森林越來越常遭受伐木業的衝擊。[10]

伐木業的影響力隨著戰後工業化林業的執行而有所轉變。受到新技術與經濟繁榮的樂觀主義鼓舞，林務人員想出一個開放國家森林、但不耗盡木材的新方法。他們只需要把「頹敗的」、「過熟的」老齡林木，替換成生長快速且富年輕活力的幼樹，如此預計能在八十到一百年後期間收成。[11]他們也可以種下更優越的新樹苗，讓新森林快速成長，並更有效抵抗病蟲害。除了砍下最炙手可熱的樹種，新科技也讓移除整片林木變得可行，因此林務人員選擇了皆伐作業。[12]皆伐會帶來森林更新，即便這會讓森林變成不同擴張的單位。根據這個邏輯，森林砍伐得越快，生產力就會越盛。一些地方林務人員原本並不相信這點，但全國輿論壓力占了上風。一九七〇年代，砍伐後再於原地種植是標準做法。有些地方也會自空中噴灑「除草」藥劑。[13] 如同一位東喀斯開山區林務人員回憶所述，那個時期的願景，是希望「未來森林的構成主要會是一種由二十五至四十英畝不等的同齡林分構成的嵌合體，其中有著健康且受集約式管理的年輕樹木」。[14]

這幅戰後的林業願景出了什麼問題？越砍越多的西黃松沒有長回來。至少它的生長沒那麼輕而易舉，因為少了火。曠野上高聳的西黃松是因為美洲原住民的用火習性而出現的；頻繁地燃燒灌木可吸引野鹿前來啃食，並產出可於秋日採摘的莓果。焚燒灌木會驅走針葉林樹種，西黃松因此獲得生機。但後來透過一連串的戰爭與重新安置政策，白人驅逐了美洲原住民。森林局不僅停止了原住民的焚燒行為，還有所有的火焰。森林少了火，易燃樹種如美洲冷杉與海灘松就得屈於西黃松底下生長。一旦西黃松被砍伐，這些樹種便能趁勢而起。地景上的開闊景觀隨著矮樹出頭而消失。純粹的西黃松林分日漸稀少。這片地景已越來越不像二十世紀初的開闊西黃松林，而伐木業也因此對此地越來越不感興趣。

將美洲原住民創造的美好土地奪去後，白人伐木商、軍人與林務人員也摧毀了自己渴望至極的曠野森林。在此且讓我們暫停一下，來回顧最後一次以法令大規模剝奪原住民土地的事件：一九五四年的「終止法案」，也就是美國政府全面停止對克拉馬斯部落（Klamath Tribes）的所有條約義務。因為終止法案的緣故，一大片西黃松林地成了國家森林，隨時能因私人利益砍伐。幾十年過後，還剩下什麼呢？以下這段引用自部落網站的文字能幫助講述這段故事：[15]

派尤特蛇人（Snake Paiute）繁榮強大的克拉馬斯（Klamath）、莫多克（Modoc）、和亞胡斯金（Yahooskin）群體（以下通稱「克拉馬斯人」）曾經掌控奧勒岡州中南部與北加州超過兩千兩百萬英畝的領土。超過一萬四千年以來，他們的生活方式與經濟活動豐饒地供應著部族的需求與文化實踐。然而在接觸入侵的歐洲人後，部落人口因為疾病和戰爭而驟減，最後訂下一個領土遭削減至兩百二十萬英畝的條約。傳統上敵對的三大群體被迫要在空間大為衰減的保留地上緊密生活在一起。

在一九五〇年代，可規模性牽涉到公民與資源使用的問題。美國是個大熔爐，在此之中移民可以被同質化成為有生產力的公民、一同面對未來。同質化能帶來進步：也就是提升商業與公民生活的可規模性。美國政府就是在這種氣氛下，單方面廢除對特定印第安部落的條約義務。當時的說法是，這些部落成員已經準備好在沒有特殊地位的狀況下同化進入美國社會；法律會抹去他們的差異。[16]

在立法者眼中，克拉馬斯部落的權利應該要被終止，因為部落的景況無虞匱乏。鐵路與鄰近森林的砍伐改變了保留地的價值；克拉馬斯保留地在一九五〇年代長有成片伐木業者眼中最搶手的西黃松。克拉馬斯人因為木材而收入豐厚。他們不是政府的負擔，但伐木業者與官員卻開始覬覦他們所擁有的東西。

克拉馬斯部落不但完全不是負擔，還是當地經濟的重要貢獻者。然而，他們的力量與財富卻敵不過聯邦政府決心想要根絕其文化並取得其最珍貴的自然資源——一百萬英畝的土地與西黃松。一九五〇年代初，對克拉馬斯人展開強取豪奪的行動已就定位。那個時候，部落遭遇的是聯邦政府諸多對於印第安人的災難性實驗政策中最壞的部分，那就是終止法案。

終止法案進行時，私人公司與公共機構也在一旁盤旋覬覦。最後是聯邦政府占得優勢，把土地納入國家森林範圍。[17] 克拉馬斯部落成員則獲得金錢賠償。

販售克拉馬斯遺產而獲得的大部分財富，被商人以狡猾的手段奪去；以及在被認定為無能力自我經營的克拉馬斯人信託帳戶中，不肖律師的不當管理、款項盜用與謀私交易；還有考慮欠周的投資——有時是律師個人擅自從帳戶中借款；或是當地律師或銀行在為克拉馬斯受益人處理案件時收取的高額費用——其複雜程度不過就是把支票轉交到受益人手上而已——但這過程經常帶著家父長施恩的姿態。

倡導權利終止的那些人所想像的進步，並未讓原住民成為握有資本與特權的「標準美國人」。社會問題與個人問題接踵而來。

從一九六六年一九八〇年蒐集的數據展示了克拉馬斯人後來的處境：

- 百分之二十八的人口死於二十五歲。
- 百分之五十二的人口死於四十歲。
- 百分之四十的死亡與酒精有關。
- 嬰兒死亡率是全州平均的二點五倍。
- 百分之七十的成人未完成高中教育。
- 貧窮標線是克拉馬斯郡裡非印第安人的三倍——該郡也是奧勒岡州裡最窮困的地方。

最後，美國政府在一九八六年終於再度承認克拉馬斯。從那時起，部落便一直在爭取水權，同時要求政府歸還至少部分的保留地。對於這塊現今已遭砍伐殆盡的土地，部落已擬有森林管理計畫。[18]

> 克拉馬斯人希望取回這些（土地與資源），主要是想療癒這片土地與資源，並使它們的樣貌恢復往昔的富饒。他們也想復振土地精神的完整性……他們想找回舊有的生活方式。

而在此刻，有些人就選擇了採集松茸。

那麼，那片已砍伐開通的森林呢？一度以西黃松著稱的地景，如今已有成群的冷杉與海灘松冒生出來。海灘松具有許多松樹優良的特性，所以林務人員與伐木商在一九六〇年代無不竭盡所能地利用。伐木廠開始在西黃松之外處理海灘松。[19] 而一九七〇年代的重植規畫也轉為更常使用海灘松，而非西黃松，因為海灘松更善於在受擾動的土表上發展。現在如果從Google Earth上俯瞰這片森林，在皆伐過的舊林地上你主要會看見大片的海灘松。那景象不怎麼美觀。世紀之交時，批評者甚至出乎林務人員意料地奚落東喀斯開林區，形容它就像「一隻老髒狗背上的爛瘡」，並抱怨說「醜到連從外太空都肉眼可見」。[20] 而今海灘松已經多到不容忽視。該是由它擔任故事主角的時候了。

海灘松（*Pinus contorta*）是東喀斯開山區的老住戶。它可能是在冰川融化後最先抵達的松樹。[21] 馬札馬火山（Mt. Mazama）爆發後，海灘松是能在浮石平原上生存的少數樹種之一。它也能在山坡上的寒冷區域蓬勃生長，那些區域在夏季時會受霜凍肆虐，其他甚至包括西黃松在內的樹種都無法生存。到了西喀斯開山區，海灘松又能群聚在有機土已被沖蝕的舊土石流坍方裡。與松茸合作的海灘松可是很吃苦耐勞的。

選擇性伐木造就了海灘松的優勢。伐木商在混合針葉林裡會選擇最好的木材開採，而不理會其他樹種。儘管糖松如今已罕見，高山區地面仍遍布著凌亂的糖松樹根。海灘松是沒被開採的樹種之一。它不介意干擾。廢棄的伐木道路上，年輕的海灘松長得密密麻麻。

至於乾燥的西黃松斜坡上，是森林火災的排除又讓海灘松的生長占盡優勢。海灘松與西黃松在應付火時有完全相反的策略。西黃松因為天生具有厚樹皮與高樹冠，地面上的火焰傷不到它。火會削薄西黃松林分的密度、移除小樹，並讓倖存者在沒有其他樹種的山坡上出頭主宰。相較之下，海灘松非常易燃；其現生與死去樹木交相混合的濃密樹叢會讓火舌蔓延。但它能產出的種子也比其他大多數樹木來得多，經常也是率先在火燒過後的地區重新繁殖的樹種。洛磯山脈地區的海灘松生有封閉的毬果，唯有烈火能釋出當中的種子。喀斯開山區的海灘松則是每年都釋出種子，而且因為數量龐大，因此能快速在新土地上繁衍。[22]

在開闊、明亮、皆伐過的空地上，喀斯開海灘松的幼苗會成群結隊地拓殖，有時還會長成被林務人員稱為「狗毛再生」的稠密林分。一位當地老人家還帶我去看緊密得像是牢牢焊接成一體的一塊地；他開玩笑地說，我們該稱它是「蛙毛再生」。茂密的樹叢是病蟲害的溫床。隨著樹木成長，有些會開始死去。枯死和現生的樹木叢生雜處；死去的靠在活的身上。在重壓之下，整片樹群都會倒塌。同時，只要一點星星之火就可以燎原——而且波及地景中的其他部分，包含私人房舍、馬場、木材儲存地與森林局辦公室。雖然有些人會有用火清理一切的奇想，但多數林務人員覺得這不是個好主意。

從海灘松的觀點來看，焚燒沒有那麼可怕，因為新的幼苗會在火災後萌芽。在喀斯開山森林的漫長歷史中，森林大火是海灘松在地景上取得一席之地的方式。但是森林局的火災排除政策卻為海灘松帶來新的經驗：活得更長壽。東喀斯開山的海灘松不再因為火災進入快速的更新循環，反而開始成熟。成熟時間越久，越容易與松茸相遇。

真菌對於森林演替非常挑剔。有些會迅速地與新樹建立關係，有些則要等森林成熟才開始生根。松茸似乎是演替中期的真菌。日本有研究顯示，松林中的松茸要歷時四十年才會首度製造子實體，[23]而在此後四十多年，結實會持續下去。[24]奧勒岡州則是至今都還沒蒐集到與此相關的明確資料，但採集人與林務人員一致認為，松茸不會選擇依靠年輕的樹木。二十一世紀的頭十年裡，於一九七〇年代與一九八〇年代成立的松樹種植園並未沒有什麼松茸產出。在自然更新的森林當中，也許只有四十到五十歲樹齡的松樹才會開始支持松茸結實。[25]

但是，若不是有森林局的火災排除政策，根本不會有樹齡四十到五十歲的海灘松存在。松茸的萌芽、纏上海灘松樹根的菌絲，根本是火災排除政策這個森林局在美西內陸森林最著名的錯誤的意外結果。

而今，林務人員面臨的最大挑戰，是如何讓整片緊密叢生且老化的海灘松不至於毀於祝融手中。森林局在過去幾十年來的改變讓這個部分變得複雜。首先，一九八〇年代左右的環境目標已對森林局產生影響，局處開始與環保主義者對話，嘗試各種例如異齡林地管理的新實驗。第二，木材公司走了，森林局能獲得的聯邦經費越來越少（見第十五章），這使得林務人員不可能提出任何既沒有法律明確規定、又便宜到不行的新方案。所有的森林管理都得轉包給伐木商，才能換取剩下最優質的木材。勞力密集的作業不再是選項。少了大木材商的金援可支配，林務人員逐漸將平衡各方利益視為自己的工作——在不同森林使用者（例如野生動物相對於伐木商）、不同林業方針（例如永續的生產相對於永續的生態系統管理），還有不同區塊的生態（例如同齡相對於異齡管理）之間。失去通往進步的單行道，他們用替代方案來變通。

林務人員有意疏伐海灘松，[26]但這個做法卻碰到松茸採集者的敏感地帶。他們認為自己喜愛的採集區塊之所以消失，都要怪森林局的介入。於是林務人員以日本的研究為例來勸導採集人，表示開闊的森林對松茸比較好。但問題是，日本森林與此不同：日本松樹的困境是因為闊葉林而窒息；森林疏伐幾乎都是人工作業。然而在東喀斯開山區，松樹無須與闊葉林競爭，而且林務人員在進行疏伐時不可能不靠重型機械設備。喀斯開山區的採集人就表示，機械設備會破壞土壤、把土壤壓得太密實，反而弄巧成拙毀了真菌。他們向我指出一塊曾經多產松茸的區塊，如今卻只剩重型機具久留不褪的壓痕。採集人還說，因為土壤過度密實而被摧毀的真菌需要好幾年才能復原，即便有成熟的樹根也於事無補。

有鑑於森林局這個重要的政府機關在此面對的是相對弱勢的森林採集人，我對於林務人員竟然願意聆聽採集人的抱怨感到很驚訝。也許，這是森林局現今態度模稜兩可的象徵。無論如何，二〇〇八年松茸季時，曾有一件非同凡響的事情發生：某個森林區決定為了松茸進行海灘松的管理實驗。這不是要疏伐，儘管其他森林局處委任的業務如火災防治往往會導向疏伐。至少在這一刻，松茸進入了森林局的想像之中，而且松茸和海灘松之間的羈絆也被他們注意到了。想弄清楚這究竟有多奇特，不妨試想，除了松茸之外，至今還沒有任何非原木料之外的森林產物能爬到如此高度，成為經營目標，至少在美國沒有。於是，在一個原本只見樹而不見他物的官僚機構裡，松茸有了一次華麗的登場。

錯誤雖然鑄成……但菇類卻迸了出來。

活躍的地景，於京都府。
在一九五〇與六〇年代，整個日本中部地區的柳杉與扁柏種植園取代了橡木松樹林地；不過，現今這些種植園裡只有在受到關照的區域才會開採，例如此圖所示之處。
其他地區則是布滿害蟲與雜草、緊密種植的工業林分。
但也是因為這種衰退，里山復育才有可能出現。

第15章 廢墟
Ruin

比較日本與奧勒岡州兩地的松茸森林，除了下述這部分，兩者幾乎沒有共同點：如果木材價格比較高，這兩處的森林大概都會轉型成更有利潤可圖的工業森林。這種小小的趨同現象呼應了本書第二部分探討的結構面向：跨越全球的供應鏈使商品能從中生產，以及國家與工業的協定使資本家能從中獲利。森林不僅受到地方生計活動與國家管理政策的影響，還有能集中財富的跨國性契機。全球歷史正在發生，只不過有時結果卻會出乎意料。

本章要探問的是，荒廢的工業森林是如何各自一前一後地被生產出來？跨國的因緣際會又是如何創造森林？因緣際會所展現的不是一套支配一切的框架，而是帶領我們追尋在國家、區域與地方地景中曲折進出的連結。這些都源自於共同的歷史，同時也來自不可預期的趨同發展，以及奇妙的片刻協調。危殆狀態是全球協調出的現象，但是它卻不會跟隨一統的全球力量場的腳步。想知道進步為我們帶來的世界是如何，我們必須去追蹤不斷變動的廢墟區塊。

要體會意外併發性的驚人力量，我要稍微離題，談一談二十世紀最後三分之一的時間裡在東南亞砍下的木材。一九六〇到一九九〇年代之間，東南亞的熱帶木材撐起了當時日本的建築熱潮。森林砍伐是由日本貿易公司出資，並且透過東南亞的軍方力量執行。由於這些供應鏈的安排，木材價格變得非常低廉，進而抑制了全球原木價格，尤其是供日本消費端使用的那部分。東南亞的熱帶森林因而受到重創。[1] 說到這裡，我想你可能仍不覺得驚訝。但再思考一下如下兩座還存在的森林所受的影響：一座是美國太平洋西北部的內陸松樹林，另一個是日本中部的柳杉與扁柏森林。這兩座森林都是日本在壯大時所需的工業木材的潛在來源，但兩者都失去競爭力、都受到忽略，也都是荒廢工業森林的例子。[2] 它們各自都與松茸的生產有出乎意料的關係。這些一致的差異性啟發了我去探索形式多樣的全球協調現象。

我們要如何在凝視荒廢的歷史之際，卻不去斷定世上只有一**種**森林史、當中所有的森林只不過是途中的阻礙？我的實驗要從奧勒岡州與日本中部森林兩者的歷史差異中找出線索。[3] 既然此處涉及獨特的森林與管理，我便假設兩者確實有所差別。那麼需要解釋之處，就是兩者是在何時出現趨同現象。這些意料之外的協調情形，是受到全球連結的牽動。但是，儘管有趨同性，獨特的森林還是被生產出來，而非同質化的森林動態。正是這種在全球連結中參差不齊地茁生的過程，使得一種趨同的歷史能夠展現出來。松茸讓我所陳述的故事得以反思在工業廢墟的全球歷史當中的生命。接下來，我要把趨同的時刻配對起來，並以自己的話語解釋。

有時候，因緣際會的局勢是國際「風向」造成的結果；「風」一詞是海瑟威用以描述充滿迷人魅力、或力量強大到足以重塑人類與環境之關係的那些流動的想法、術語、模型，以及計畫目標的力量。[4] 我提過的十九世紀德國林業如何改變芬蘭森林的案例也是如此。這種流動的專業知識的一大特色，就是明確反對焚燒森林。這項反對在許多國家變成了「現代」森林管理的基石。

一九二九年，日本中部。日本國家法律禁止焚燒國家森林。[5]

一九三三年，奧勒岡州。在美國新政之初，蒂拉穆克（Tillamook）森林大火使得火災控制變成官方與民間的林務合作重點。這場起於私人伐木行動的火災爆發時，公民保育團（Civilian Conservation Corps）受召集前往現場滅火。之後，州立林務人員也發起民間「搶救」木材行動，並呼籲「公私合作」。美國森林局於是展開一項排除火災的遠大計畫——此舉無意間也改變了奧勒岡州的森林。[6]

現代林業的目標是為國家管理森林，因此其地位的確立與國家創建的特殊性有關。二十世紀初期的日本與美國各有不同的國家創建風格。但基於不同的原因，日美兩國的林務人員卻同樣關切如何與私人利益團體合作。美國當時的企業力量已比任何官僚機構都來得強大；林務人員於是只能提出至少能讓一些木材巨賈點頭的規定。[7]但在日本，明治時代的改革將半數以上的森林都轉讓給了小地主。國家的林業標準是透過森林協會與小地主交接協調。[8]儘管有著這些差異，在兩國中，火災排除都成為公私利益團體在森林裡的交集之處。於是，分歧的森林歷史中出現了共同性。

幾年之後，日美兩國的林務機關透過戰爭的動員發展出治理上的相互牽引，在彼此的對立處產生協調。

一九三九年，日本中部。市政府層級的森林協會與其他戰爭動員的形式並列，並且在《森林法修正案》（Amended Forest Law）規範下成為強制的義務。[9]

一九四二年，奧勒岡州。日本一架飛機企圖襲擊奧勒岡南部山區，以期引發森林大火，但行動並未成功。此起事件促使美國國家森林局強化管理，以軍事般的紀律與積極態度對抗森林火災。一九四四年，由於擔心日本在奧勒岡州森林裡投彈，「護林熊」（Smokey Bear）成為美國國土安全中火災防護的象徵。[10]

要製造出工業森林廢墟，首先需要一種治理機制來讓公私團體的夢想壓過生態過程的損害。日本與美國的現代林業官僚體制就扮演著這般角色。

日本戰敗後，美國的占領將兩國綁在一起，當中便包括林業政策。在之後幾年，兩國的森林無法被單獨想像；共有的權威結構導致了趨同現象。戰後美國的政治文化在公私領域推動成長的樂觀主義，作為通向美式民主的道路。在美國，這代表將國家森林開放給私人伐木商。在日本，這則代表把自然森林轉成木材種植園。在各自的案例中，決策者都期待一個能擴大商機的未來。

一九五〇年，奧勒岡州。奧勒岡木材產量以五十二億三千九百萬板呎的紀錄睥睨全美。[11] 在德舒特河岸邊一家木材聯合企業中，伐木工平均每天砍下三十五萬板呎的西黃松。[12]

一九五一年，日本中部。由美國占領勢力所支持的森林法擴大了森林協會的商業角色。在森林協會為了提升林地地主社經地位的投資下，新出現的活動包括「私人」的重新營造。[13] 受法律鼓勵的新興創業人士於是也被培養起來準備成立森林種植園。

在這個時期裡，美日兩地都鼓吹森林的設計應為現代工業服務的觀點。在美國占領後崛起的新日本，一如美國人建議的那樣，致力於成長發展，但國家利益同時也會形塑發展，好比制定木材自給自足的計畫。無論日本或美國，舊樹林都被砍個精光，被工業理性化資源管理的新夢想取代。[14] 過去無法支配未來。新森林變得可規模化，並且為了工業以理性的方式管理；其生產可被計算、調整與維持。然而，這種奇想出現的時機在兩地各有不同。在日本中部，種植與集約化管理是從一九五〇年代開始。同一時間，奧勒岡州內的私人土地集約化管理確實也發達起來了，但是五〇年代的國家森林卻還是專供砍伐所用。那裡還存在著高木巨樹供人開採。

一九五三年，日本中部。國家提供貸款與稅收優惠，以支持將森林轉型成柳杉與扁柏種植園的計畫。日本將變得自給自足，可滿足日益增長的木材需求。農村的伐木工仍記得砍伐林木的呼聲。即便在戰時，他們也以砍伐昂貴木材為優先；但現在，無論什麼樹種都一起開伐。種植園於是取代了森林，即使在陡峭的山坡上也是如此。[15] 柳杉與扁柏都種得很密集，政府建議每公頃要栽植三千五百到四千五百株的幼苗。[16] 勞動力很便宜，因此樹木可靠手工除草、疏伐、修剪，待日後採收。政府還會補貼一半的費用，並同意只徵收收入五分之一的稅收。[17]

一九五三年，奧勒岡州。《新聞週刊》（*Newsweek*）寫道：「對奧勒岡州人而言，最甜美的氣味就是鋸屑的味道。每一美金的收入中大約有六十五分來自原木與木材產品。」[18]

然而，三不五時還是會冒出一些以其他方式打造森林的提醒。另一個趨同現象是：在兩個地區中，對菁英階級而言的林地價值都要歸功於早期住民——還有國家暴力。是早期的森林管理形式**造就**現在國家與企業所宣稱的森林樣貌。

一九五四年，奧勒岡州。美國聯邦政府為了國家森林系統的運作，奪走克拉馬斯保留地。

一九五四年，日本中部。甫成立的日本自衛隊占用富士山北坡的農村森林作為演習場。但這些森林是十一個農村共用的里山林地。村民說軍事演練擾亂生態系統並破壞樹木。在一九八〇年代中期，或許相當於克拉馬斯部落恢復地位的同時，這些村民贏得賠償訴訟。[19]

工業化林業的樂觀主義並未持續太久。在日本，問題早在一九六〇年代對林木種植園的熱情消退後便已開始。日本此時已啟動木材進口。在戰爭結束後到一九六〇年的這段期間，政府原本禁止木材進口以節省外匯來購買石油。石油當時被想像成一種戰略性資源。但是到了一九六〇年，石油變得很便宜，於是建築業向政府施壓，希望開放外國木材進口。日本面臨的第一樁國內挑戰，就是在一九六〇年之前還大抵一致的柳杉和扁柏價格即將有新的高低之別。一九六五年，美國太平洋西北區域的木料進入日本市場時對此造成改變。柳杉這種軟木開始在市場上與鐵杉、花旗松與松樹競爭，而能用於更細緻用途的扁柏則未受影響。[20] 此外，林業工人的薪資也上漲了，從而阻礙了森林維護作業。[21] 一九六九年左右，日本的木材自給率首度掉到百分之五十以下。[22]

相反地，一九六〇年代的奧勒岡州還沉浸在樂觀主義當中，部分原因是因為奧勒岡州握有日本市場。歷史學家羅賓斯如此描述：「我在六〇年代早期剛抵達奧勒岡州時，伐木工會砍伐林木一路砍到水邊，牽引機司機會開推土機鏟過河床；一些擁有最多林地的地主對於在伐盡的土地上重新種植漠不關心。威廉梅特谷（Willamette Valley）的農夫從自家籬笆一路犁地犁到河邊，剷除灌木樹籬、排除沼澤積水，以製造面積更廣大的耕地，而這一切都是為了符合規模經濟的利益。」[23] 擴張似乎還是所有問題的解答。

羅賓斯的描述預示了隨後十年的擔憂：到了一九七〇年代，環保人士開始抗議太平洋西北部森林的狀況。一九七〇年，《國家環境政策法》（National Environmental Policy Act）要求提出環境影響報告。反對在森林噴灑可能導致流產的除草劑的聲浪再次高漲。評論家反對皆伐。公共森林的管理者也被要求關注環境目標。這在日本亦然：一九七三年，國家新政策規定國家森林必須提出環境目標。

但是，七〇年代對這兩座森林影響最重大的事件，或許發生在別處。菲律賓出口到日本的木材已經在一九六〇年代不斷增加，但容易採伐的菲律賓森林此時已所剩無幾。一九六七年，印尼通過一項新的森林法，將境內所有森林收歸國有，再以木材吸引外國投資。日本在一九七〇與八〇年代所需的原木，便因此從印尼源源不絕湧來，而後又還有亞洲其他地區。[24] 日本國內的工業木材必須與容易採收的進口木材競爭。到了一九八〇年，日本國內的木材價格已經低落到幾乎沒人能負擔採收成本。雖然奧勒岡州仍強力推行集約式經營，但情勢已如日落西山。到了一九九〇年代，木材公司撤離，國家森林局破產，集約式公共管理的幻夢就此破滅。

我在前一章提到奧勒岡的森林廢墟。那麼日本森林的景況又是如何？如前所述，柳杉與扁柏是在陡坡上密集種植，需要人工除草、疏伐、修剪，最後再經人力採收。而每個人的林地上樹齡都相同的事實，對工資的維持也沒有幫助。除草、疏伐與修剪的成本都變得太過昂貴，甚至連採收也不划算。密集種植還會召來病蟲害；木材也變得越來越不適合銷售。

許多日本人開始討厭這些森林。柳杉花粉在鄉野中隨風飄散，引發過敏，使得一些日本家庭不願造訪鄉下，以免影響到孩子的健康。鄉間健行者也會避開這些幽暗單調的地方。年輕的人工林刺激了草本雜草衍生，此景反過來又造成野鹿族群數量激增；由於樹木一長高就會遮蔽灌木叢，野鹿在野外找不到食物可吃，因而成了騷擾農村與小鎮的有害生物。對於受控制的豐饒的追求，讓一度使日本被外國人譽為「綠色群島」的森林，最終變成了荒廢林地。[25]

正如藤原三夫（Mitsuo Fujiwara）所寫：「因為森林地主對造林學興趣缺缺，所以多數森林都不會受砍伐，然後逐漸從中年步入老齡……如果森林在不受照料下逐漸衰老，就產不出高品質的木材，也無法發揮那些受妥善維護的成熟森林所能提供的環境功能。」[26]

要談工業廢墟對生物的影響，就會牽涉到我們追蹤的是哪一種生物。對一些昆蟲與寄生蟲而言，荒廢的工業森林猶如寶藏蘊藏之地；但對其他物種而言，森林本身的理性化——在它成為廢墟之前——則是災難一場。而介於這兩個極端之間某處的，是松茸創製世界的傾向。

日本松茸產量衰退，是自一九五〇年代起不再積極維護農村林地的結果，尤其是在將林地轉型成柳杉與扁柏種植園之後。一九七〇年代後，維護作業的成本對於地主而言過於昂貴；大家也不再開墾新的種植園。至今還尚存著不少松樹與闊葉林區塊，都是根源於當時價格的改變，以及由此而生的林業做法。現在要是還有松茸森林存在，也是因為並非所有森林都遭人砍伐、讓位給柳杉與扁柏。就此意義而言，松茸森林要歸功於東南亞的暴力森林砍伐——假如姑且不論日本先前對於種植園的執迷追求。雖然松茸沒有在日本這些荒廢的種植園中出現，但它們的生長還是因為這些廢墟的存在，使得其他森林免遭轉型。

這就是日本能與松茸茂盛的奧勒岡森林對應上的共通點。奧勒岡州在一九六〇與一九七〇年代這段戰後伐木業的鼎盛時期中，最重要的木材市場就是日本。但奧勒岡州卻因為新興東南亞木材的低廉價格，最終失去了競爭力。正是這個問題，以及更具知名度的環保訴訟案件，最終將木材公司逐出奧勒岡州。因為價格低廉，企業主也想要更廉價的木材，而他們首先看上美國南方的再生松樹，接著隨著資本的持續流動，他們著眼於全球木材供應鏈中任何有地方強人能讓森林砍伐廉價進行的地方。木材公司撤離後，森林局也失去了目標與資源。木材的集約式管理既沒必要、也不可能做到。重新種植優越樹種、系統性的疏伐與選育、噴灑毒藥除去害蟲與雜草——這些也都不值得討論了。假如這些計畫徹底施行，那麼松茸就會大難臨頭。集約式管理的種植園並不適合松茸生長。而且，木料價格高昂的森林恐怕也不太歡迎採集人出沒；想當然耳，也沒有人會替他們規劃出適合的管理計畫。說到這裡，奧勒岡州松茸森林的蓬勃生長也要歸功於全球木材的低價。奧勒岡州與日本中部的松茸森林就這樣因為對工業森林廢墟創造的共同依賴而連結起來。

或許你會覺得我在試著美化這些廢墟的形象，或是像在把苦澀的檸檬變成甜美的檸檬汁。但絕非如此。引發我興趣的，是在世界各地出現的大規模、相互關聯且看似無法阻止的森林廢墟化，使得即便在地理上、生物上與文化上完全迥異的森林，依然在毀滅的鎖鏈中彼此串接。受影響的不只是已消失的森林如東南亞地區，還有正努力維繫生存的其他森林。如果我們所有的森林都要承受這種毀滅之風的衝擊，無論資本家認為這些資源是值得追求或寧可棄之不顧，我們都要面臨得在這片廢墟上生活的挑戰，即便這裡醜惡且艱困。

然而，異質性仍然重要；我們不可能單靠一套說法走遍天下、闡明所有情況。那是消失中的森林、是受病蟲害和過度擁擠之擾的森林，還是轉型成種植園後卻因不符經濟效益而被拋棄自生自滅的森林，區分出這三者之間的差別非常重要。奧勒岡州與日本的森林廢墟是在歷史過程的交叉口上創造出來的，但若因此認為在每一個地方造就森林的力量與反應都如出一轍，那也很荒謬。跨物種群聚的獨特性也很重要；這就是為什麼儘管有著橫跨全球的力量，世界在生態上仍是異質的。全球錯綜複雜的協調性也很重要；不是所有連結都會有同樣效果。為了書寫廢墟的歷史，我們需要追蹤更多故事的破碎片段，並在更多區塊間進出往返。在全球力量的運作下，不確定的遭逢依然是關鍵。

……於間隙和區塊之中

… in Gaps and Patches

解讀森林，於京都府。
田野中的松茸科學。這張圖表代表松茸與寄主樹隨著時間發展出的關係。
日本松茸科學透過精確的場域說明與持續的觀察來調查遭逢的生態。
美國科學家卻傾向將這種研究摒棄為只是「描述」而已。

第16章 科學即轉譯
Science as Translation

與資本主義一樣，將科學視為一台轉譯機器會有助於討論。科學具有機器的特性，是因為有一大群的教師、技術人員與同儕評論人，準備好砍去多餘的部分，將剩下的敲打至適合為止。科學也具有轉譯的特性，因為它的洞察力同樣源自多元的生活方式。多數學者只有在科學的轉譯特性促進了機械特性時，才會對之多加留意。[1] 轉譯讓學者觀察到，不同的科學元素也能聚合成一套知識與實踐的整合系統。過去，我們一直忽略充滿不和諧的並置與溝通失調的紛亂轉譯過程。某種程度上，這是因為罕有科學研究願意偏離其既定的想像實體，也就是西方世界。科學研究需要後殖民主義理論來擴張範圍、超越自我強加的框架中的常識。在後殖民理論中，轉譯讓我們看見格格不入以及相互契合的事物。[2] 因此，佐塚志保就是在觀察**自然**如何從這種混亂、懸而未決的轉譯中浮現。在詮釋自然的跨國實踐中，她指出，共通的學識訓練可以和突然冒出的差異同時並進。[3]

就此意義而言，轉譯創造出了科學當中不連貫與不相容的區塊。甚至，儘管有跨界的訓練與交流形式，但研究、審查與解讀都有各自的群體，而此類區塊也會維持下去。這些區塊既不封閉，也不孤立；它們會隨著新的材料而變化。[4] 它們的獨特性不在於優先的邏輯，而是趨同後產生的效應。觀察它們就會回到我稱之為聚合體的開放性群聚。在這裡，即使是在機器的場域中，也會有層疊、不一致、混沌的多重本體形式。松茸科學與林業學便是清晰的例子；本章就是要探討混亂的轉譯，以及透過轉譯形成的知識區塊。

首先，如果科學是一門國際事業，為何會有所謂**國家的**松茸科學？這答案牽涉到科學的基礎建設，這個基礎建設即使在創造連結時，也會形成分化。松茸科學能達到國家級的高度，是因為和國家資助的林業機構密不可分。林業學便是作為國家治理的科學而出現的，而且也會繼續與之保持密切關係。即便擴展到國際範圍，林業學仍有著國家的性質。如今，我們已經步上了發散聚合體的方向。但現在情況更特別了。為什麼聲譽卓著的研究一跨出國界，影響力就會變弱？為什麼儘管有共同的學術訓練、國際會議與公領域的出版品，隔閡還是如此巨大？這個問題，我們可以從日本被北美與歐洲的常識排除在外的現象來回答。松茸科學與林業學的在日本已有深厚的基礎，但在其他地方這仍屬於新議題，僅伴隨松茸商業化而出現。可能有人會預期日本的松茸科學能成為啟發他處新科學的母源傳統，但除了在韓國之外，情況並未如此發展。[5] 松茸出口國的科學家都忙著創造自己的松茸科學，但這並非我們被教導要期待的普世科學。從松茸科學不均衡的發展，我們看到科學作為後殖民轉譯的處境。

「自然」各種不同的展演充滿變動的可能。想想對人類擾動的不同看法就知道了。從里山研究汲取經驗的日本科學家主張的是，目前松茸森林受人類擾動的程度還太少。廢棄農林遮蔽了松樹，所以長不出松茸。相形之下，美國科學家則認為松茸森林受到了過多的人類擾動威脅。魯莽草率的採伐殘害了物種。但這沒有形成爭論：儘管兩群科學家都在國際上活動，對這些不同的立場卻幾乎沒有任何溝通。甚至，美日兩國科學家都傾向採取相異的研究策略——尤其是在田野地的選擇與規模的議題上。這使得各自的研究成果無法進行直接比較。在這個過程中，分化的知識區塊與研究實踐就這樣形成了。

當另類科學走到同一個位置，就會特別突顯當中的分歧所在。在中國，松茸科學與林業學夾處在美日兩國的發展軌跡之間。在中國東北的松茸森林內，中國已和日本科學家開始穩定合作。[6] 同時也有成群的美國環境保育與發展專家趕到雲南，而松茸科學同樣是這群人會關注的領域。中國學者認為自己的任務是跟上「國際化」，也就是英文的科學。就像某位年輕科學家解釋的，胸懷鴻鵠大志的年輕研究人員一向不讀日文資料，認為那些不懂英文的過氣老學究才會去讀。美式研究方式在中國的影響力已大到足以在雲南制定政策：雲南松茸已被列入《瀕臨絕種野生動植物國際貿易公約》（Convention on International Trade in Endangered Species of Wild Fauna and Flora，簡稱 CITES）的瀕危物種名單；針對不受控的採集人與採集行為的法規也已擬出。[7] 然而，雲南的森林與美國的松茸森林截然不同。如同我在第十三章時談過的，雲南的森林其實更像日本的里山。美國專家辨識不出這種森林的地景動態。但我這樣的論點還是太過跳躍。究竟，日本與美國的知識區塊是如何發展起來、而後擴散出去的呢？

日本的現代松茸科學始於二十世紀初期；二戰後首屈一指的研究者就是京都大學的濱田稔（Minoru Hamada）。[8] 濱田博士發現，松茸能透過其位於應用與基礎科學——以及民俗與專家知識的關鍵交集點上的地位來擴張科學範疇。經濟價值讓松茸贏得政府與民間的支持，也開闢出一條幾乎未被探索、涉及跨物種互動的生物研究新路徑。為了探索這些互動，濱田博士認真聽取農民的經驗。例如，他借用了常民的術語「城」（*shiro*）（還有「白色」或「植床」之意），用以指稱菌絲墊——的確，菌絲墊就是一片以防禦為目的的白色生長床——也就是松茸真菌的成長環境。濱田博士從農民身上習得關於「菌絲墊城」的知識，包括在培養真菌的嘗試中。[9] 同時，他也探索菌絲墊城與樹木之間跨物種關係的意涵，即便這會帶來哲學式的提問。他問道，我們能否認為互利共生是一種愛的形式？[10]

濱田博士的徒子徒孫們推廣並深化了松茸研究。其中一位就是小川真，他發起了一項橫跨全日本都道府縣級林業部門的松茸研究計畫。都道府縣級的森林研究人員以簡單的設備和田野探查的方式回應應用的問題；他們讓民間與專家知識雙方的對話保持開放且具有生產力。[11] 在這種傳統下，即便是位於大學或研究機構的研究人員也持續在與農夫對話，並出版大眾書籍、田野手冊，以及專業論文。[12] 他們的問題核心是探討自一九七〇年代起逐漸減產的松茸，以及這種低產現象有無反轉的可能性。他們一方面在實驗室內嘗試培養松茸，另一方面也在森林中尋找最有利的松茸生長條件。於是，有些研究者便逐漸投身挽救日本里山森林的計畫。日本松茸在松林復育還沒完成前是無法蓬勃生長的。

對松茸與里山衰退的關係的思索，使得京都大學的研究人員特別強調松茸的關係性，不只是與其他物種，還有與無生命的環境。[13] 研究人員調查了松茸環境裡的植物、坡地、土壤、光線、細菌與其他真菌。松茸一向不是自給自足，而是永遠處於關係之中，因此特定場域對它來說很重要。為了促進松茸生長，這些研究人員建議關注松茸生長的場域，以及對松樹有利的人類擾動方式。被忽略的森林需要**更多的**擾動。有一對研究人員稱之為「果園方法」。[14] 藉由對松樹的照顧，松茸成為一種被期盼能出現的野草。

同時，私人企業與大學的研究人員也都忙著在實驗室裡嘗試培養松茸。只要價格居高不下，那麼培養成功就像中大獎！從一九九〇年代中期開始的那十年，鈴木和夫（Kazuo Suzuki）便在東京大學召集組成了一個高知名度的研究小組，調查栽培松茸的條件。鈴木實驗室也邀請國際的博士後研究員，為日本松茸研究的世界主義性質增色。這項研究從田野調查轉向生物化學與基因序列研究，但其成果至今仍未包括松茸的成功培養。[15] 然而，研究還是獲得了許多深刻見解，尤其是關於真菌與樹的關係：在這裡，關係仍是核心的主題。鈴木博士甚至曾將成熟的松樹帶進實驗室，在底層建造籠子，藉以仔細觀察並測量菌根共生的狀況。

為什麼這項研究在美國不具影響力？美日兩國在松茸科學研究法上的疏離，並非從一開始就這麼根深柢固。美國太平洋西北部的林業研究人員在一九八〇年代首度注意到松茸時，他們是從日本的研究開始去探究。[16] 當時，中央華盛頓大學（Central Washington University）的大衛・霍斯福德（David Hosford）就曾前往日本，和受過濱田博士指導的大原弘行（Hiroyuki Ohara）合作。霍斯福德博士手上也有幾篇譯自日文的科學論文資料。他這番努力最後產生了一個由美國同仁擔任共同作者的傑出出版品：《美國商業性採集松茸的生態與管理》（*Ecology and Management of the Commercially Harvested American Matsutake*）。[17] 這個出版品比任何美國出版過的資料都更貼近日本的研究。文章開頭概述了日本的松茸歷史，接著談到大原博士曾在華盛頓州協助指導的日式松茸研究。它甚至描述在美國松茸地區裡特定場域的植被模式。然而，它也提出告誡：「美國的林務人員……極有可能在不同的脈絡中解讀促進松茸生產的日本方法……（因為）兩者森林管理的目標相差甚遠。」[18] 這個告誡最後果然一語成讖。

美國森林局後續所有的松茸研究若要納入日本研究，就只會引用霍斯福德的文章。

那個障礙是什麼？一位美國太平洋西北的研究員告訴我，日本的研究幫助不大，因為它們是「描述性的」。在拆解「描述性」可能的意思以及哪裡有問題時，美國林業研究的文化與歷史特殊性也逐漸變成焦點。描述性代表有特定場域的面向，也就是會隨不確定的遭逢而有所調整，因此無法規模化。美國林業研究者面臨的壓力，是要發展出適用於木材可規模化管理方針的分析方式。這就需要把松茸研究的尺度提升為木材。但在日本研究中，研究場域的選擇是跟著真菌成長的區塊，而不是木材的格局。

森林局資助的松茸研究倒是回應了一個大問題：松茸能否成為一種可永續經營的經濟產品？[19] 這個問題是在森林局木材管理的歷史中形成的。在這段歷史中，不屬於木材的森林產品會被忽視，除非它們能讓自己與木材相容。於是，「林分」——可管理的林木單位——成為美國林務人員眼中的基本地景單位。[20] 但日本科學家研究的真菌區塊生態卻不屬於這種格局。美國林業針對松茸的研究規模於是隨之調整。有些研究使用的是隨機截線路徑法（random transect），在能與木材林分相符的規模上來取樣松茸。[21] 其他則是建立真菌區塊能藉之提升規模的模型。[22] 這些研究都有設計出監測技術，好讓松茸能在木材理性化的規模中現身。

美國松茸研究的關鍵問題之一與採集人有關：採集人是否在破壞他們的資源？這個問題是來自美國林業史中的核心關懷：伐木工是否在破壞他們的資源？這一脈相承的問題促成了後續對於採集技術的研究。如同伐木工的狀況，關鍵點被想像成在於採收。研究發現，耙地會減少菇類將來的產量；但若是小心採集，未來產量則不受影響。[23] 採集人需要接受訓練來瞭解合宜的採集方式。至於其他人類擾動形式——例如疏伐、火災抑制或造林——對松茸採收可能造成的影響目前還無人研究；研究者心中還沒有升起對於過度開採的擔憂。這就是美國的永續性：抵禦以貪婪為基礎的大眾破壞。

美國與日本相反的是，美國的林務人員非常擔心人類擾動造成的危害，認為現今有太多、而非太少人類活動在摧殘森林。但因為偶然的巧合，「耙地」在美日科學中都是擾動的象徵——只是有徹底相反的價值向度。在美國，耙地因為擾動了地底真菌體而破壞了松茸森林。但在日本，耙地卻能翻出適合松樹生長的礦質土，而讓松茸森林更多產。這些是截然不同的森林，面對著不同的挑戰。在美國太平洋西北部針葉林中，擁護松樹完全沒有必要（雖然把國家森林開放給公民疏伐團體這個想法或許不錯）。然而，這種差異在判定哪一種方法才是正確的之外，還提出了其他議題：它顯示了基本問題與假設的生產性。世界主義的科學就是在浮現的研究區塊中成形的。這些區塊會在不同的遭逢中成長成一體，也可能相互排斥。

回到雲南，美式做法的影響如今應該更加明朗。這裡應該是探問松茸、橡木松樹，以及人類多方關係的最佳所在：人們該如何為了松茸來維繫橡木松樹森林？然而，中國研究人員卻將松茸想像為美式、能自給自足、可規模化的產品，對它的瞭解無須關注它與其他物種的關係。繼永續性之後所提出的問題不是關於森林中的關係，而是採集人的做法：採集人是否在破壞自己的資源？中國研究人員在詢問村民有關松茸收成衰退的問題時，不會連帶關心森林的情況。處理與衰退有關的問題時，松茸彷彿只是單獨存活在地景上的生物。[24]這是美式的問題，是從進行理性化木材管理以盼望從貪婪伐木商手中拯救森林的經驗中延續下來的問題。然而，採集人並不是伐木工。[25]

儘管美式框架在科學家社群中握有霸權，雲南仍有日本松茸研究的聽眾。松茸出口生意與日本關係緊密，因為日本正是松茸的市場。此外，日本研究探討的是人類可以怎麼管理森林以增加松茸產量；美國則相反，探討的是如何規範松茸收成，以免採集人破壞資源。日本的森林管理承諾讓市場上有更多松茸；但美國科學則是承諾更少。雲南松茸生意人想當然會偏好日本的典範。當一位知名的日本科學家把他關於松茸管理的著作推出中文版時，譯者還是來自雲南省松茸商會、而非科學家；甚至在書本譯出後，科學家還不知道有這本書存在。[26]

這一切都讓我回想起二〇一一年九月在昆明舉辦的首屆國際松茸學術研討會。該活動是由雲南省松茸商會與一組日本科學家共同籌辦。出席的還有一群北韓松茸科學家，以及我們這個以北美為基地的松茸世界研究群。會中的交流進行相當困難，因為只有在開幕典禮時有翻譯人員協助，而且翻譯人員也都因為不熟悉相關領域，顯得招架不住。整場研討會本應以英文進行，但參與者卻難以如此。不過，語言不通只是問題之一。每個與會者對於松茸研究皆有完全不同的看法。多數的中國與會者都希望推廣中國松茸，因此會提及文化價值、加工新技術，以及政府為保護松茸所做的努力。相較之下，日本與會者對於有機會見到非日本品種的松茸而感到興奮，因為這可能有更好的培植潛力（有些中國人會反對；他們不想變成研究資料）。北韓與會者則迫切希望能影印在北韓境內完全被封鎖的國際科學論文。而在這裡滿場飛舞穿梭的，是帶著對科技與社會的後設評論而來的北美人類學家。

我們有不同的關心事項。但在論文發表前的兩天共同田野工作中，我們都在觀察彼此是如何觀察森林。那實在是千載難逢的機會，能看到幾種不同的行動中的科學在同時展演。中國參與者見證到森林真菌生命的多樣性，以及農民與國際學者間搭起的友好情誼。日本學者把握這罕有的契機，研究起外國真菌與寄主樹的關係。北韓人士則熱切地學習新技術。沒有人認為這場研討會徒勞無功，大家都實踐了聆聽的藝術：認清差異，就是共同合作的起點。

沉默也能在此看到。想想看有誰缺席。美國森林局的研究經費幾年前受到聯邦政府的削減，因此派不出任何一位美國林務人員出席。在市鎮附近有個中國研究機構本來吹噓自己有好幾位松茸研究員，但場上也不見蹤影。這真是一群背景紛雜的與會群眾，由中國生意人與日本科學家集結而成。在讓人困惑的翻譯和此類會議人物缺席的狀況中，間隙與區塊就這樣維持了下來。

有時候，人們能經由區塊間的轉譯做出改變，滋養出新的發展。這場在昆明舉辦的研討會就是因為某人的努力才能誕生。楊慧玲（Yang Huiling，音譯）年幼時曾見過一位日本人類學者來到雲南研究她所屬的白族社群。她後來留學日本，輾轉走入松茸貿易圈。正是她積極與日本科學家打通關係，才推動了這場昆明研討會。她把不同研究傳統聚集在一起，也有機會開啟新區塊的形成。

世界主義的科學是由不同區塊拼湊而成的——並且也因此更顯豐富。不過，個人與事件有時會造成歧異。就像菇類孢子一樣，可能會在意想不到之處發芽，重塑區塊的地理樣貌。

解讀森林，於雲南。
辨識一棵常綠橡樹。
橡樹形成了雜交的雜種群，但差異性還是以某種方式維持了下來。
名稱只是開啟謎團而已。

第17章 紛飛的孢子
Flying SPores

當然，這一切都只是推測。

——真菌學家徐建平談論松茸演化

地景與地景知識都是在區塊裡發展。松茸菌絲塹城模擬了這整個過程：區塊會擴散、變異、合併、互斥、而後死去。科學裡的艱辛工作——與富有創意和生產力的玩耍，以及浮現的生態，也都發生在區塊中。但我們還是難免好奇，究竟是什麼在它們之上行動、促使它們出現？對松茸來說，就是紛飛的孢子。

無論對於森林還是科學，孢子都開啟了我們的想像，到達另一個世界主義構造中。孢子飛往未知的目的地，跨越不同類型交配，而且至少偶爾會產生新的有機體——這就是新品種的起源。孢子難以捕捉，這是它們的奧妙之處。在思考地景時，孢子能將我們導向種群內的異質性。在思考科學的同時，孢子也模擬了開放的溝通，以及放縱的奇想：推測的樂趣。

為什麼要談孢子？

岩瀨剛二（Koji Iwase）是啟發我思考孢子的第一人。我曾與他、佐塚志保及海瑟威四人在京都共進午餐。我很好奇松茸為何如此廣布世界，它是怎樣遍足北半球的？岩瀨博士對外國人很慷慨，而且願意傾囊相授。他說，大氣平流層中充滿了真菌孢子；它們就在那個高度中擴散至全世界。他接著說，我們不清楚這些孢子當中有多少能在遠方存活。紫外線輻射會將之消滅，而且多數孢子只能在短時間存活，或許不過幾週左右。他不知道松茸孢子能否活著撐到抵達其他大陸的那一刻。就算可以，他說，它也得找到另一枚發芽的孢子；若是沒有結合，幾天內就會死亡。儘管如此，在這幾百萬年裡，或許真的可以想像孢子能使物種擴散。[1]

平流層好像有某種特性能啟發飛揚的想像。試想，孢子竟然繞著地球跑！我的思緒與飄浮的孢子一同高飛，歷經萬古、橫跨大陸去追逐著我故事的主角。透過平流層，我也帶著我的疑問旅航四方，去請教各地的真菌學家、追尋他們的思想。我發現有一門具有世界主義性質的推測科學，與跨時空的物種起源和形成有關。應用林業學是不連續的區塊；但探討松茸物種形成的科學不一樣，它不是區塊式的。關於研究方法，國際上有強大的風吹動出的共識：資料——菇類樣本與ＤＮＡ序列——能跨越邊界流通。個人和實驗室有時都會發展出故事、片段的專門知識，甚至偏見。但這裡沒有學派，也沒有區塊。所有的工作都是分外之事：沒有人會給經費去研究一顆菇類跨越千秋萬古的旅程。科學家會關注這些問題，都是出自於愛——還有因為方法與資料都已到位。他們推想，也許有朝一日這些結果與推測的結合能像孢子一樣，引領我們飛往新的地方。但現在，這不過充滿趣味的思考：大腦就彷彿是那片彌漫著孢子的平流層。

這些流通的資料與方法是什麼？

賀寧．克努森（Henning Knudsen）帶我參觀哥本哈根大學植物園的真菌館藏，而他就是這個收藏的管理者。[2]這裡是存放模式標本（type specimen）的地方：封起的標本袋一櫃櫃收妥，每袋當中都保存著乾燥的真菌。當有新物種被命名時，命名人會將一份樣本送到標本室，而那些標本就會成為認定該物種所依據的「模式」。世界各地的研究者都可以要求觀察某物種的模式；標本室接著會將原始資料送過去。標本館系統會出現，是因為北歐對於植物辨識充滿熱忱，而這也確立了拉丁文二名制命名法。這是歐洲征服的特色；也因為標本的流通，自此開創了跨國交流的基礎。世界各地的研究者都能藉著標本室收藏的模式標本來了解物種。

但克努森博士不認為松茸是靠孢子在平流層傳播；這樣不太可能找得到交配對象。反之，它們是隨著森林行動的，也就是與樹木一同傳播。這花了極其漫長的時間，但遍布北半球的許多物種的傳播——雖然速度非常緩慢——都是一同進行。有些植物，好比說美味牛肝菌（*Boletus edulis*），可能就是從阿拉斯加跨越地球頂端傳到了西伯利亞。但北方物種的同質性被誇大了。他說，許多過去在北半球被視為同一物種的生物，其實是不同的物種。[3]

對一致性的世界主義物種的抗拒，並非來自標本室樣本的流通，而是因為革命性的新科技「DNA定序」的出現，提供了定義「物種」的新方法。真菌學家會檢視特定DNA序列——例如內轉錄間隔區（Internal transcribed spacer，簡稱 ITS）——這會被保有在物種之中，但又能展現它們之間的變異。克努森博士的同行，任職於多倫多皇家安大略博物館的尚—馬克・蒙卡爾沃（Jean-Marc Moncalvo）解釋，ITS 序列中出現超過百分之五的分歧，就代表它是新物種。[4] DNA 定序並不排斥標本室的資料與方法；大多數跨物種的比較仍需標本室的樣本。但是現在有了一個能流通的新資料，即 DNA 序列。世界各地的科學家都能從資料庫查閱其他研究者所做的 DNA 定序結果。DNA 定序的簡易精確性已在科學界掀起旋風：沒有其他更好的方法。它似乎強大到讓科學家會先根據這種解答是否存在，然後才不斷提出問題。

當然，當中還是有差異的小區塊。蒙卡爾沃博士解釋，一直到一九八〇年代，中國真菌學家都還無法與歐洲及北美學者交流。當時有位中國學者的真菌樣本，是藏在期刊抽印本頁面之間送過來的。他說，中國因為與世隔絕，因而產生了奇怪的分類法。國際上沒有屬名（拉丁文二名制中的第一個名字）的命名規定，於是中國分類學者會在屬名添上「中國」，例如「*Sinoboletus*」而非「*Boletus*」（牛肝菌屬），造成了國外研究者的混淆。此外，中國學者在辨認物種時也常不分青紅皂白。他們宣稱雲南有二十一種蠔菇，但目前普世承認的不過十四種。他們太在乎型態上的微小差異。不過現在情況也在改變，他說，因為受過國際訓練的年輕科學家正在逐漸接手。

這些資料和方法能告訴我們關於「種類」的什麼訊息？

物種一向是個難以捉摸的概念，而且 DNA 定序儘管精確，也沒有讓物種分類更容易。所謂物種界線，傳統定義上是指兩生物之間無法交配繁殖有生殖力的後代。以馬與驢子交配產下的騾為例，便容易理解（牠們可以交配，但生不出有繁殖力的後代）。但真菌呢？蒙卡爾沃博士逐步解釋，根據這個定義，若想判定兩種不同的真菌菌株屬於同一物種，需要先為兩株真菌各自培養出單一孢子，讓這些孢子交配，以某種方式迫使它們生出菇類，然後再取得它的孢子、讓它交配並再生出菇類。對松茸這種無人在實驗室裡成功培植過、甚至也不會單獨產出孢子的真菌來說，如此實驗根本不值得做。還有，蒙卡爾沃博士補充，試想，假如有位倒楣的研究生，整份論文都奉獻在為最平凡常見的菇類找出物種界線，最後他或她能到哪裡找工作？

但這一切對於了解松茸在世界各地離散分布的位置而言很重要。二十年前，北半球有多種松茸種類遍布，還有更多是在科學家尋覓下出現。現在卻所剩不多，而且持續遞減。但這不是因為物種滅絕之故。ITS 區的 DNA 定序讓科學家相信，大多數松茸種類其實都是同一種學名為 *Tricholoma matsutake* 的松口蘑。松口蘑現在遍布北半球大部分區域，而且不只橫跨歐亞大陸，也進入北美洲與中美洲。只有北美太平洋西北部的美洲松茸（*Tricholoma magnivelare*）即便在 DNA 特徵上與松口蘑種非常相近，卻是另一個清楚獨特的物種。[5]

DNA 定序的精準度能做到這種裁斷後，等於也削弱了以物種為基礎範疇來理解生物種類的可信度。我首次與日本森林綜合研究所所長鈴木和夫相見時，他們剛好取得中國一種喜愛與橡木共生的高山櫟松茸（*Tricholoma zangii*）的分析結果。[6] 在日本，松茸只與松樹共生；在闊葉林木身邊找到的全是冒牌的松茸。松茸與針葉林木的關係似乎就是它物種定義的一部分。但 DNA 分析卻讓研究人士大吃一驚，因為他們發現這種與橡木共生的中國松茸，和日本那些與松樹共生的獨特松茸之間有密切關聯。鈴木博士帶著來自東京大學的年輕同事松下博士與我們碰面，親自告訴我這個消息：他在ITS序列上的檢驗顯示出，橡木松茸與松樹松茸兩者並無物種差異。[7] 但研究松茸多年的鈴木博士並未視此為最終結論。「這和你提出什麼問題有關。」他解釋道。好比說蜜環菌根腐病（Armillaria root rot）這種物種叢結，在此之中清楚的物種界線可能根本不重要。蜜環菌根腐病會擴散到整座森林，刺激生成出「世上最大的有機體」。區辨「個體」變得非常困難，因為這些個體包含了許多基因特徵，能幫助真菌適應新的環境狀態。[8] 物種是開放的，因為即使是個體也會融合、長命不衰，並且不願劃出孤立的生殖界線。「蜜環菌根腐病是五十種物種存在於一大物種中，」他說道，「這都看你區別物種的用意到底是什麼。」

我清楚記得那次討論，那時聽得我雙耳直豎。鈴木先生對待物種的方式一如文化人類學家對待單位的方式：一套必須不斷被質疑以維持效用的框架。他暗示，我們熟知的種類是在世界與知識創製的脆弱接合處發展出來的。種類總是會變化，因為我們會有新的方式去研究它們。這不會讓它們比較不真實，即便它們看似流動不定，而且啟人疑惑。

加州大學柏克萊分校的森林病理學家伊格納西奥．恰波拉（Ignatio Chapela）更是堅決地認為，「物種」這個概念限制了我們所能講述關於種類的故事。「這種二名制命名法是古雅沒錯，但完全是人為產物。你只用兩個字來定義，然後它們就變成了物種的原型。在真菌界，我們完全不知道物種是什麼。真的不曉得……物種是一群有潛能交換基因物質、進行性行為的有機體。這種定義只能用在有性繁殖的有機體。因此像植物這種可隨時間流逝而改變的無性繁殖生物，物種概念就不適用了……跳脫脊椎動物，轉而去看刺胞動物、珊瑚和蠕蟲等生物，它們DNA交換的方式、形成群體的方式，都與我們非常不同……再去觀察真菌或細菌，它們的系統也完全不一樣──以我們的標準來看，簡直是不可思議。長壽的無性繁殖生物能在突如其來間進行有性繁殖；它們可以雜交，一次帶入大量的染色體；有的可以進行染色體多倍化或染色體複製，然後誕生出全新的東西；有的生物可以共生。好比說，若你獲取了一種細菌，你可以利用這整個細菌成為你身體的一部分，或是用這種細菌部分的DNA至你自己的基因序列中。你因此變得完全不一樣。你要從哪裡區分物種呢？」[9]

為了比較不同種類的松茸，恰波拉博士檢驗了標本室的標本和新鮮的樣本，還有定序過的ITS區DNA。但他拒絕把他得到的結果定義成固定的物種。「你若要開始分類，就只能給它們互有關聯的名稱。你不能說它們就是物種……在古老的分類學方法中，你只能說『這是我的理想型』──它完全是柏拉圖式的──每一個用來比較的，都只是這個理想型的近似物而已。不會有人跟它一樣，但你可以做比較，看看它們與這個理想型有多接近……如果它變得太不同──不管用什麼方法檢查，而且是徹底任意的方法──你才能說，『喔，這應該分屬不同的物種』。」為了避免錯誤的「科學掩蓋」，他談到了松茸，因為所有種類的松茸都已進入日本貿易圈。然而，他的研究卻發現，不同地區的松茸有其各自獨特的基因群組。他說，這意味基因物質在這些地區之間無法自由交換。「如果你看到清楚的模式，看到清楚的分隔，它就是在告訴你這些群組之間沒有交流。」這些資料顯示，孢子不可能規律地進行跨區交流。

孢子長途旅行的部分搞定了。但其他可能性卻也變得更讓人期待。所以種類到底是如何遷徙的？恰波拉博士在與他的同事馬提歐．加爾貝羅托博士（Matteo Garbelotto）合作之下，有一個關於松茸旅行的故事可以說。[10] 始新世的古老種群是從北美太平洋西北部開始發展，那裡的美洲松茸長久以來與闊葉林木和針葉林木都有往來，這個習性是承續了喜愛闊葉林的菇類先祖們。其餘的松茸群體則搭上針葉林木，就此跟隨針葉林木走遍北半球。當針葉林躲入冰河期避難所時，松茸也跟進，尤其是與松樹共生的那些。無論松樹森林前腳去到哪兒，松茸後腳就跟進。遷徙步伐跨越了白令海峽後，松茸於是移居到了亞洲，然後是歐洲。地中海阻斷了南歐與北非之間的基因交換；兩邊的種群都是在歐亞大陸的長途跋涉後獨自擴張。此外，恰波拉與加爾貝羅托推測，拓殖北美洲東南方的松茸應該是來自墨西哥茂盛的松樹橡木避難所。

他們說的故事聽來驚人，某種程度是因為當他們發表如此論點時，多數人還懷有將松茸視為是一種「亞洲」物種的情結。畢竟只有日本人與韓國人喜愛松茸，而且堅信那是屬於他們的物種。松茸怎麼可能會是來自北美的菇類——雖說時光要倒流幾百萬年——後來才移入亞洲呢？（恰波拉與加爾貝羅托試著推定出時間，認為美洲松茸大概是在兩千八百萬年前，因為洛磯山脈上升，才與其他松茸種類產生區隔。）的確，不是每個人都同意他們的故事版本；這還是個相當開放的領域。京都菌類研究所的山中勝次博士（Katsuji Yamanaka）則主張松茸源於喜瑪拉雅地區。[11] 許多物種是因為喜瑪拉雅山脈的上升才出現，造山運動強迫舊物種接觸新環境，刺激出差異。在恰波拉與加爾貝羅托進行研究那時，還無法取得中國西南地區關於松茸寄主樹分化的證據，至少在加州看不到。結果後來發現，中國松茸不僅與針葉林有關，也與櫟屬、錐栗屬和石櫟屬有關，而這些樹木的物種多樣性中心都是在喜瑪拉雅山。（山中博士提醒我，北美的美洲松茸主要的闊葉林木宿主樹石櫟，是唯一一種非亞洲的石櫟屬。[12] 這會是一條線索嗎？）山中博士發現，中國的松茸菌絲墊城與針葉林及闊葉林宿主樹都有關。他之所以會主張松茸源自喜瑪拉雅，部分原因是因為該區的菌根排列非常多樣。多樣性往往是一地長時間的象徵。

然而，更新近的研究顯示，中國西南部的松茸並不特別具有基因多樣性，至少研究者最常定序的ITS區如此顯示。雲南松茸的多樣性比日本松茸少很多，並且是眾人公認演化場景裡的後到者。但這不代表雲南松茸就是全新的種群。加拿大麥克馬斯特大學（McMaster University）的徐建平說，中國松茸不過是比日本松茸占據更多的可用空間。[13]他指出，這種「飽和」可能導致遺傳競爭力更弱的無性繁殖變得更長壽。工業汙染的壓力也可能引起日本內部松茸的遺傳競爭，但中國西南地區沒有那麼工業化。多樣性在此又不是一地長時間的象徵。

徐教授把問題轉回孢子上。「很多菇類種類分布廣泛。它們是機會主義者；只要有食物就能生存。對它們大多數而言，擴散並不是什麼顯著的阻礙。」他提起「胚種論」（panspermia），這種假說認為孢子無所不在，甚至能在外太空旅行。「絕大部分微生物物種都是無所不在的。擴散沒有阻礙。問題只有它們能否在那些環境裡生存而已。」他開玩笑地說：「這就有點像現在的中國人，四海都有。只要哪裡有商機，你大概就會看到他們；只要是個小鎮，大概就會有間中國餐館。」大家聽了都會心一笑。他繼續談到孢子的強大擴散能力。「許多物種，即使來自截然不同的地理區域，種群間的基因差異卻有限。」就舉我們口腔裡的細菌為例，他說，城市裡中產階級中國人的口腔細菌，就和農村裡的中國人非常不同——但卻和有類似飲食習慣的北美人一樣。造成影響的是環境，而不是地點。對許多真菌也是，他強調：「擴散不是問題——尤其是在人類出現後。」

一個新想法浮現了。所以是人類？

徐博士不是唯一認為真菌孢子是經由人類貿易與旅行而擴散出去的人。蒙卡爾沃博士也認為這是關鍵，雖然他不認同孢子雲無所不在的看法。（「菇類種群非常有限，而且定義明確。兩塊大陸上形態相同的那些菇類，通常是因為基因距離而被切分開來。」他主張，是有透過孢子的交換，但那是偶然，並非常態。不過「如今交換可能變得更加普及，因為貿易與旅行更頻繁」。例如，毒蠅傘（*Amanita muscaria*）是在一九五〇年代被傳播到紐西蘭，而且目前仍在擴散。不與人類接觸的話，松茸根本不可能跨越大西洋。「這裡有大量的歐洲赤松。（歐洲赤松是歐亞大陸北部松茸主要的寄主樹，但並不是新世界的原生植物。）加拿大的貨幣上依然有個女王頭像，對吧？因此他們認為來自女王陛下花園的松樹苗，一定比當地的松樹更優質。」他假裝驚恐地搖頭否認，但這點很真切。也許松茸是攀附在松樹幼苗根部，一同旅行到加拿大東部。蒙卡爾沃博士不排除不經人類媒介傳播的可能，但是他認為，傳播應該是最近才發生的，因為北美東部的松茸與歐亞區域的非常相似。他的補充讓我更震驚：誰能確定究竟是往哪個方向傳播？「尤其是如果我們發現有兩個物種（美國西部的美洲松茸與世界主義的松口蘑）共存於中美洲，而阿帕拉契山脈南部可能也有，那可能就是起源。只是一個（美洲松茸）被困在西海岸，另一個（松口蘑）則移動了。這靠親緣演化學的研究應該能分辨。」

我問：「這兩種物種怎麼可能去到墨西哥？」他答：「在冰河時期，那是南方的避難所，這是眾所周知的現象。美洲中部的山脈是橡木與松樹生長的南方極限。在南美洲就見不到它們的蹤影了。你可以往海拔高的地方找：天氣變冷時，所有生物都會往南遷。一旦回暖，又會往較高的海拔跑。在墨西哥，三千公尺的海拔高度就像這裡的海平面。這也能解釋一些洗牌現象。種群會從當地的避難所長回來，但它們不是鮭魚，不會逆流游回出生地。它們沒理由選擇自己要走這條路還是那條。真正在移動的是生態系統，而不是真菌。」

移動的其實是生態系統：難怪人類無意中造成了這麼多物種移動，因為我們始終在創造新的生態系統。而且造成改變的還不只有人類。

「我反而覺得，有時候是因為事件的發生。」經我反覆詢問物種到底如何散播之下，蒙卡爾沃博士這麼說。「很多人無法理解這一點，因為時間框架太大了。南半球與北半球的地殼構造分離是一億年之久，所以我們會看見南、北半球物種的不同。澳洲是很好的例子。當大家說：『喔，它們一億年前就分開了。』但這不算對。既然我們現在有了分子數據，就會看見多數情況並非如此。它們是孤立的，但有時會有遷移現象。只是遷移不會持續發生，因此我們找不到同質的東西。有可能每一百萬年或一千萬年就出現一次遷移。這種遷移可以是任何樣貌；可以是一陣海嘯波浪，從菲律賓開始橫跨赤道──雖然它們通常跨不過赤道，但一億年間總有可能──波頂上還挾帶了一些土壤、一些仍有動物攀附的木材。也有可能是風。總之，可以是任何東西。」真菌學家一度認為南半球與北半球的菇類已經各自孤立了一億年，但如今 DNA 序列顯示，事實可能並非如此。例如，有許多毒蠅傘群顯示了南北兩半球的聯繫，而不僅僅是一個半球的二分法。關於一地之上緩慢而持續的突變假設，如今正被取代，轉而著眼在不尋常的事件、不確定的遭逢。

那麼，在當地種群中種類是怎麼出現的？

徐博士解釋：規模是關鍵。我們不能使用同樣的工具去同時研究跨大陸的與在地的多樣性。真菌DNA的ITS區對於大區塊的區域差異研究非常有用，但對於在地種群卻沒有助益。在地的種群需要完全不同的DNA叢，才能判斷出不同群體之間的變異。徐博士發現，單核苷酸多型性（SNP）很適合用於種群的鑑別。[14] 他利用這項工具研究中國的松茸種群，發現喜愛橡木與喜愛松樹的松茸基因之間幾乎沒有差別，但採樣區域之間會出現顯著的地理分隔。也許最重要的是，這種分隔為有性繁殖對松茸種群的重要性提供了證據。**孢子又回來了**。

在真菌的世界裡，這絕對不是不證自明的。真菌透過許多機制繁衍，發芽孢子的交配只是有性繁殖的方式之一。大部分的真菌繁殖是無性繁殖；有些無性繁殖個體——包括著名的蜜環菌根腐病——其實非常巨大，而且非常、非常古老。真菌也能憑著在壓力時產生的無性生殖孢子繁殖；厚壁能讓它們忍過艱困的時期，等到情況改善再發芽。對某些物種而言，根本不會、或者鮮少需要進行有性繁殖。然而以松茸的情況來說，證據顯示有性繁殖的孢子很重要。這類研究是去檢驗無性繁殖系區塊的基因組成：它們是獨立地進行突變，還是交換著基因物質？例如，你會在比較老而非較年輕的的森林中找到更多基因多樣性嗎？在那裡，你會期待「創始者效應」（founder effect）的產生而不是任意擴散。對松茸來說，這個問題的答案是肯定的；孢子似乎是在菌絲成長的區塊間進行交換。[15] 然而地景特徵會阻礙孢子交換；例如，研究者發現就是這些山脊阻礙了松茸種群的基因交換。[16]

這看起來夠熟悉了——但先別鬆懈。松茸會做一些奇怪又美妙的事，徹底顛覆你對有性繁殖的想法。**另一次聚餐上——這次是在筑波市喝茶，同桌的還有森林綜合研究所的村田仁（Hitoshi**

Murata），以及松茸世界研究群成員莉芭・費爾。[17] **我恍然大悟的那一刻，還興奮到把茶給打翻了**。村田博士一直在從事松茸種群的基因研究。那過程非常辛苦，因為松茸並非輕鬆的研究主題。了解如何讓孢子發芽本身就很磨人；但他發現孢子會長在松茸其他部位，好比說菌褶上。這表示孢子或許最容易在活著的菌絲墊城上發芽，這包括菇類親代個體的菌絲墊。[18] 接著，發芽後它們又會怎樣？這裡就是他的研究最驚人的發現。松茸孢子本是單倍體，意思是只會有單套染色體而非雙套。我們多少會猜想，它們應該會與其他單倍體孢子交配吧，這樣就能配成一對；沒錯，它們會。人類的卵子與精子就是這麼做。但松茸孢子還有別的辦法。它們可以加入已經擁有成對染色體的體細胞。這稱作「單—雙核交配」（di-mon mating），也就是結合「單一」發芽孢子和真菌體細胞內「兩條」染色體。[19] **這就彷彿我決定和自己的手臂交配**（**而不是無性繁殖**）**一樣——太酷兒了**。

孢子會把新的基因物質帶入菌絲墊城中，即使它是菌絲墊城的後代。這是因為菌絲墊城本身就是一種嵌合體，有著多重基因組的組合。就算是從同一片菌絲墊城出現，不同的菌菇可能會有不同的基因組。甚至，就算是從同一顆菌菇出現，不同的孢子也可能會有不同的基因組。真菌的基因裝置是開放的，允許新物質的添增。這強化了它適應環境變化與修復內部損害的能力。這就是在一副身體之內的演化：真菌可藉此拋掉較不具競爭力的基因組，拾取其他有用的。多樣性就在區塊內應運而生。[20]

村田博士解釋，他之所以能想到這些問題，是因為他雖然身為真菌學家，但背景比較特殊：一開始他研究的是細菌學。多數真菌學家都是從植物學領域過來的，一次只研究一種有機體或生態系，並從中觀察有機體的交互作用。但細菌太小了，不可能只挑一個看；我們對它們的瞭解是透過模式與群體。身為細菌學家，他清楚有所謂的「群體感應」（quorum sensing），也就是每種細菌都有化學機制，能感知其他細菌的存在，並集體做出不同的行為反應。村田博士從他的第一次真菌研究起，就發現了群體感應的現象：在真菌的嵌合體中，每條細胞株都能感知到其他細胞株的存在，然後齊心長出菌菇。藉由不同方式研究真菌後，新的目標出現了：基因多樣的真菌體、嵌合體。

有著基因多樣的孢子的菇類！嵌合體！化學感知創造的集體效應！多麼怪異又美好的世界。

我覺得掙扎——此時不是應該回頭談談區塊、不相容的規模，以及歷史的重要性嗎？難道我不該回到多重韻律、使區塊在地景與科學中出現的節奏？但跟著孢子一起飛翔、體驗它那充滿世界主義風格的放縱生活，著實讓人感到快活。在這個當下，讀者必須先將就接下來的倉促結論：

孢子會透過添加新的基因物質來活化松茸種群。菇類能製造許多、許多孢子，但只有少數能發芽和交配，不過這已經足以讓其種群有世界主義的樣貌與多樣性。其中一些多樣性就在產出這些孢子的親代體內。沒有「單一個」真菌體能自給自足、脫離不確定的遭逢。真菌體出現在歷史交會處——與樹木、其他生物及非生物事物交會，也與它自身不同的形態相遇。

科學家以類似孢子的方式，去猜想一些開放性的問題，包括松茸的演化與散播。這些想法大多未造成什麼改變，但真的造成改變的那少部分卻能活化整個領域。全球知識的發展也始於歷史交會處——與生物及非生物的研究主題交會，也與它自身不同的形態相遇。

區塊有生產力，但孢子也不容小覷呢。

難以捉摸的生命，
於京都府。
維持一座能讓松茸茁壯的森林靠的就是一支舞——一支清理、耙平、對林中生命線保持警覺的舞。
採集，也是舞蹈。

插曲
起舞
Dancing

採集人自有一套認識松茸森林的方式：他們會尋找菇類生活的線條。[1]以這種方式處於森林中，或許就像在跳舞：生命線是透過感官、移動與喜好去尋覓。這種舞蹈是森林知識的一種形式——但又沒被那麼硬地寫下。而且，就此意義而言，每位採集人都會跳舞，但並非所有舞步都相同。每一支舞都由共同的歷史形塑，但美學與偏好各自相異。為了帶你欣賞這種舞蹈，我要回到奧勒岡州的森林。我會先獨自前往，而後再與一位日裔美籍長輩同行，再來是兩位中年瑤族人士。

想找到一顆好菇，需要用上所有感官，因為採集松茸有個祕密：那就是你幾乎不是在用「看」的方式去找。你可能偶爾會發現地面上有一大片菇類，但那大概是動物不要的，或已經腐朽到被蟲子啃食殆

盡。然而，好菇往往藏在地底下。有時我在找到菇類之前，會先聞到一股刺鼻氣味。其他感官隨後會頓時靈敏起來。我的眼睛掃過地面，一如某位採菇者描述的，「像擋風玻璃的雨刷」。有時我得趴到地上才能有好的觀察角度，甚至用手去感覺。

我在找的是菇類的生長跡象，它的活動線。菇類生長時會微微移動地面，所以你得注意類似的活動。大家會說它像一塊隆起，但不太可能出現小丘般的清楚地形。我倒覺得像是在感受一處起伏，好比胸腔吸入空氣時的那種感覺。這種起伏也很容易想像成是菇類的呼吸。也許那裡會有一條裂縫，菇類的呼吸就彷彿是從那裡逸散出去。菇類當然不會那樣呼吸——不過，對生命形式抱持著如此認知，就是這支舞的基礎。

森林的地面上總有許多隆起與裂縫，但多數都與菇類無關。很多不過是舊有的、靜態的、不屬於生命移動的痕跡。但松茸採集者尋找的是被生命緩緩推動的那些事物。接著要去感觸地表。菇類也許在幾英寸深的地表下，但厲害的採集者總能發覺、能感受到它的活力，它的生命線。

尋覓是有韻律的，既激昂又沉穩。採集人把那股迫不及待想進入森林採集的心情描述成一種「狂熱」。他們說，有時自己原本沒打算出門，但卻被狂熱染上。一旦症狀來襲，就算外頭下雨或落雪，你也會動身，甚至在夜裡帶著夜燈入林。也有人在破曉前就起床，率先抵達，以免獵物被其他人捷足先登奪去。不過，在森林裡倉促行事是找不到松茸的。「慢一點。」總有人如此勸告。生澀的採集菜鳥大多是因為移動得太快而錯過菇類，唯有謹慎觀察，才能覺察地面上的徐緩起伏。冷靜卻又狂熱，激昂卻又沉穩——採集人的韻律將這種張力壓縮在泰然自若的警覺中。

採集人也會研究森林。他們會為松茸的寄主樹命名。但樹木分類只是開啟一扇大門，決定採集人的尋找範圍而已，對於找到菇類本身其實幫助不大。採集人不會浪費太多時間去查看樹木。我們凝望的視線總落在底下，在有菇類升起的起伏大地。有些採集人提到，他們會特別注意土壤，從看起來適當的土壤下手。然而每當我想細問，他們卻多語帶保留。有位採集者大概厭倦了我問個不停，於是向我解釋：所謂看起來適當的土壤，就是會長出松茸的土壤。世上有這麼多分類，語言在這裡的作用卻如此有限。

採集人搜尋的不是某種土壤種類，而是生命線。重要的不只是樹木，還有樹木周圍環境訴說的故事。松茸不可能在飽含水分的肥沃地方生存，那是其他真菌的地盤。如果出現矮小的越橘莓，就代表那塊地大概會太濕。如果有重機械碾壓的痕跡，真菌恐怕也已死去。但若是有動物留下糞便或足印，那就應該定睛找尋。要是岩石或原木周邊有點濕氣，也是好徵兆。

森林地面上有一種小植物，比起仰賴礦物質，它更需要松茸。那就是拐糖花（*Allotropa virgata*），花柄紅白線條相間，上頭開滿小花，但因缺乏葉綠素，所以完全無法自行製造養分。它會從松茸身上吸取松茸得自樹上的糖分。[2] 拐糖花就算花朵凋謝，乾枯的花柄還會繼續立足林中，因此成為松茸的指路標——不管是結實中的松茸，或是還深埋地底的真菌絲球。

生命線相互糾纏著：拐糖花與松茸；松茸與寄主樹；寄主樹與草本植物、苔蘚、昆蟲、土壤細菌，以及森林動物；還有地表的徐緩起伏與菇類採集人。松茸採集人對感受森林中的生命線非常敏銳；這份敏銳是採集時運用所有感官能力而練就的。這是森林知識與鑑賞的一種形式，但不具完整的分類體系。相形之下，尋覓讓我們以主體而非客體的方式體驗生命的存有。

廣先生是城裡日裔美國人社群中的老人家。[3] 年逾八十的他此生一直過著標準的藍領階級生活。二次大戰爆發時，年輕的廣先生還與雙親同住在農場上。美國政府把他們轉遷到某個畜養場，他們一家因而失去農地，而後又被送進拘留營。隨後，廣先生加入美國陸軍，在幾乎全由「二世」日裔美國人構成的第四四二步兵連隊服役，那支部隊以犧牲生命拯救白人軍人而聞名。他後來進入某家鍛造工廠，負責鑄造重型機具。一輩子勞碌的他，如今每年領取十一美金的退休金。

因為經歷過這段遭受歧視與流離失所的歷史，廣先生於是協助創建了一個活躍的日裔美國人社群。松茸也參與其中，既作為友誼、也作為回憶的象徵。對廣先生而言，致贈松茸是採集的最大樂趣之一。去年，他總共送給六十四個人，主要多是那些無法再上山摘採松茸的舊識老友。分享松茸能帶來喜悅之情，同時也成為老一輩傳遞給年輕一代的禮物。人都還沒走進森林，松茸就已召喚著記憶。

與廣先生駕車前去森林時，他的回憶變得越來越私密。他指著窗外說：「那是羅伊找松茸的地方；再過去那邊是亨利的特別據點。」後來我才明白，他口中的羅伊與亨利早已過世，但他們還活在廣先生的森林地圖裡，每次行經，仍會被想起。廣先生也教導年輕人如何追蹤松茸，那些技巧的背後都是往事。

我們走進森林，回憶更是歷歷在目。「我在那棵樹下發現過十九朵松茸，一整排，把樹的大半邊都給圍住。」「那邊，我採過這輩子最大朵的，足足四磅，而且才剛萌芽。」他帶我去看被暴風雨毀掉的一棵樹；那裡現在再也長不出菇類。我們看著水災沖走了表土的地段，還有因為採集人挖掘而受創的灌木叢。那些曾是良好菇類的生長地，現在再也不是。

廣先生拄著拐杖走路，我很驚訝他還能跨過倒下的原木，穿越灌木叢，在鬆滑的溪谷邊行動自如。但他無意走遍所有林地，反而是在個人記憶裡的菇類據點上舊地重遊。找到松茸的最好方法，就是回到過去曾有收穫的地方。

當然，如果那個地點位處荒僻，不過是在某棵莫名樹木旁的莫名灌木叢下，那就很難在年復一年的流逝中保存記憶。你不可能記載所有曾經採獲松茸的地點。但廣先生解釋，也沒必要這麼做。當你抵達某個地方，記憶會自然湧上，讓曾經的每條細節倏地變得清晰——包括一棵樹傾斜的角度、一叢灌木樹脂的氣味、光線的揮灑、泥土的質地。我確實體驗過記憶回湧的感受。當時我走在一塊看似不熟識的林地邊，冷不防地，找到菇類的記憶竟然浮現——就在那裡——籠罩著我的四周。接著，我就曉得自己該往哪裡找了，雖然尋覓的過程並沒有因此變得簡單。

這類記憶需要行動，並且能喚起關於森林的私密歷史知識。廣先生還記得林道首度向大眾開放時的景況：「路邊的松茸多到你根本不必進到森林裡就能採到。」他也記得特別豐收的那些年：「我找到三大木箱的菇類，根本不知道該怎麼搬進車裡。」這些歷史層層堆疊在地景上，在我們探究新生命的場景裡外，反覆交織。

談到無法再踩出舞步的採集人，這種回憶之舞的力量讓我特別難受。廣先生把松茸分送給那些無法再步入森林的朋友。贈菇的行為再次將生病與鰥寡孤獨的人們嵌回共同地景中。然而，有時記憶不管用了，而不管是好是壞，菇類成了全世界。廣先生的朋友亨利講過一則辛酸的故事，關於某位罹患阿茲海默症、只能住在養老院的「二世」日裔美國人。亨利去探望他時，那老人告訴他：「你應該上禮拜來的，那片山坡因為長滿菇類而變白了呢。」他指著窗外一塊修剪過、永遠長不出松茸的草坪。沒了松茸森林之舞，記憶也失去了焦點。

廣先生帶我前去一座山谷，那邊的商業採集人對地景的態度並不謹慎。廣先生是我認識最慷慨的人，他也喜歡在不同種族及文化範疇中工作。但幾個鐘頭後，疲倦的他陷入沮喪，嘴裡反覆念念有詞：「這裡本來是個好地方，柬埔寨人來了之後就毀了。本來是個好地方啊，柬埔寨人來了之後就毀了。」柬埔寨人是他對東南亞採集人的統稱。美國人大概不會太訝異各群體間互有的刻板印象所產生的種族形象判定。與其評斷廣先生或柬埔寨人孰是孰非，且讓我轉而談談我從兩位瑤族人士身上觀察到的展演方式。我的重點不在於顯示分類的對比，而是帶你走入另一支舞。

對林湄與蔡璠來說，松茸採集既是為了生計，也是一趟假期。打從一九九〇年代中期起，每逢松茸

季，她們都會與丈夫一同從加州雷丁（Redding）來到喀斯開山脈中部。孩子與孫兒有時也會在週末時加入。一旦松茸季結束，林湄的丈夫會回到沃爾瑪工作，堆放箱子；蔡璠的丈夫則繼續擔任校車司機。該年若是松茸豐收，採集會比這兩種工作賺得更多、也更容易。她們也因為其他各種理由，期待著松茸季節到來，包括可以藉機運動，呼吸新鮮空氣。女性尤其認為採集松茸讓她們得以從城市的束縛中掙脫。親切的瑤族營地也是他們能在美國就近找到氣味與寮國高原村莊最接近的地方。瑤族的松茸營地洋溢著鄉村生活的熱鬧。

當我問起她對故鄉的回憶，蔡璠提醒我，也有人是為了遺忘才來到這裡。已經有許多苗族採集人告訴我，在奧勒岡森林中健行會讓他們想起寮國故鄉，但我不知道瑤族人是不是也是如此。「是啊，當然會。但如果你一心想著菇類，就能忘卻一些事。」林湄與蔡璠都是因為中南半島的戰爭悲劇才來到美國。她們先在泰國待了幾年，而後以難民身分入境，繼而遷居氣候溫和、適合務農的加州中部。她們不會說英文，也沒有在城市的工作經驗。她們自行耕種食物，丈夫則鍛造傳統工具。在耳聞進森林採菇類可賺錢時，她們就加入了秋收行列。

對她們來說，開拓新地景是一種傳統技能，那是遷移的游耕必備的能力。對商業菇類採集而言，這也是受用無窮的本事，因為它與傳統採集不同，得踏遍大片土地才行。傳統採集者只要收成半桶松茸，就會認為這趟值得了，但商業採集者知道，半桶的松茸根本連車子油錢都付不了。商業採集人不能只查看記憶中的幾個據點。為求謀生，他們採集得要夠久，範圍更廣，涉入的生態系統也更多樣。

和來自城市的難民不同的是，林湄和蔡璠對森林並不恐懼，也很少迷路。她們的團體在林中優遊自得，自在到根本不需要緊隨彼此。我和她們一起採集時，男人會脫隊選擇更快的路徑走，女人則是自行行動，稍後才與男人會合。蔡璠解釋道：「男人追逐地表的隆起，女人則抓扒泥土。」

我就和蔡璠、林湄一起去抓扒泥土。我們所到之處，都已有其他採集者搶先一步來過。但我們沒埋怨他們的胡搞，反而會再仔細探索一番。林湄俯下身，用棍子探尋土壤被擾亂的地方。那裡已經看不出起伏的跡象，畢竟地表已被破壞。但有時還是找得到菇類！我們跟著先前採集人的足跡，觸碰他們留下的線索。因為紮根在樹旁的松茸總會生長在同一個地方，所以這是個特別有成效的策略。我們與許多不可見的採集人行動一致，他們雖然一路跑在我們前頭，卻為我們留下活動路線。

在這個策略中，非人類的採集者與人類一樣重要。野鹿和麋鹿都愛吃松茸，在所有菇類面前會先挑松茸來吃。一旦發現野鹿和麋鹿的足跡，往往都能找到一個區塊長有松茸。熊也會為了吃松茸而搬動底下藏有松茸的原木，在地上挖洞，製造出相當程度的混亂。但是熊與野鹿和麋鹿都一樣，絕對不會把菇類吃光。發現動物近期的挖掘痕跡，往往代表著松茸就在附近。追隨著動物的生命軌跡，我們糾纏、協調著自身的動作，與牠們一同尋覓。

但不是所有軌跡都會提供正確的指引。我經常在發現一塊新鮮的隆起後，稍微壓了壓，當中卻只擠出空氣：那不過是囊鼠或鼴鼠的地道。我問林湄，她會不會以拐糖花當成尋菇指標。她皺著眉回說「不會」。「大家一定都會過去那邊。」她解釋道。對於我們想探查的微妙糾纏來講，那個標記太顯眼了。

我從這種視角觀察垃圾，得到很大的啟示。白人健行者與森林局都討厭垃圾。他們說垃圾破壞森林，還說留下太多垃圾的就是東南亞採集人。還有人因為垃圾的緣故，提議應該關閉森林不讓人進入採集。不過在搜尋生命線時，垃圾卻助益匪淺。我指的不是白人獵者留下的那些成堆啤酒罐，而是在森林追蹤過程中遺落的廢棄物。可能是一張皺巴巴的錫箔紙，一小瓶被丟棄的人參補給品，一包濕軟的中南海香菸——每一件都是東南亞採集人穿越森林的痕跡。我認得那條路線；我試著與它對齊；它讓我不會迷路，把我擺回到菇類的軌道上。我發現自己竟期待著那些垃圾能引領我向前的路線。

垃圾不是森林局唯一困擾的事。另一項擔憂是「耙地行為」，也就是挖掘地面。反耙地的發言人將耙地的舉動形容成是自私或無知的人才會做的事；耙地者拿著粗棍猛挖，絲毫不顧對他人的影響。但是女性採集人卻讓我看到事情的另一面。有時候，被認定是遭到耙地的混亂地表，其實是許多人共同造成的。當許多人都碰過這個區塊以尋找出生命線時，可能會集體製造出一塊小窪槽。耙地有時是許多連貫的糾纏生命線的結果。

林湄進行採集的地方不像廣先生的特殊山谷那樣地表鋪有苔蘚和地衣。在東喀斯開山區的火山高地沙漠上，土壤非常乾；樹木成日受風吹襲而呈現病態，有時也長得很稀疏。倒下的樹躺在地上，連根拔起的殘枝擋住了通道。伐木潮與森林局的「解決方案」留下了一條以樹樁、林道與破碎土地組成的路線。因此，主張採集人是森林裡最嚴重的威脅這個說法似乎很奇怪。然而，他們畢竟還是留下了痕跡。而對蔡璠和林湄來說，那是一樁好事。

就這樣依循生命線、與其動作同調，蔡璠和林湄踏遍了極大範圍的土地。我們在黎明前起床、用餐，當出現第一道曙光時，我們人已經在森林裡了。我們可能會在裡頭待上四、五個小時，才用對講機與男人們聯絡，看他們去了哪裡。雖然我們已對山坡輪廓大致熟悉，但還是會發現新地方。這不是對熟悉森林的眷戀而已。我們是在追尋生命線來偵查新的領域。

午餐時間一到，我們坐在一根原木上，拿出塑膠袋裡的米飯。今天，飯上的配料是棕色的鯽魚塊，夾雜著一些紅紅綠綠的小東西。這餐營養好吃又香辣，我連忙問說這是怎麼做的。蔡璠解釋：「先有一條魚，然後加點鹽。」她支吾起來；大概就是這樣。我想像自己在廚房裡，抓著一條醃過、濕淋淋的生魚的模樣。語言又遇到了它的極限。烹飪訣竅蘊藏在身體展演中，那往往難以一言蔽之。松茸採集也是如此，舞步比分類更重要。那是一支在此與許多生命共舞的舞蹈。

我所描述的菇類採集人，不僅是其他生命展演的觀察者，也是他們自己森林舞蹈的表演者。他們並不關心森林裡的所有生物；確實，他們在這一點上有所取捨。但是他們覺察的方式，是讓其他生命的演出與自己的融為一氣。交錯的生命線指引著展演的進行，創造出另一種模式的森林知識。

發現盟友，於雲南。
一位正在農村市集買菇的流動商人
吸引了人群圍觀。

第四部

在事物發生之際

In the Middle of Things

在開放票地，採集人正聚集起來，準備與森林局商討攔車檢查和開罰單等涉及種族形象判定成見的相關問題。現場來了兩位森林局雇員，以及二十幾位採集者，不過這人數只占森林採集季裡的一小部分。高棉裔的召集人皺起眉頭評論道：「柬埔寨人都不來開會，」他又輕聲譏諷說，「他們大概覺得可能會沒命吧。」他指的是赤柬政權，曾有無數人慘遭其屠殺。然而，這場會議是關於其他問題。會議以活躍的應答起頭，但沒多久，森林局人士便開始叨唸一些規則，於是原本的會議退化成了規則解釋，並不時被簡短的問題打斷。在這裡很難看到什麼變革。不過，森林局願意與採集人開會，還是相當出人意料。而且還是有一些新東西出現，至少對我而言。每次發言後，我們都會聽到一連串高棉、寮族、瑤族的翻譯，還有匆忙抓著某人所湊出的瓜地馬拉西班牙語。每次有人發言，耳邊都充滿刺耳的抑揚頓挫，像懸在空中，縈繞四周。即便是簡單的問題或規則解釋，都需要**很**長的時間進行。在覺得不便的同時，我也知道大家正在學習傾聽——儘管根本還不曉得該如何進行討論。

採集人與森林局的會議能順利舉行，得感謝比佛利·布朗（Beverly Brown）女士留下來的建樹。她是一位努力不懈的組織者，篤志傾聽美國西北森林裡處於危殆情境的工人的心聲，包括菇類採集人。[1]布朗將採集人凝聚在一起的方式不是解決差異，而是透過轉譯讓差異去擾動太過簡便的決議，鼓勵有創造性的傾聽。傾聽是布朗從事政治工作的初衷。她不從語言下手，而是關切城市與農村之間的差距。正如她於去世前在回憶錄裡所解釋的那樣，她從小就知道，城市菁英一向不在乎鄉村人民的意見——因此，她決定要為此做點什麼。[2]她首先從傾聽那些公民權被剝奪的伐木工與其他鄉村白人開始。[3]也因為這樣，有人引介了她認識菇類、莓果與花卉蔬菜的商業採集人。這些人比伐木工更多元。在為跨越更大鴻溝的聆聽做準備的同時，布朗的工作也越來越宏大。

布朗對政治性傾聽的倡議，啟發我超越我們在追求目標過程中的擾動去思考。沒了進步，鬥爭又是什麼？被剝奪權力的人曾有機會參與共同的計畫，甚至可以與所有人共享進步。是政治範疇例如階級的決定性——其往前不止息的腳步——給了我們信心認為鬥爭會把人帶向更好的地方。但現在呢？布朗的政治性傾聽回應了這個問題。它顯示出，任何聚會都容納著潛在的政治未來，以及政治工作包含了協助那些才剛開始的存有。不確定性不是歷史的終結，而是許多開端正列隊等待的節點。政治性傾聽，就是去發現尚未被闡明的共同意圖。

當我們把這種意識形式從正式會議帶入日常生活，卻會遭逢更多挑戰。例如，我們該如何與其他生命許下共同目標？聆聽不再足夠，其他形式的意識也必須加入才行。差異會造成多大的鴻溝啊！與布朗一樣，我要認可差異，拒絕用好意來加以掩蓋。然而，就像我們從人類政治中學到的一樣，我們無法仰賴專家代言。我們需要各種敏銳性來尋找潛在的盟友。更糟的是，我們發現的共同意圖的跡象還未發展起來、單薄、參差不齊，而且不穩定。我們頂多只能先去尋找那短暫的閃爍微光。但是，在與不確定性一同生活時，這類微光必然有政治性。

在上次這一陣菇熱裡，面對著將來臨的各種乾旱與冬日，我想找出制度化的異化中稍縱即逝的糾纏時刻。那便是我們能找到盟友的場合。或許可以把它想成是「潛在共有地」。之所以是潛在的，有兩個原因：第一，雖然它們無所不在，我們卻很少真的注意到它們；第二，它們都未經開發，沸騰著尚未實現的可能性，難以捉摸。那就是我們在布朗的政治性傾聽與相關的覺察技藝裡能聽到的事物。它們需要延伸共有地的概念。因此，我在這裡以否定句來描述一下它們：

潛在共有地不是專屬人類的飛地。把共有地開放給其他生命，能改變一切。一旦我們納入病蟲害，我們就無法期待和諧；獅子與羔羊不會安然無恙地並躺著。有機體不只會吞噬對方，也會製造分歧的生態環境。潛在共有地就是在這種混亂的交互作用下，由那些互利、非敵對的糾纏關係所構成。

潛在共有地不會對人人皆有利。每一起合作案例都只能為某些對象騰出空間而放棄其他。整個物種在某種合作中可能會被排除。我們能做到最好的事，就是爭取「夠好的」世界，而「夠好的」永遠不完美、而且要不停修正。

潛在共有地無法妥善制度化。嘗試將共有地界定成政策的勇氣值得稱頌，但那無法順利捕捉到潛在共有地令人雀躍激動的本質。潛在共有是在法律的空隙間移動；它是由違規、感染、漫不經心——還有盜取催化而成。

潛在共有地無法救贖我們。有些基進的思想家期待進步能帶領我們走向能救贖人類的烏托邦式共有地。但是相反地，潛在共有地是夾在麻煩之中的此時此刻。人類永遠無法全然掌控。

基於這些否定特質，想要形成首要原則，或是尋找能導出最佳狀態的自然法則，也就毫無意義。反而，我要發揮覺察的藝術。我要梳理這個現今在創製中的世界的混亂，找出每一種獨特、至少在原本形式下不太可能為人發現的寶藏。

發現盟友，於京都府。
清除里山中的闊葉林木殘根以利松樹生長。
志工努力塑造出松茸喜愛的林地——而且希望菇類也能參與。

第18章

松茸十字軍：等待真菌行動

Matsutake Crusaders: Waiting for Fungal Action

「我們走吧。」「不能。」「為什麼？」「我們在等果陀。」

——貝克特（Samuel Beckett），《等待果陀》（*Waiting for Godot*）

生命的樂事來自里山需要人類干預的事實。然而這種人類干預，必須與自然連續性的力量達成平衡才行。

——倉本宣（Noboru Kuramoto），《里山地景的公民保育》

人類無法控制松茸。等著看菇類是否能長出，於是成了一個存在主義式的問題。菇類提醒了我們對「不只是人」的自然過程的依賴：我們自己無法修復什麼，就連被我們破壞的那些事物亦然。不過，這不代表我們完全無計可施。有些日本志工在等待變化發生的同時，也讓自己成為或許能有助益的地景擾動的一部分。他們希望這些行動能刺激潛在共有地的出現，也就是激發出共享的聚合，即使曉得其實自己無法真的**創造**共有地。

佐塚志保把我介紹給一群日本人，這群人以擾動地景作為一種刺激跨物種群聚變化的方式——包括他們自己。京都的「松茸十字軍」就是其中之一。這個團體的座右銘是「讓我們重振森林，好重溫壽喜燒的美味」。壽喜燒這種以肉與蔬菜共同燉煮、而且最好配上松茸一起食用的料理，在林地復育活動中喚起感官的愉悅。然而，正如一位成員向我坦言的那樣，在他有生之年，松茸或許不會出現在這片土地上，而他善盡己力能做的，就是擾動森林，進而期待松茸能夠回來。

為何在地景上辛勤忙碌，會引出一種重生的可能性的感受？它會如何改變志工的生活，以及生態？本章要講述的正是林地復育團體的故事，他們希望藉由小規模的人為擾動，打破人與森林間的異化狀態，打造出互有交集的生活方式，而在此之中，菌根模式般互利共生的轉變也許就有可能出現。

在六月一個晴朗的週六，我與佐塚志保一同去觀察松茸十字軍如何擾動森林。現場有二十多位志工在忙碌著，我們抵達時，大家正四散在山坡上，挖出占據了松樹原有位置的闊葉木殘根。他們在坡側串起繩子與滑輪，把裝成一袋袋的樹根與腐殖質往下送，堆放在山腳下。他們只留下赤松不動，那是現今空盪盪的山坡上孤獨的倖存者。我的最初反應是茫然與困惑。我看見的是一片森林正在消失，而非重生。

這個團體的領導人吉村博士大方地向我解釋情況。他帶我去看森林被農民棄置後、在山坡上糾纏成團的常綠闊葉灌木。這些植物濃密到你根本無法伸手穿過枝椏，更別說摸到樹幹。在如此黑暗陰影籠罩下，長不出任何下層植被，喜愛光線的物種正瀕臨死亡，而且缺乏下層植被也造成山坡益發脆弱。吉村博士指出，過去一向是由農民在照顧山坡，因此山坡並未受到顯著侵蝕。按照當地紀錄，山腳下那些道路從幾百年前就維持那個模樣至今。現在，未受擾動的濃密森林，還有它簡化的結構，都對土壤造成了威脅。[1]

他帶我去看下一個山腹作為對照。十字軍成員在此已經完成了作業。松樹綠化了山腰，春天的花朵與野生動物也重返林野。團隊正在為這片森林開發用途，他們造出一座窯爐用以燒製木炭，還進行堆肥，養殖日本男孩喜歡的甲蟲。那裡有果樹與蔬菜園，可以用先前從林中移除的腐殖質來施肥。他們後續還有更多計畫。

許多復育志工都是退休人員，但當中也有學生、家庭主婦，以及願意放棄週末休假的上班族。有些人擁有私人林地，所以也來這裡學習如何照料自家松樹。其中一人展示了他自家的里山森林照片，美麗風光甚至贏得好幾個獎項。春天來臨時，他的山坡上有野櫻桃與杜鵑花搖曳。他解釋，就算這片山坡沒有松茸出現，他也很高興能參與林地重建。松茸十字軍的目的不在於養出精美的花園；而是在為依然在茁生中的森林努力，所以他們只會進行符合傳統規模的擾動。里山變成了一個區域，在此之中「不只是人」的社會關係——當然也包括人類本身——都有機會蓬勃起來。

到了午餐時分，志工聚在一起自我介紹、說笑、共享慶功宴。大家準備的午餐是流水素麵，也就是「溪流中的麵條」。他們搭起竹製渡槽，我也加入行列，試著從槽中撈起流過的麵條。拯救森林的同時，每個人都在享受與學習。

拯救一座廢棄的森林？正如前些篇章所述，在美式的感知中，「廢棄的森林」是一種矛盾修辭。森林會在無人為擾動的情況下自行繁榮。新英格蘭地區的森林綠化在當地農夫往西遷移後變成了該區的驕傲。廢棄的田地變成森林；遺棄讓森林重新奪回它們的空間。但是在日本，是什麼讓大家會將遺棄視為失去生命力與多樣性？這當中有幾條歷史線互相交錯：森林更替、森林忽視、森林疾病，以及人類的不滿。我會逐一提及。

二戰之後，美國在日本的占領勢力減少土地持有，進一步將明治維新時就在縮減的共有林地私有化。到了一九五一年，國家森林規畫啟動了，這代表要將木材加工業標準化，使木材原料變得可規模化。新道路被闢建開來，促成更大幅度的木材採收，而隨著日本經濟加速發展，建築業需要更多如今已規模化的木材。我們在第十五章時曾談及這個後果。皆伐作業被引進日本，砍伐殆盡的土地上林木無法重生。到了一九六〇年代早期，一度橫跨日本中部的農林已經成為日本柳杉與扁柏的種植園。里山復育團體的興起，就是日本人對於因種植園的主宰促使人與森林疏離的狀態所產生的反應。

開發商的眼光盯上繁華城市邊緣剩餘的農民地景，將之奪去在上頭蓋起郊區綜合建案與高爾夫球場。有些里山保護團體便是在反抗開發商的運動中應運而生。諷刺的是，有時這些熱心志工的父母就是之前放棄了農村生活的移居居民。這些里山捍衛人士等於是把記憶中祖父母的村莊，當成重建農民地景的典範。

即使在鄉間，事情也在轉變，這是森林發生的第二個故事。日本在一九五〇與一九六〇年代走入快速都市化的時期。農民揮別鄉間；曾經供給農民生活的鄉村，變成了遭人忽視與遺棄的空間。那些留在鄉下的人越來越沒理由去維持里山森林。突如其來的「燃料革命」意味即使是地處偏遠的鄉下農夫，也在五〇年代末期開始使用石化燃料來保暖住家、烹煮三餐，以及作為牽引機的動力。木柴與木炭都被棄置不用了。（但木炭在傳統習俗上還有殘存功能，例如茶道）。於是，農林最重要的用途逐漸萎縮。矮林作業隨著木柴與木炭使用率急遽下降而中斷，以石化燃料為成分基礎的肥料問世，導致耙地蒐集綠肥的習慣隨之消失。為覆蓋茅草屋頂而養護修剪的草地，也因茅草屋頂被取代而枯亡。遭人忽略的森林起了變化，灌木叢與新發的常青闊葉樹使得它日益濃密。像是孟宗竹等外來物種大舉入侵，下層植被中那些喜愛光線的草本植物難以生存，而松樹也受陰影遮蔽而窒息。

積極提倡里山復育的農夫後藤克己（Kokki Goto）在他的回憶錄裡解釋了這個情況。[2]

> 石筵（Ishimushiro）村民常使用的林地，或者我們說的里山，距離相當近，近到我們每天靠走路就能往返四趟，上午下午各兩次，還揹著六十公斤重的木頭。要是走得太深入，把生木材揹回家變得太麻煩，我們就得把木材先製成木炭。……我們在石筵有大概一千公頃的共有林野，這已經涵蓋了大部分的里山林地。這片共有林野地可供「石筵共有森林協會」裡的九十戶家庭一起使用。
>
> 以前沒什麼賺取現金的營生方法，於是共同林野權對村民來說，是在此生活不可或缺的權利。我們多數的生活必需品都得依賴小村莊周圍的林地。那些沒有權利收集木柴和灌木來製炭的人，或是無法順利在共有林野地上採收秣料的人，是無法在村落裡存活的……
>
> 對於像我們這樣僅擁有一小片林地的分家（branch family）來說，村莊的共有林野地是不可或缺的，

如此才能得到木柴、灌木和其他生活必需品。但是在一九五〇年代某個時候，現代化浪潮開始對石筵造成影響，漸漸改變了村莊的生活方式。村民開始使用煤油與電，把茅草屋頂換成鍍鋅鐵皮，並使用牽引機，這些都逐漸減低了木柴、灌木、秣料與茅草的必要性。所以除了偶爾的場合外，很多人都不再進入里山……採菇是現在唯一具有經濟效益的活動。以前共有林野地的恩澤對社區來說意義重大，可是如今已不可同日而語。

後藤先生的故事中還談到他與其他人為了復振村落地景所做的努力。他也解釋了大家為了清整水道、開放森林的集體付出。「當大家說『還是以前好啊』的時候，我相信他們內心緬懷的是眾人齊心協力合作時的快樂感。我們已經失去那種喜悅。」[3]

松樹與農民一樣不再繁盛。就如第十一章所述那樣，松材線蟲已殺死了日本中部絕大多數的赤松。這在某種程度是因為里山生態遭到忽略而且棄置，導致松樹承受巨大壓力所致。漫步在被人遺忘的里山森林間，你只能看到死亡或垂死的松樹。

這些垂死的松樹宣告了松茸的未來；沒有寄主樹，松茸就無法生長。的確，正是松茸減少的紀錄最清楚地展現了日本松林的頹敗景況。里山森林在二十世紀初曾有大量松茸產出。鄉民把松茸視為理所當然；它們屬於一套秋季採集食物中的一部分，與春天摘取的野味兩相呼應，共譜出季節的特性。要到一九七〇年代松茸開始變得稀有且昂貴時，大家才開始感到驚慌。松茸數量驟減是突如其來的。松樹瀕臨死亡。一九八〇年代，日本經濟持續繁榮，日本產的松茸變得稀有，也因此價值連城。

於是進口松茸開始湧入日本市場，但就算是進口貨，在九〇年代也是貴得教人咋舌。只有成長於一九七〇到九〇年代的那一輩才記得飄浮在湯碗裡、價值不菲的松茸薄片發出的鮮美氣味——他們也會因夢見滿山遍谷的松茸而激動欣喜。

松茸幫助農林在運作中的地景裡維持下去。因為松茸價昂，單靠銷售收入就能支付土地稅與養護開銷。在共有林野權仍然存在的地區，各農村便能藉著將採收與銷售松茸的權力拍賣給外人，進而造福社區。拍賣會在夏季舉行，此時還無人有把握這個採收季的松茸收成會如何；村民會舉行一場盛宴，配上一點好酒，敦促對方出價再高一些。贏家得付給村莊一大筆錢，之後可視採集成果再償還。[4] 然而，儘管這麼做對社區與財務狀況有利，維護森林的工作並不總是會因此進行，尤其是村民年邁之後。被忽視的森林裡松樹凋零，松茸也沒了蹤影。

里山運動試圖恢復的，是流失的社群生活社會性。他們設計出各種活動讓老人、年輕人以及小孩齊聚一堂，藉著工作與娛樂，把教育與社區建設結合為一。這比幫助農人——以及松樹，還要深入。志工解釋，里山工作也重塑了人類精神。

從二戰中復甦的日本，經濟起飛了，大家遷離農村移往城市，轉而追求現代化的商品與生活方式。然而，當經濟成長在九〇年代趨緩時，教育與工作似乎已不足以帶人走上標榜著進步的幸福康莊大道。奇觀與欲望的經濟雖然繁榮，但卻與人對生活的期待脫節。大家變得更難想像生活該何去何從，除了物質商品以外，還有什麼值得追求？此時日本出現一種代表性人物，使得社會開始關注這個議題，那就是「繭居族」。繭居族通常是年輕人或青少年，成日把自己關在房裡，拒絕與他人面對面接觸。繭居族活在電子媒體當中，他們透過影像世界孤立自我，讓自己脫離體現的社會性——然後深陷這個自製的牢籠中。對許多人來說，他們的形象捕捉到了某種價值淪喪的都市噩夢：我們所有人內心都有這麼一點繭居的特性。第十三章提到的K教授就是在他學生的呆滯眼神中看見這種噩夢。那正是他為何會毅然選擇鄉村作為改造學生以及自我的地方；那也是為什麼有許多倡議人士、教育家與志工的腳步也紛紛走向鄉村的原因。

里山復育回應了價值淪喪的問題，因為它與其他生命建立起社會關係。人類只是讓環境適宜居住的眾多參與者之一。參與者都在等著樹木與真菌再次與他們連結。他們在地景上工作。這裡需要人類行動，但又超越這樣的需求。到了世紀之交，全日本共有幾千個里山復育團體組成，當中有些著重於水資源管理、自然教育、特定花卉的棲地——或是松茸。這些全都是在重新創造個人，以及地景。

為了重建自我，公民團體揉合科學與農民知識。科學家經常在里山復育中扮演領導者的角色，但他們是以吸納民俗知識為目標；來自城市的專業人士與科學家在這裡都要向老農請益。有些人自願協助農民耕作，有些採訪老人家，記錄那些正從世界逐漸淡出的生活方式。既然他們的目的是恢復生機活躍的地景，為此，他們便需要活躍的知識。

相互學習也是一項重要目標。這些團體對於自己行動中犯下什麼錯誤都很坦白，而且從中記取教訓。一份由里山復育志工團體所寫的報告裡，就記錄了他們遭逢的所有問題與犯過的錯誤。像是沒有適當協調，因此誤砍了太多樹。有些清理過的地區灌木反而變得更濃密，甚至長出不良物種。到最後，該報告的作者主張，團體應發展出「行動、思考、觀察，然後再次行動」的準則，把集體的嘗試與錯誤提升成一門藝術。既然大家的目標之一是參與式學習，那麼允許自己犯錯，並且觀察錯誤，也是這過程當中重要的一環。作者的結論是，「想要成功，志工務必要參與計畫中所有的層級與階段」。[5]

諸多像京都的松茸十字軍這樣的團體，利用了松茸的魅力使之成為一種象徵，代表他們重新復甦人類與森林之間關係的信念。如果松茸當真重生——好比二〇〇八年秋季在松茸十字軍修整完善的山坡上那樣盛發——那麼肯定會為志工帶來激勵。在營造森林的過程裡，能與其他參與者共譜意想不到的羈絆，對志工而言就是最振奮人心的事了。松樹、人類與真菌就是在這共生物種的時刻裡一同復甦。

大家都很清楚，松茸無法讓日本重返經濟泡沫前的輝煌年代。復育松茸森林不是救贖，而是在成堆的異化裡採集。在這個過程中，志工習得了耐心，在不知道世界會往哪裡發展的狀況下，與多物種的他者交融。

發現盟友，於雲南。
市集中的閒聊。
私有化無法消滅潛在共有地，因為也要仰賴它。

第19章 平凡的資產 Ordinary Assets

有時候，共同糾纏不是從人類計畫中出現，反而是儘管有人類計畫，還是能出現。那甚至不是因為計畫的失敗，而是計畫裡不明事物的運作，為難以捉摸的共同生命時刻帶來可能性。這就是私人資產誕生的情況。匯聚資產時，我們會忽略共有性——即使它就彌漫於聚合體當中。但就算是在不顯眼的地方，也可能找得到潛在的盟友。

現在的雲南就是思考這個問題的好所在，因為在共產主義實驗後，中國內外的菁英無不狂熱地從四面八方創造私人資產。然而，許多資產的創造奇妙而生硬；映入眼簾的是私有化和人與事物聯繫的其他方式兩者的並置。[1] 松茸貿易與松茸森林就是最貼切的例子。是誰的森林，是誰的貿易？

森林——與其無界空間與多元生態——無處不是對私有化進行者的挑戰。過去六十年裡，雲南森林在土地所有權的多重安排中翻來覆去，而林業專家海瑟威與我都憂心忡忡地討論到，這裡的農民會因為這種管理方式而感到沮喪困惑。[2] 不過，他們對近期一項所有權範疇的發展還抱著期待：那就是將森林承包給個別農戶經營的契約。

雖然不像美國私人財產的自由權利，但專家希望這類契約或許能理性化農林地景。勢力龐大的國際視察員認為，個人的土地所有權可當成一種保育形式，因為它提供了明智使用土地的動機。[3] 在雲南，這也開啟了民粹主義的希望：在由上對下強加管制的激烈歷史過去之後，這至少是個機會，能讓在地農民對於管理自己的森林擁有一點發言權。與政治生態學領域的世界主義式發展在對話的雲南研究者，展現透過因契約農戶而成為可能的在地森林控管，社會正義的目標如何能實現。[4] 也因此，研究人員勤加留意農民學習如何利用契約上的特權解決當地問題時的創意與洞見。一位研究者便記述了村民重新分配森林區塊以平衡各方潛在收益的方法。她記錄下村裡成年兄弟的工作方式，他們會在森林區塊間依序切換，以確保每人都有機會獲益。[5]

但這些想像的好處到底是什麼？雲南森林已禁伐多年，至少官方規定是如此，木材只有在獲得許可時才能開採，而且僅供中國境內使用。然而，森林中還是有其他潛在的資產。雲南中部的楚雄州山區裡，松茸便是最有價值的森林產物。有鑑於此，專家對於個別農戶的契約一事相當期待；他們說，若不邁出朝向私有化的這一步，資源有可能被採集人破壞。林務人員告訴我們雲南其他地區的可怕情況。有些村中採集人會在黎明前大舉散開，帶著手電筒在共有地裡進行地毯式搜索。他們說，那簡直是一團亂。此外，連幼菇也會在長成到市場最高利潤之前就被採走。私有化契約相對地讓森林有秩序可循，能阻止這種野蠻和無效率之舉。楚雄森林為創造私人資產提供了一種模式：一種可供雲南和全中國森林改革參考的先例。[6]

村落拍賣是當地松茸管理當中一項廣受讚賞的安排。拍賣的是在松茸季裡進入契約化森林採收的權限。這種體系會讓人聯想起日本的共有林野權拍賣。拍賣會上的得標者，能得到在村民土地上採收並販售松茸的權利。而在我們走訪的雲南地區，拍賣的收入則會平均分配給每個農戶，成為他們現金收入的重要部分。沒有來自其他採集人的競爭壓力，得標者應該能在市價最高時將松茸一網打盡，藉此最大化他或她的收入，以及補貼村民的費用。支持契約農戶的倡議人士也認為，少了過度採集的壓力與混亂，這些資源、尤其是松茸，一定能長得更好。不過，松茸真的能在私人森林裡蓬勃生長嗎？讓我來逐步探究這個問題。

得標者在農村經濟裡是收集私人資產的模範人物。L老闆就是這種人；他在家鄉的十一戶農家中贏得松茸採收契約，也成為當地主要的買家。他與政府林務人員和研究者的關係都很好。大約十五年前，林務人員要求他打造出一座松茸示範森林。他用籬笆圍起數公頃的林地，在當中搭建一條曲折的木板路，如此一來，到訪的林務人員和研究者都能在不打擾森林的狀態下視察。沒有農民的擾動，這座示範森林裡的樹木長得又壯碩又美麗。不受農民耙地之擾的地表也堆起落葉層——也就是在富饒的腐殖質上堆出的一層樹葉與松針。漫步於這座森林裡非常清爽宜人，林內滿是優雅的拱型樹木與濃郁的土壤氣息。每當有人發現一朵菇類，大家總是驚喜；因為沒有人會在這裡採集，所以菇類會從落葉層中撐起一把乾淨的小傘。各地遊客紛紛來此欣賞這片菇類森林，不過林務人員也顧慮這裡的落葉層太厚，腐殖質過於肥沃，林中固然還是有松茸長出，但也許不會維持太久。松茸喜歡周遭有更多變動。

當然，其他地方的變動可多了。出了這座示範森林，其他的松茸森林無不廣被使用、甚至濫用。海瑟威與我所到之處的闊葉林木，都因為被取作木柴而有大量修剪痕跡，許多甚至因為反覆砍劈而成了矮灌木叢。松樹也依種類而定受到反覆切割砍伐，因為農民為了收集花粉或松子，得去除松樹枝椏。耙整過的松針可鋪成豬舍墊料，然後再變成林地肥料。山羊無所不在，什麼都吃，包括年輕的松樹；有些松樹似乎因此發展出類似「野草期」的適應力，好在大量啃齧下存活。人類也無所不在，收集藥用植物、豬飼料與有利可圖的菇類——不只松茸，也包括許多其他種類，從必須乾燥或煮沸的辛辣乳菇屬（*Lactarius*）到不宜食用的鵝膏菌屬（*Amanita*）都有。森林是熙攘嘈雜的十字路口，既不寧靜，也不優雅，為的都是人類的需求，以及其馴養的動植物的利益。

然而，這些森林可是備受讚譽的個人權限圈地模式！怎麼還會有這麼多的熙熙攘攘？我對個人圈地與往來人潮間的不協調困惑不已，直到有一天，我與另一位松茸森林拍賣得標者小L見面；他的林地比L老闆的來得小。他帶著我們的團隊前往他的森林，向我們介紹當中的植物與菇類。就和我在其他區域所見的松茸森林一樣，這也是一座傷痕累累的年輕森林，四處滿是放牧與砍伐的痕跡。小L並不介意；他帶我們看到森林菇類的豐收是如何在絡繹不絕的狀況中形成。他解釋了個人圈地與往來人潮之間的交互作用，釐清了我的疑惑。在松茸季節，他會在自己臨界道路與小徑的森林中，於樹皮漆上記號。大家知道這表示不得進入，而且一般而言也會遵守，雖然一些盜取的問題還是會出現。然而在一年的其餘時間裡，大家可以自由來去，收集木柴、放牧山羊、尋找其他森林產物。這就是答案了！儘管小L對自己的松茸圈地頗為自豪，但他不認為這是掛羊頭賣狗肉的伎倆。他解釋，如果不讓其他人進入森林，他們要怎麼收集到木柴？

這並不是官方的規畫。省級林務人員與專家不會談論這種季節性的圈地現象；他們要是知情，一定會將之置之腦後，因為那絕對是會受某些國際權威譴責的事。季節性的圈地現象會破壞「私有化就是保育」計畫的信條，因為當地居民在共有地中取用資源的手法，會讓專家皺眉不已。此外，專家也厭惡這種森林的樣貌：年輕、傷痕累累、人潮不斷。這根本不是計畫內的事。但話說回來，這種私有化的實踐方式，對松茸不也是一大福音嗎？人潮使得森林持續開放，進而有利松樹成長；它讓腐殖質變薄、讓土壤變得貧瘠，因此松茸能發揮滋養樹木的長才。松茸在這個地區會與橡木和其親戚、還有松樹建立關係；整座年輕而傷痕累累的森林與松茸合作著、在礦物土壤上存活下來。沒了人潮，土壤在落葉層堆積起來後會變得肥沃，其他真菌與細菌便會排擠松茸。那麼，正是人潮讓松茸得益，使得這裡變成一個松茸最多產的地區之一。不過，這些人潮必須在契約的規範下進行，畢竟在這地區引入契約的明確目的，就是要**拯救**松茸。松茸在這個難以捉摸的共有地中蓬勃生長著。唯有透過個人權限，松茸收入才能提高。[7]

這裡要岔題談一下松茸收入的議題，這可以幫我概括出一個重點，那就是私人資產往往是從不被承認的共有地上累積起來的。這點不只是關於狡猾的雲南農民。私有化從來不完整，它需要共享的空間才能創造任何價值。這是財產能持續盜取的祕密——同時也是它的弱點。再次思考一下松茸作為一種商品的地位，隨時可從雲南送往日本。我們有的是菇類，也就是地底真菌的子實體。這種真菌需要共有地上的往來人潮才能蓬勃；沒有森林擾動，菇類也無法出頭。私有的菇類是共同生活在地底的菌身長出來的旁枝，這個身體是由潛在共有地——人與非人——的可能性創造出來的。當你停下來思考，在不管其地下共有地的情況下把菇類切割成一種資產是可能的，是私有化平凡的進行方式，但也是相當不平凡的暴行。私有的菇類與形成真菌的森林人潮之間的對比，或許就是商品化更普遍的標誌：對糾纏持續、永不止息的切割。

這把我帶回先前我對於異化作為一種人與非人生命特質的關注。要成為徹底私有的資產，松茸不僅必須先被扯離其生命世界，也得從採購中涉及的關係裡被移除出來。採摘菇類並且將之運輸到森林之外就解決了第一部分。但雲南中部就像在奧勒岡州一樣，第二部分的決裂需要更長的時間。

在海瑟威和我進行雲南農村研究的小鎮上，有三個人是眾所公認的松茸「老闆」，也就是買下區域中大部分的松茸、然後到更大城鎮轉賣的商人。鎮上的定期市集雖然也會有人來收購松茸，但只買下少部分。大老闆解釋，這種流動的買家沒有足夠的當地人脈。

我觀察幾位老闆和旗下的業務工作時，特別訝異大家竟沒有在等級與價格上進行談判；這是我從奧勒岡的田野工作中養成的期待。某位老闆派出司機到山中向村民收購松茸；採集人一言不發地交出松茸，也一言不發地拿回一捆現金。[8] 其他交易裡雖然傳出一些交談聲，但採集人從不過問對方報價，只管收下開給自己的任何金額。我看到其中一位老闆收到一箱巴士司機順路送來的松茸；這位老闆說，他晚一點會付錢給採集人。我也看到採集人自行分類菇類，他們捨去遭到蟲害的松茸，不會試著偷渡那些買家沒注意的壞菇。

基於我過往的奧勒岡經驗，眼前這一切顯得異常奇特；在奧勒岡州，採集人進入買家領域的那一刻起，市場談判競爭的鐘聲便敲響了。那與剛才雲南商品鏈下游出現的情況截然不同。在主打松茸市場的大城鎮與都市中，價格和等級談判是必要且激烈的。[9] 許多批發買家互相競爭，決定最佳價格與最適當等級的爭奪戰，總會吸引所有人目光。相反地，在上游，交易卻很安靜。

我們在鄉村地區交談過的每個人都說，交易時之所以沒有講價的現象，是因為買賣雙方早已建立起長期的關係與由此而來的信任。大家都說，老闆會給採集人最好的價格。老闆與採集人之間有社群、家庭、族裔和語言的聯繫存在。[10] 老闆也都是當地人，是小鎮生活場景的一部分。採集人相信他們。

這種「信任」不是對每個人都同樣有利。我不相信會有人把「信任」與共識或平等混為一談。大家都知道老闆是靠松茸致富，每個人也都想仿效他們，好獲得個人財富。然而，這仍是一種帶有互惠義務的糾纏形式；只要有松茸鑲嵌其中，它們就不是全然異化的商品。小鎮上的松茸交易需要適當社會角色的確認。只有在更大城鎮的松茸市場上，這個菇類才能獲得自由，成為徹底異化的交易物品。

從小鎮老闆與採集人的關係，我們再次看到私人資產如何仰賴共有的生活空間。老闆能按照自己的條件買下當地的松茸，因為他們與採集人的關係彼此糾纏；他們可以把松茸運往更大的城鎮，在那裡將之轉成私人財富。也正是這種情況，發行森林契約可以被理解為一種改變財富流動路線、而非拯救森林的計畫。[11] 在農戶森林的契約中，承包方可以提取松茸的價值，而其價值則是來自一個不被承認、捉摸不定的共有地。不過，財富會重新流動到哪裡，仍不知鹿死誰手。在這裡，具社會意識的雲南研究人員的工作相當緊迫。他們的任務是要把能讓財富留在村落與小鎮的在地實踐，轉換成對社會與保育有助益的模式。

然而，這條公式中有關保育的那一塊也是最棘手的部分，因為對私人財富的渴求只會偶爾對森林有裨益。有時，它反而會引來意料之外的破壞。一位拍賣得標者驕傲地向我展示自己如何學會從贏到採收權的松茸森林中搾取更多財富。他要手下到屬於他的松茸契約的農林裡挖掘品種罕見的開花樹。他說，正是因為稀有且罕為人知，使它們更具價值。自從雲南省會昆明的都市規畫者突然要求以成熟的樹木為缺乏綠意的街道增色時，他和其他生意人便忙著把林中的樹木運往昆明。大多數樹木都因為拔除及運輸的衝擊而死去。但那些活得夠久、撐到付款期的，則為他們帶來一筆可觀的收入。至於森林，它起碼喪失了多樣性——還有開花樹的美麗。

這一類的賺錢花招是當今中國爭相致富的一部分。我們在當中能看見人類的再造與地景的搶撈和殘害的因緣際會的一些面向。松茸老闆在雲南鄉間是備受推崇的人物。老闆就是搜羅私人資產的先驅；與我對談過的人有太多都想成為老闆——不是松茸，就是其他從鄉間搾取出來的產品。某位松茸老闆的自家客廳裡就掛著一塊當地政府所頒發的匾額，表揚他是擅長賺錢的領袖。[12] 鄉間老闆接替了社會主義英雄；他們是人類野心的典範，是企業家精神的體現。與早期的社會主義夢想相反，現在他們應當讓自己、而不是自己的社群財源廣進。他們想像自己白手起家。但他們的自主性自我卻與松茸有著異曲同工之妙：都是在不被承認、難以捉摸、轉瞬即逝的共有地上，肉眼可見的果實。

老闆把靠著與松茸的生長及採收合作創造出的財富私有化了。共同財富的私有化或許是所有企業的特徵。在這個歷史時刻上的雲南鄉間很值得思考，因為對理性化自然資源管理的興趣只會延伸到財產法與會計上。私有化的出現只不過是想將尋覓到的成果占為己有——而不是勞動力或地景的重組。我並不是在說這樣的理性化會比較好；想當然耳，這對松茸沒有幫助。然而，這種對搶撈的投入中有一些古怪且駭人的東西，彷彿每個人都要抓緊世界終結前的機會，好在最後一點碎片被摧毀前累積所有財富。也是從這個特徵上可以見得，雲南農村既不特殊，也不只是一個地方案例。我們很難不以同樣末日的觀點去看待我們所有的事業。在雲南農村的老闆身上，我們近距離看見如何從廢墟中搶撈財富的模式。

　對中國新興財富的大部分評論，無論是來自中國人自己或是外人，都談過都會裡的百萬富翁；不過，農村裡競逐私人資產的情況也同樣激烈。農民、沒有土地的移民、小鎮裡的老闆、花招百出的公司無不參與了這場「清倉」大拍賣。在這種社會氛圍當中，很難得知大眾是如何看待保育問題。無論我們如何開始，我想我們都無法承擔將價值與潛在共有地之間的連結遺忘的代價。沒有這種轉瞬即逝的互利共生，就不會有松茸。而沒了松茸，就根本不會有資產。即使企業家是在將商品異化以累積私人財富，他們仍持續從不被承認的糾纏中獲利。私人產權的快感就是一個地下共有地的果實。

發現盟友，於雲南。
小梅讚嘆著一朵大菇（不是松茸）。

第 20 章 反結語：我這一路上遇到的人

Anti-ending: Some People I Met along the Way

二〇〇七年，我去拜訪「松茸男」（Matsiman）時，他和女友以及一大群貓就住在山丘上的小房屋裡。（「Matsi」是松茸的美國俚語稱呼）。我想看看在奧勒岡州沿岸的北美石櫟森林裡成長的松茸是什麼模樣，於是他帶我去參觀他的地區，那裡有因伐木而繁盛不再的花旗杉殘幹，提供了能鼓舞生命的棲地環境。石櫟葉子像毯子覆蓋著地表，乍看似乎不太可能在那片毯子底下找到菇類。但他為我示範如何趴在地上，用手感覺樹葉，直到摸到一處手感奇特的隆起。我們單純靠著觸覺來尋找松茸——對我而言，這又是一個認識森林的新方法。

這個方法只有在你清楚松茸可能的生長地點時才有效。你需要知道特定的植物與真菌，而不只是一般種類。將親密的知識與觸感結合起來探知落葉堆，促使我將注意力放在此時此刻、事物發生之際。我們太信任眼睛。我看著地表心想：「這裡什麼都沒有嘛。」但其實是有的，松茸男靠著手將它們找出。想在不求進步的狀況中過活，需要以雙手不斷地朝四周去感知。

秉持這股精神，我要再度讓這章在我的研究現場漫遊，找回我瞥見那些標誌著異化邊緣的邊界模糊的時刻——也許，那就是潛在共有地。與他者一同胡亂行進，總是在事物發生之際；它不會完美收尾。即使在我不斷重申這些重點之時，我還是希望在進行中的冒險至少有一小段能有成果。

因為對松茸的熱情使松茸男得到了這個稱號。他選擇從事商業採集，而且身為業餘科學家，他對研究也很投入。為了追蹤自己區塊的狀況，他對松茸產量因溫度及降雨量等關係所產生的變化，留下了驚人的長期紀錄。松茸男也是他的網站名稱，網站內提供了不同來源的菇類資訊；這個網站已經成了一個討論區，對白人採集者與買家特別受用。[1] 松茸男的投入也讓他能與森林局對話，局方在松茸研究上同樣也借助他的長才。

雖然松茸男一心鑽研菇類，但他不認為這將來足以支撐他的需求。他還有許多其他的夢想與事業。我去拜訪時，他陸續拿出他從河裡淘得的金沙與煙燻過的松茸粉，他打算把煙燻松茸粉當作香料販售。他也在嘗試培植藥用真菌，並且收集木柴來販售。松茸男很清楚他選擇了在資本主義邊緣處的謀生形式。他希望自己不必再為薪水而工作——以及能在森林裡找到容身之處，既不必有所有權、也不是租賃。（他在自己所住的私人山區裡當過山區管理員，後來轉而擔任無給薪的營地主人。）和許多採集人一樣，他探索著資本主義的極限空間，既不安處於內、亦不游離在外，在這裡資本主義規訓形式想席捲世界的無能為力特別清晰。

松茸男在危殆狀態的機會與問題之間穿梭。危殆意味著無法計劃，但也刺激了覺察力，以便與身邊的事物合作。為了與他人合宜共生，我們需要運用所有感官，即便那表示你得在落葉堆中四處感知。松茸男網站上有一段關於覺察的話，顯得特別貼切。「誰是松茸男？」他問道。「任何熱愛狩獵、學習、理解、保護、教育他人，並且尊重松茸與其棲息地的人，都是松茸男。那些無法充分理解的人，總是試著分辨事情發生或不發生的原因。但我們不受限於國籍、性別、教育或年齡群體。任何人都可以是松茸男。」松茸男召喚出了一個松茸愛好者的潛在共有地。將他想像的松茸人凝聚在一起的，就是覺察的樂趣。

雖然我已將本書的大部分內容獻給各種生命，但想起逝者仍有幫助。逝者，也是社會世界的一部分。當祿敏・瓦利歐（Lu-Min Vaario）向我展示一張上頭聚集了松茸菌絲（真菌體的絲狀細胞）的木炭碎片的畫面時，她為我提示了這個思考方向。她的研究顯示，雖然松茸是以和活樹建立關係聞名，卻也能在死樹上繼續獲得養分。[2]這個發現啟發她展開一個關於松茸的「好鄰居」——無論是生是死——的研究計畫。在這個研究當中，木炭也加入了活樹、真菌與土壤微生物的行列。她調查這些睦鄰關係——也就是跨越生命力與物種差異的社會關係——如何對良好生活而言是重要的。[3]

瓦利歐博士對睦鄰的這層意義——差異間的互利共生——思考甚多，包含對人類而言。她雖生於中國，而且最初受中國教育，但她的研究已橫跨松茸科學的許多重大場域；而為了打造同樣睦鄰的松茸研究，她也必須在或隱蔽、或公開的國家規定之間工作。她曾在東京大學的鈴木和夫教授極富影響力的實驗室裡擔任博士後研究員。她就是在那裡首次實驗出松茸作為腐生生物的能力，也就是會食用腐死物。她希望能藉此研發出栽培松茸的技術。（雖然菌絲確實能在無生命物質上生長，但至今還無人見過無生命寄主上的菌絲體所生出的松茸。）當她在中國接下一個研究職時，本來很高興有機會探索不同的松茸地景，卻因中國國內對她的研究缺乏了解而沮喪不已。幾年後，她遇見來自芬蘭的丈夫，並隨他返鄉定居。她在那裡得到芬蘭森林研究院（Finnish Forest Research Institute）的經費補助來發展「好鄰居」研究計畫。對睦鄰關係的研究於是把差異轉變成了合作資源。試想一下，樹根、菌絲、木炭與細菌——還有中國、日本與芬蘭科學家——之間的交流，對於我們對生存作為一種合作計畫的重新理解，是多麼適切的方式。

瓦利歐博士很幸運能獲得研究經費，因為身為一名漂泊各處的科學家，她並沒有機構職位的保障。無正職工作的生活問題，對那些缺乏高等學歷的人而言更是艱困。以蒂亞為例，她住在北極圈上的芬蘭鄉間。在前往她家的路途中，她為我指出哪個角落是失業人士聚集、喝酒、等待政府補助的地方。她抱怨，因為歐盟可以提供廉價食物，結果終結了北芬蘭的農業，那裡也沒有其他工作機會。但她很有生意頭腦，與夥伴一同為在地產品開設一間合作行銷的專營店，包括在地莓子果醬、木製工藝品、編織圍巾——還有松茸。她是在一場教導大家如何辨識、採集松茸的巡迴講座上學到松茸的知識。現在，她在等待一次豐收好年的來臨。蒂亞也對開發松茸旅遊的可行性很感興趣。

她所在地區已經有其他人接受訓練，成為自然嚮導，帶著從城市來訪的遊客到森林裡參加運動休閒活動，當中也包括松茸採集。[4] 我剛好有機會與一位興高采烈的年輕人一同採集，他期許自己成為下一次豐收好年的「松茸採集王」。他是在一堂課上學到松茸知識；這不是芬蘭傳統民俗，但對他來說，這代表了一份希望、一個開端，一股只要浪潮襲來，他就能趁勢衝上浪頭的熱情。他說，如果松茸出現了，他一定會帶著手電筒徹夜採不停。松茸是他的夢想，那不只是為了過生活，還是為了過一種充滿活力的生活。

在此，我們再一次觸及了資本主義內部與外部的邊緣。當一條新的商品鏈浮現，抓住機會的人靠的並非工業規訓，而是個人天賦——以及身為許多危殆中的可能性之一。一方面來說，這**就是**資本主義；每個人都想成為企業家。另一方面而言，企業家精神是由芬蘭鄉間的那種韻律所塑造，混雜著寂靜的匱乏感與想要進步的熱切之情。任何沿著這條商品鏈朝下游移動的商品，都必須在混亂的轉譯過程中與那些連結脫鉤。這裡還有空間可以想像其他世界。[5]

想像其他世界正是我在日本認識的里山倡議人士腦海中的想法，尤其是田中先生。他和蒂亞一樣，也為在地的自然產品與工藝品成立了展示中心。但有別於蒂亞的是，田中先生並不關心營利，他已經安然退休了，而且那是他自己的土地。他之所以成立私人的自然展示中心，是希望能建立里山地景保育的文化，以及當成給鄰居與訪客的禮物。在他的城鎮上，他說，孩子們已經開始搭公車上下學；既然不必走路上學，小朋友也就很少到戶外。他帶孩子到林地上，除了讓他們觀察自然之外，也能盡情玩耍。我們走過森林一些特別的地方時，他也希望孩子們會發現：這裡的兩棵樹（甚至是不同物種的樹！）竟然長在一起，纏結成同一棵樹幹；這裡有他清整灌木叢之後冒出來的幾座傾倒佛像；這裡有一塊裂成兩半的石頭，讓他想起一位女子。田中先生帶我們來到他所養護的松樹旁，這些樹本來會死於松樹枯萎病，多虧他的付出，如今才得以在這區長得如此茂盛。這些養護所費不貲，而且田中太太其實不贊成這筆開銷。但這是他對森林的使命。

田中先生在山腰上蓋了一間小茅屋，佐塚志保與我坐下來俯瞰山坡樹林時，他為我們端上茶。小茅屋裡放滿了他在森林裡找到的奇異玩意，從外表光滑的真菌到不尋常的野果都有。過了一陣子，他的小舅子也來了。身為森林工人的他，告訴我們這裡的樹木曾因為樹高不得超過電線而遭砍伐的故事。那是在整座山被灌木叢盤據之前的事。田中家族在這個地區生活已是第五代，他們代代都在山裡工作，不過田中先生成了郵局公務員。他用整筆退休金買了這塊地。儘管所費不貲，他仍認為在森林裡工作對他有很好的影響。雖然賺不了錢，但森林能啟發遊客，這一點已是意義重大。田中先生說，重振大眾對於森林的情感能造就一個值得生活的世界。若是林中出現松茸，那就是一份出乎意料的禮物。

若不是刻意留心，絕大多數人都習慣忽略周遭的多物種世界。重建好奇心的計畫，就像田中先生所做的這樣，對於與他者共同生活來說是重要的任務。如果資金與時間充足，那當然助益匪淺。但那不是唯一能讓人抱有好奇心的方式。

我第一次見到小梅時，她才九歲；她的母親在海瑟威與我下榻的雲南中部一間鄉間旅社工作。小梅非常勇敢、可愛、聰明，而且喜歡帶我們東探西看。她的父母與其中一位松茸老闆——也是那間鄉間旅社的老闆——關係很好，所以她和家人有時會到山裡去找菇類，同時野餐。有一次，麥可與我跟去了，我和小梅發現林中某種小巧玲瓏的野草莓，味道濃郁到我放進嘴裡時還忍不住閉緊眼睛。之後小梅四處摘採有紅色傘頂的紅菇屬（*Russula*），那是沒什麼價值、卻很美麗的小東西。小梅的熱忱極富感染力，使得我也開始喜愛它們。

兩年後，我再度來訪，很高興看到小梅沒有失去她對美妙生活的感受。她拖著麥可和我去看路邊的菜園，走進未開墾的邊界地，去看受擾動地區裡野生植物的生長。這是潛在共有地上的雜草，是進步敘事裡的「閒置空地」，經常被認為毫無價值，但看在我們眼裡卻充滿樂趣。我們在荊棘叢中大啖野果，尋找小菇類的身影。我們跟隨山羊走出的小徑探查各式花卉。她解釋所見的一切，以及大家的利用方式。她的強烈好奇心就是田中先生期待自家鄉鎮的孩子會擁有的東西。多物種的存續就取決於這種能量。

沒有進步的故事，世界變成了一個可怕的地方。廢墟因受到遺棄而以恐怖的神色瞪著我們。要知道如何創造生命並不容易，更別提什麼避免行星毀滅。幸運的是，這世上還有夥伴存在，無論人或非人。我們仍能探索這個殘破地景的叢生邊緣——這些資本主義規訓、可規模化與廢棄資源種植園的邊界地帶。我們仍能捕捉到潛在共有地的氣息，以及那可遇不可求的秋季香韻。

難以捉摸的生命，於奧勒岡州。
緬懷中島雷克（Leke Nakashimada）。
他努力鼓勵大家不分老少跟隨他進入森林尋找菇類，藉此延續松茸的記憶。

孢子的蹤跡

一朵菇類的進一步冒險

The Further Adventures of a Mushroom

二十一世紀初期，私有化與商品化最奇怪的計畫之一，就是將學問商品化的運動。有兩種做法意外地強大。在歐洲，行政部門要求學術研究評鑑，將學者的工作化約成數字，以代表知識交流生涯的總和。在美國，學者則被要求成為企業家，將個人打造成品牌，從步入研究的第一天、還一無所知起，就汲汲營營於追求明星般的地位。這兩種做法在我看來都很詭異——而且令人窒息。將必要的合作研究私有化，這些計畫等於扼殺了鑽研學問的生命。

於是，任何有想法的人都被迫創造出能超越或逃避「專業化」、也就是私有化監視技術的場景。這意味設計出需要共玩團體與合作群體的研究：不是充滿著計算成本與收益的個人集合，而是在合作過程中出現的學術研究。透過菇類來思考，再一次，或許有所幫助。

如果我們把知識生活想像成農人的林地，一種會在無心插柳的設計中浮現許多有用產品的來源，那會如何？這幅意象喚起了它的對立面：在研究評鑑裡，知識生活就是種植園；在學術企業裡，知識生活就是純粹的盜取，把公共產品挪為私用。這兩種形象都不吸引人。但反過來試想一下林地裡的快樂。那裡有許多實用產品，從野果、菇類到柴薪、野菜、藥草，甚至木材。一個採集人能選擇要採集什麼，也可以善用林地區塊上意想不到的豐饒。但是林地需要人持續付出，不是把它變成花園，而是對一系列物種保持開放、使之容易接觸。人類的矮林作業、放牧與焚林都能維持這個結構；其他物種也能聚集在一起，創造自己的世界。對知識工作而言，似乎就該如此。共同工作創造出讓個人學術成果有所突破的機會。要激勵學術研究裡未知的潛能——就像一籃菇類意想不到的豐饒——需要將知識林地的協力合作維持下去。

抱持這種精神，讓我的研究得以成真的松茸世界研究群，總是試著將充滿玩性的合作內建於我們各自與集體的工作中。這並不容易；私有化的壓力蠶食著每位學者的生涯。合作的節奏必然是零碎的，但我們已經歷過矮林作業與焚林，我們共同的知識林地正在蓬勃生長。

這也意味著，等同於森林產物的知識，也正等著我們每個採集人去自由地採收。這本書只是當中的收穫之一。它不會是最後一份：林地總以它變幻莫測的寶藏，不斷吸引著我們。如果林中冒出一朵菇類，裡頭或許還有更多？這本書開啟了我們踏進松茸林地的一系列旅程，未來還會有更多趟，到中國，追蹤商業活動，到日本，探索世界主義式科學。試著想想以下這些即將出版的夥伴書籍的進一步冒險：

即便是最偏遠的中國村落，也受到繁榮全球貿易的改變，創造出以跨國貿易為核心的「中國農村」。松茸就是追蹤這一路發展的理想工具。海瑟威的《菇類為何而活：松茸與其創製的世界》（*What a Mushroom Lives for: Matsutake and the Worlds They Make*），便追蹤了雲南在全球貿易下開發出來的特定路徑。該書探討了保育與貿易之間矛盾的跨國壓力——例如，出現在中國松茸上、難以解釋的殺蟲劑——顯示出特定的區域，包括松茸森林，是如何在全球連結下發展起來。當中一項令人驚訝的發現，是族裔企業精神的重要性：在藏族與彝族地區，採集人和以村落為主的經銷商都是在族群網絡裡工作。海瑟威考察了因松茸而起的新興族裔志向中的世界主義特徵與傳統主義的想法。

讓科學與知識更普及地向世界主義歷史開放，對學者而言是個緊迫的任務。日本的松茸科學成為最理想的場域，使我們一方面能理解科學與民俗知識的交叉，另一方面也能認識國際性與地方性的專家技藝。佐塚志保的《野生菇類的魅力》（*The Charisma of a Wild Mushroom*）深入探討這種交叉，點出日本科學為何總是能夠兼有世界主義與在地特色。她發展出一種轉譯的概念，在此之中所有知識都是以轉譯為基礎。松茸科學並非東方主義與國族想像中一塵不染的「日本」知識，而是一路上不斷經過轉譯而成。她的作品超越了我們熟悉的西方認識論與本體論，在松茸為我們展現的人與非人區隔模糊的世界裡，探索人與物意想不到的形式。

這是本什麼樣的書呢，竟然抗拒終結？與松茸森林一樣，每次偶然的群聚都會為他者帶來意料之外的豐饒。若不違背學術的商品化，這一切都不可能發生。林地也同樣冒犯了種植園與露天礦工；可是，要使林地徹底消失是很難的。知識的林地也是——在共玩中誕生的想法總是在招手。

娥蘇拉・勒瑰恩在〈小說的背袋理論〉（The Carrier Bag Theory of Fiction）一文中主張，狩獵與殺害的故事，會讓讀者想像個人英雄主義就是故事的重點。但她建議，說故事或許要像採集者那樣選擇多樣事物的意義與價值，而不是像個等待捕殺大獵物的獵人。在這種說故事的方法中，故事永遠不會結束，反而會引領出進一步的故事。在我一直試著推廣的知識林地中，冒險會引領出更多冒險，寶藏會指向更多寶藏。採集菇類時，一朵是不夠的；一旦找到第一朵，就會激勵我找出更多。但勒瑰恩的說法充滿更多幽默感與靈性，因此最後我將以她的話作結：

> 去吧，我說，朝那片野燕麥漫遊而去，與吊兜裡的烏烏還有拎著籃子的小烏姆一起走。你就只管繼續說長毛象是如何壓倒布布，該隱是如何攻擊亞伯，炸彈是如何炸毀長崎，燒夷彈是如何燃燒村民，飛彈是如何落在邪惡帝國，還有人類的崛起中其他所有的腳步。
>
> 如果人類會做的事是將你想要的某個東西，因為它好用、可食或美麗，放進袋裡、或籃中、或以一條樹皮或葉子捲起、或放入用你的頭髮織成的網袋內、或任何身邊的東西裡，然後帶它回家，而家又是另一個更寬大的袋囊、一個裝人的容器，然後你再將之取出，開始吃、或分享、或為過冬而存放在更堅固的容器中、或把它放在藥品捆綁包或聖壇或博物館等神聖的地方，那些存放神聖事物的空間，然後隔天，你也許又重複去做了同樣的事——如果會這麼做就叫人類、如果這些就是身為人的條件，那麼我終究還是人！徹底地、自由地、歡欣地，第一次如此。[1]

Savonen, and Jussi Heinonsalo, "Ectomycorrhization of *Tricholoma matsutake* and two major conifers in Finland—an assessment of in vitro mycorrhiza formation," *Mycorrhiza* 20, no. 7 (2010): 511–518。

4. 海基・尤希拉（Heikki Jussila）與亞利・耶維洛瑪（Jari Jarviluoma）討論了現在蕭條的拉普蘭旅行業："Extracting local resources: The tourism route to development in Kolari, Lapland, Finland," in *Local economic development*, ed. Cecily Neil and Markku Tykkläinen, 269–289 (Tokyo: United Nations University Press, 1998)。
5. 另一個世界確實正在成形。有些活動招募了嫁入蕭條的芬蘭鄉村的泰國女性，自成一個泰裔採集人的網絡。他們進入森林除了採集莓果，最近也開始採菇類。採集人獨自行動，使用自己的資金。就像奧勒岡州採集人那樣，可以賣出採集成果然後給付自己的支出。他們聚集在芬蘭鄉村一個正凋零村莊的廢棄校舍裡；他們維持自己的生活形式，有時還會帶自己的廚子——甚至自己的食物。不像其他招募人員，這些採集人並非來自曼谷，而是來自說寮語的貧困泰國東北部。也許他們是美國境內寮國採集人的遠親。這一相似處讓人不禁好奇：芬蘭的林務人員還有社區建設者與這些新採集人的溝通狀況如何？對話中是否也加入了他們的經驗與專業？

孢子的蹤跡　一朵菇類的進一步冒險

1. Ursula Le Guin, "The carrier bag theory of fiction," in *Dancing at the edge of the world*, 165–170 (New York: Grove Press, 1989), on 167–168.

province, China," *China Quarterly* 161 (2000): 212–226。

7. 這地區的其他研究者，通常將管理政策與當地做法之間的脫節，描述成是不同規模的治理問題。Liu, "Tenure"; Menziesand Li, "One eye on the forest" (cited in chap.16, n. 7); Nicholas K. Menzies and Nancy Lee Peluso, "Rights of access to upland forest resources in southwest China," *Journal of World Forest Resource Management* 6 (1991): 1–20.
8. 我無法參加這趟行程；所幸有麥可・海瑟威好心地為我描述其中經歷。
9. David Arora（"Houses" [cited in chap. 16, n. 25]）在雲南菇類市集的兩小時內就看見松茸轉手了八次。我在菇類專門市場裡觀察松茸的經驗也很類似；它不斷被轉手。
10. 這個交易場景，與麥可・海瑟威在雲南藏區研究的、競爭更激烈的松茸市集之間的對比，非常具有啟發性。藏區的藏族採集人把貨賣給漢族商人；交易氣氛比起前者更為緊張。而我描述的這個地區，買家與採集人都屬於彝族。親屬關係與居住地緣關係也聯繫起採集人與買家。
11. 布萊恩・羅賓森（Brian Robinson）在對雲南松茸「共有地悲劇」之記述中承認，在共有地採集菇類可能不會傷害真菌。他反而關注收入減少的問題。Brian Robinson, "Mushrooms and economic returns under different management regimes," in *Mushrooms in forests and woodlands*, ed. Anthony Cunningham and Xuefei Yang, 194–195 (New York: Routledge, 2011)。
12. 我非常感謝麥可・海瑟威對這塊區額的敏銳覺察。

第 20 章　反結語：我這一路上遇到的人

1. http://www.matsiman.com/matsiman.htm.
2. Lu-Min Vaario, Alexis Guerin-Laguette, Norihisha Matsushita, Kazuo Suzuki, and Frédéric Lapeyrie, "Saprobic potential of *Tricholoma matsutake*: Growth over pine bark treated with surfactants," *Mycorrhiza* 12 (2002): 1–5.
3. 相關研究，見 Lu-Min Vaario, Taina Pennanen, Tytti Sarjala, Eira-Maija

and accountability in forest management: A case from Yunnan, southwest China," *European Journal of Development Research* 16, no. 1 (2004): 153–173; X. Yang, A. Wilkes, Y. Yang, J. Xu, C. S. Geslani, X. Yang, F. Gao, J. Yang, and B. Robinson, "Common and privatized: Conditions for wise management of matsutake mushrooms in northwest Yunnan province, China," *Ecology and Society* 14, no. 2 (2009): 30; Xuefei Yang, Jun He, Chun Li, Jianzhong Ma, Yongping Yang, and Jian-chu Xu, "Management of matsutake in NW-Yunnan and key issues for its sustainable utilization," in *Sino-German symposium on the sustainable harvest of non-timber forest products in China*, ed. Christoph Kleinn, Yongping Yang, Horst Weyerhaeuser, and Marco Stark, 48–57 (Göttingen: World Agroforestry Centre, 2006); Jun He, "Globalised forest-products: Commodification of the matsutake mushroom in Tibetan villages, Yunnan, southwest China," *International Forestry Review* 12, no. 1 (2010): 27–37; Jianchu Xu and David R. Melick, "Rethinking the effectiveness of public protected areas in southwestern China," *Conservation Biology* 21, no. 2 (2007): 318–328。

5. Su Kai-mei, Yunnan Academy of Agricultural Sciences, interview, 2009. 亦可見 Yang Yu-hua, Shi Ting-you, Bai Yong-shun, Su Kai-mei, Bai Hong-fen, Mu Li-qiong, Yu Yan, Duan Xing-zhou, Liu Zheng-jun, Zhang Chun-de, "Discussion on management model of contracting mountain and forest about bio-resource utilization under natural forest in Chuxiong Prefecture" [in Chinese], *Forest Inventory and Planning* 3 (2007): 87–89; Li Shu-hong, Chai Hong-mei, Su Kai-mei, Zhing Ming-hui, and Zhao Yong-chang,"Resources investigation and sustainable suggestions on the wild mushrooms in Jianchuan" [in Chinese], *Edible Fungi of China* 5 (2010)。
6. 見 X. Yang et al., "Common and privatized," and Y. Yang et al., "Discussion on management model." Very different governance over matsutake harvesting— with much more communal control—characterizes the Diqing Tibetan area of Yunnan, where most foreign researchers gravitate. Menzies, *Our forest*; Emily Yeh, "Forest claims, conflicts, and commodification: The political ecology of Tibetan mushroom-harvesting villages in Yunnan

2. Kokki Goto (edited, annotated, and with an introduction by Motoko Shimagami),"'*Iriai* forests have sustained the livelihood and autonomy of villagers': Experience of commons in Ishimushiro hamlet in northeastern Japan," working paper no. 30, Afrasian Center for Peace and Development Studies, Ryukoku University, 2007, 2–4.
3. Ibid.,16.
4. Haruo Saito, interview, 2005; Haruo Saito and Gaku Mitsumata, "Bidding customs and habitat improvement for matsutake (*Tricholoma matsutake*) in Japan," *Economic Botany* 62, no. 3 (2008): 257–268.
5. Noboru Kuramoto and Yoshimi Asou,"Coppice woodland maintenance by volunteers," in *Satoyama*, ed. Takeuchi et al., 119–129 (cited in chap. 11, n. 14), on 129.

第 19 章　平凡的資產

1. 正如麥可·海瑟威提醒我的（personal communication, 2014），雲南的私有化有時復興了前共產主義的所有權關係。這種唐突的變化而非徹底的創新引起人們對財產組成關係的關注。
2. 關於土地所有權的討論，見 Liu, "Tenure" (cited in chap. 13, n. 16); Nicholas Menzies, *Our forest, your ecosystem, their timber: Communities, conservation, and the state in community-based forest management* (New York: Columbia University Press, 2007)。在一九八一年政策生效後，大多數森林被分為三類：國有森林、共有森林，以及由個別持有戶負責的森林。第二類裡，森林也由個別農戶訂立契約分別管理。取用樹木與其他林地的權力逐漸分散；雲南在一九九八年頒布了禁伐令，該地區的情況於是變得不同。然而，我們發現我們訪談的農夫對這些類別中的細微差異總是感到困惑或不以為然。
3. 國際貨幣基金組織與世界銀行認為，私有化避免了「共有地悲劇」，也就是避免破壞共有資源。Garrett Hardin, "The tragedy of the commons," *Science* 162, no. 3859 (1986): 1243–1248.
4. 關於一些英文文獻，見 Jianchu Xu and Jesse Ribot, "Decentralisation

multiple host trees and alteration of existing ectomycorrhizal communities," *New Phytologist* 171, no. 4 (2006): 825–836。

插曲 起舞

1. 見 Timothy Ingold, *Lines* (London: Routledge, 2007)。
2. Lefevre, "Host associations" (cited in chap. 12, n. 11).
3. 我呈現的這段民族誌是二〇〇八年的事。之後廣先生便已辭世。

第四部 在事物發生之際

1. 布朗於一九九四年創辦了「傑佛遜教育與研究中心」（Jefferson Center for Education and Research）；該機構在她二〇〇五年逝世後關閉了。追隨著布朗開放的工作態度，其他人接手了組織松茸採集者的計畫，包括文化與生態學院（Institute for Culture and Ecology）、西亞拉社區與環境學院（Sierra Institute for Community and Environment），還有森林工作者與採集者聯盟（Alliance of Forest Workers and Harvesters）。有一項計畫會從採集人中雇用「菇類監察員」。監察員的工作宗旨是聆聽採集人的需求，與他們的知識見聞合作，並且協助設計賦權計畫。有些監察員即便不再受僱，也還會繼續擔任志工。這項計畫凝聚了眾多人與組織的努力。
2. Peter Kardas and Sarah Loose, eds., *The making of a popular educator: The journey of Beverly A. Brown* (Portland, OR: Bridgetown Printing, 2010).
3. Beverly Brown, *In timber country: Working people's stories of environmental conflict and urban flight* (Philadelphia: Temple University Press, 1995).

第 18 章 松茸十字軍：等待真菌行動

1. 吉村博士關心的是保護土壤不受侵蝕，這與第三部分開頭，加藤先生盡量透過侵蝕而暴露礦物土壤的做法完全相反。

10. Ignacio Chapela and Matteo Garbelotto, "Phylogeography and evolution in matsutake and close allies as inferred by analysis of ITS sequences and AFLPs," *Mycologia* 96, no. 4 (2004): 730–741.
11. Interview, 2006; Katsuji Yamanaka, "The origin and speciation of the matsutake complex" [in Japanese with English summary], *Newsletter of the Japan Mycology Association, Western Japan Branch* 14 (2005): 1–9.
12. 為北美石櫟（*Lithocarpus*）可能存在而煩惱的保羅・曼諾斯（Paul Manos）等人，已經把石櫟移到新的屬「*Notholithocarpus*」。Paul S. Manos, Charles H. Cannon, and Sang-Hun Oh, "Phylogenetic relations and taxonomic status of the paleoendemic Fagaceae of western North America: Recognition of a new genus *Notholitho-carpus*," *Madrono* 55, no. 3 (2008): 181–190.
13. Interview, 2009.
14. Jianping Xu, Hong Guo, and Zhu-Liang Yang, "Single nucleotide polymorphisms in the ectomycorrhizal mushroom *Tricholoma matsutake*," *Microbiology* 153 (2007): 2002–2012.
15. Anthony Amend, Sterling Keeley, and Matteo Garbelotto, "Forest age correlates with fine-scale spatial structure of matsutake mycorrhizas," *Mycological Research* 113 (2009): 541–551.
16. Anthony Amend, Matteo Garbelotto, Zhengdong Fang, and Sterling Keeley, "Isolation by landscape in populations of a prized edible mushroom *Tricholoma matsutake*," *Conservation Genetics* 11 (2010): 795–802.
17. Interview, 2006.
18. 根據村田博士所述，松茸並沒有體細胞的非親和性系統去限制交配。見 Murata et al., "Genetic mosaics" (cited in chap. 16, n. 9)。
19. 真菌體細胞中的單倍體細胞核可能無法在子實體產生前結合，並同時製造出兩個（或更多個）細胞核，每個都複製了染色體。「雙—」（di-）指的就是有兩個單倍體細胞核的真菌體細胞。
20. 也有持對立看法的，見 Chunlan Lian, Maki Narimatsu, Kazuhide Nara, and Taizo Hogetsu,"*Tricholoma matsutake* in a natural *Pinus densiflora* forest: Correspondence between above- and below-ground genets, association with

Biological Conservation 143 (2010): 165–172。這項中美兩國學者的合作，從美國觀點批判了日本研究。該作者指責日本研究人員的地點特殊性缺乏可規模性，也就是「依賴場域，而非時間重複性⋯⋯（因為）林分水平上的生產力很難憑經驗測試」（頁一六七）。

25. 關注社會的中國科學家將松茸研究帶往不同方向，探問的是土地所有權能否帶來什麼改變。在這種討論裡，松茸仍是可規模化的商品，也是收入來源，但該收入能以不同方式進行分配（見第十九章）。有些美國人，例如 David Arora ("The houses that matsutake built," *Economic Botany* 62, no. 3 (2008): 278–290) 也是評論家。
26. Jicun Wenyan [Yoshimura Fumihiko], *Songrong cufan jishu* [The technique of promoting flourishing matsutake], trans. Yang Huiling (Kunming: Yunnan keji chubanshe [Yunnan Science and Technology Press], 2008).

第 17 章　紛飛的孢子

1. Interview, 2005.
2. Interview, 2008.
3. 見 Henning Knudsen's and Jan Vesterholt's taxonomy, *Funga nordica* (Copenhagen: Nordsvamp, 2012)。
4. Interview, 2009.
5. *T. caligatum*（以及 *T. caligata*）這個名字可以指稱幾種相當不同的真菌，其中有些也被認為屬於松茸。見 prologue, n. 11。
6. Interview, 2005.
7. 亦可見 Norihisa Matsushita, Kensuke Kikuchi, Yasumasa Sasaki, Alexis Guerin-Laguette, Frédéric Lapeyrie, Lu-Min Vaario, Marcello Intini, and Kazuo Suzuki, "Genetic relationship of *Tricholoma matsutake* and *T. nauseosum* from the northern hemisphere based on analyses of ribosomal DNA spacer regions," *Mycoscience* 46 (2005): 90–96。
8. Peabody et al., "Haploid vegetative mycelia" (cited in " Tracking" interlude, n. 21).
9. Interview, 2009.

所（Forestry and Forest Products Institute）的所長。

16. 關於更早期日美之間的合作，見 S. M. Zeller and K. Togashi, "The American and Japanese Matsu-takes," *Mycologia* 26 (1934): 544–558。
17. Hosford et al., *Ecology and management* (cited in chap. 3, n. 4).
18. Ibid.,p.50.
19. 是有例外存在，而且假如美國西北太平洋地區的松茸研究早些獲得發展許可，這項傳統可能會往新方向擴增。可惜研究只在一九九〇年代與二〇〇六年間蓬勃；在此之後，政府刪減預算，研究者不再有機會取得經費，只好棄守。其中一個與木材可規模化研究方法有關的例外，是查爾斯・列斐爾（Charles Lefevre）探索太平洋西北部松茸宿主關係的研究論文（cited in chap. 12, n. 11）。這是一個關係性分析，而且是在未引用日方的狀況下觸及共同關注的議題。列斐爾甚至為松茸菌絲體發展出「嗅聞測試」。在日本研究中，他的成果激勵了非專業研究人士。列斐爾後來轉行從事接種松露樹的銷售。
20. David Pilz and Randy Molina, "Commercial harvests of edible mushrooms from the forests of the Pacific Northwest United States: Issues, management, and monitoring for sustainability," *Forest Ecology and Management* 5593 (2001): 1–14.
21. David Pilz and Randy Molina, eds., *Managing forest ecosystems to conserve fungus diversity and sustain wild mushroom harvests* (USDA Forest Service PNW-GTR-371, 1999).
22. James Weigand, "Forest management for the North American pine mushroom (*Tricholoma magnivelare* (Peck) Redhead) in the southern Cascade range" (PhD diss., Oregon State University, 1998).
23. Daniel Luoma, Joyce Eberhart, Richard Abbott, Andrew Moore, Michael Amaranthus, and David Pilz, "Effects of mushroom harvest technique on subsequent American matsutake production," *Forest Ecology and Management* 236, no. 1 (2006): 65–75.
24. Anthony Amend, Zhendong Fang, Cui Yi, and Will McClatchey, "Local perceptions of matsutake mushroom management in NW Yunnan, China,"

9. 「菌絲墊城」（*shiro*）是非日本研究者在計算真菌有機體的「個體」時，用來替代「基株」（genet）的單位。這種細密的菌絲墊城乃取名自形態學上的觀察。基株，亦即基因個體，有時則被當成菌絲墊城的同義詞（例如，Jianping Xu, Tao Sha, Yanchun Li, Zhiwei Zhao, and Zhu Yang, "Recombination and genetic differentiation among natural populations of the ectomycorrhizal mushroom *Tricholoma matsutake* from southwestern China," *Molecular Ecology* 17, no. 5 [2008]: 1238–1247, on 1245）。但這個術語暗示了基因同質性，這個預設意涵則與日本研究相牴觸（Hitoshi Murata, Akira Ohta, Akiyoshi Yamada, Maki Narimatsu, and Norihiro Futamura, "Genetic mosaics in the massive persisting rhizosphere colony 'shiro' of the ectomycorrhizal basidiomycete *Tricholoma matsutake*," *Mycorrhiza* 15 [2005]: 505–512）。精密的科技術語的實用性有時反而不如農民廣博的知識用語。
10. 蔡紀恩（Timothy Choy）與佐塚志保（Shiho Satsuka）——兩人以「Mogu-Mogu」為共同筆名——在濱田博士的研究中提到這個轉折。"Mycorrhizal relations: A manifesto," in "A new form of collaboration in cultural anthropology: Matsutake worlds," ed. Matsutake Worlds Research Group, *American Ethnologist* 36, no. 2 (2009): 380–403.
11. Interviews, 2005, 2006, 2008. 見 Ogawa, *Matsutake* (cited in chap. 3, n. 4)。
12. 見比如 Ito Takeshi and Iwase Koji, *Matsutake: Kajuen Kankaku de Fuyasu Sodateru* [Matsutake: Increase and nurture as in an orchard] (Tokyo: Nosangyoson Bunka Kyokai, 1997)。
13. 見比如 Hiroyuki Ohara and Minoru Hamada, "Disappearance of bacteria from the zone of active mycorrhizas in *Tricholoma matsutake* (S. Ito et Imai) Singer," *Nature* 213, no. 5075 (1967): 528–529。
14. Ito and Iwase, *Matsutake*.
15. 二〇〇四年時，該團隊成功在一棵成熟松樹根部上刺激一株菌根生長（Alexis Guerin-Laguette, Norihisa Matsushita, Frédéric Lapeyrie, Katsumi Shindo, and Kazuo Suzuki,"Successful inoculation of mature pine with *Tricholoma matsutake*," *Mycorrhiza* 15 [2005]: 301–305）。那之後不久鈴木博士便退休了，團隊也因此解散。他隨後成為森林綜合研究

a nation [Honolulu: University of Hawaii Press, 1994]; Dipesh Chakrabarty, *Provincializing Europe* [Princeton, NJ: Princeton University Press, 2000])。這不代表歐洲或北美不接受現代性，或缺乏獨特的變化。但是，想穿透西方就是全世界的夢幻迷障，我們必須學習把西方版本視為衍生與異國的。從其他地方反而比較容易捕捉到現代性局部、偶然的特質，而不是被單一文化邏輯所主宰。這是科學研究所需的觀點。（然而，讓情況更複雜的是，從拉丁美洲興起的新後殖民理論卻需要敏銳地汲取西方相對他者的宇宙觀差異，例如，Eduardo Viveiros de Castro, "Economic development and cosmopolitical reinvolvement," in *Contested ecologies*, ed. Lesley Green, 28–41 [Cape Town, SA: HSRC Press, 2013]。）

3. Satsuka, *Nature in translation* (cited in chap. 4, n. 2).
4. Itty Abraham 的 *Making of the Indian atomic bomb* (London: Zed Books, 1998) 展示了戰後的印度物理學如何從政治偶然事件中創造出「印度」。
5. 關於韓國研究之例，見 Chang-Duck Koo, Dong-Hee Lee, Young-Woo Park, Young-Nam Lee, Kang-Hyun Ka, Hyun Park, Won-Chull Bak, "Ergosterol and water changes in *Tricholoma matsutake* soil colony during the mushroom fruiting season," *Mycobiology* 37, no. 1 (2009): 10–16。
6. 關於這類研究之例，見 Ohga, F. JYao, N. S. Cho, Y. Kitamoto, and Y. Li, "Effect of RNA-related compounds on fructification of *Tricholoma matsutake*," *Mycosystema* 23 (2004): 555–562。
7. Nicholas Menzies and Chun Li ("One eye on the forest, one eye on the market: Multi-tiered regulation of matsutake harvesting, conservation, and trade in north-western Yunnan Province," in *Wild product governance*, ed. Sarah Laird, Rebecca McLain, and Rachel Wynberg, 243–263 [London: Earthscan, 2008]) 檢視了法條，指出執法單位如何在不同規模裡保持彈性。
8. Ohara Hiroyuki,"A history of trial and error in artificial production of matsutake fruitings" [in Japanese], *Doshisha Home Economics* 27 (1993): 20–30.

本貿易公司開始從馬來西亞砂勞越與巴布亞紐幾內亞買入更多原木。廉價採收在任何地方都不會長久，但貿易公司懂得轉戰新的供應區。我在中國雲南探訪的松茸森林，就是於一九七〇年代因外匯而受到砍伐，成為這個一九七〇年代日本木材進口繁盛期的一部分。由於在岩井吉彌（Yoshiya Iwai）與行武潔（Kiyoshi Yukutake）的表格上找不到中國進口原木的資料，我猜那些原木是在缺乏正式文件下進入日本。Iwai and Yukutake, "Japan's wood trade," 248 .

25. See Totman, *Green archipelago* (cited in chap. 13, n. 8).
26. Fujiwara, "Silviculture in Japan," 20. 約翰・奈特（John Knight）詳述了森林中的村落是如何尋求協助，以維繫他們的森林。Knight, "The forest grant movement in Japan," in *Environmental movements in Asia*, ed. Arne Kalland and Gerard Persoon, 110–130 (Oslo: Nordic Institute of Asian Studies, 1998).

第 16 章　科學即轉譯

1. 「轉譯」是布魯諾・拉圖與約翰・勞（John Law）所創的行為者網絡理論當中的關鍵術語，指的是人類與那些和人類合作的非人事物如科技之間的連結。透過這種意義下的轉譯，行動網絡裡的人與非人都有同等地位。同樣採此立場、但較早先且影響深遠的是 Michel Callon,"Some elements of a sociology of translation: Domestication of the scallops and the fishermen of St. Bruic Bay," in *Power, action and belief*, ed. John Law, 196–223 (London: Routledge, 1986)。
2. 此處的轉譯問題對於「現代性」而言，形成了範圍更大的學術討論空間。通常被科學界視為理所當然的歐洲常識告訴我們，現代性形塑了西方思維，並逐漸普及全世界。相對地，十九世紀末葉出現在亞洲的後殖民理論則告訴我們，現代性誕生於南北半球之間的權力負載交匯處。最容易理解現代性作為一種計畫的出現的，是西方之外的首次案例——例如，暹羅王國或殖民印度。在這些地方可觀察到權力、事件與構想出現在有組織又富理想化的複合體時會產生的作用。(Thongchai Winichat-kul, *Siam mapped: A history of the geo-body of*

12. Ibid.,163.
13. Matsushita and Hirata, "Forest owners' associations," 45.
14. 史考特・普魯登（Scott Prudham）分析了一九五〇年代起奧勒岡州花旗松林業的工業化（"Taming trees: Capital, science, and nature in Pacific slope tree improvement," *Annals of the Association of American Geographers* 93, no. 3 [2003]: 636–656）。關於這工業轉折的史前史，見 Emily Brock, *Money trees: Douglas fir and American forestry, 1900–1940* (Corvallis: Oregon State University Press, 2015)。
15. 與森林工人進行訪談的是石川真由美與石川登，於二〇〇九年的和歌山縣。
16. Fujiwara, "Silviculture in Japan," 14.
17. Ken-ichi Akao, "Private forestry," in *Forestry*, ed. Iwai, 24–40, on 35. 赤尾健一（Ken-ichi Akao）進一步解釋，一九五七年後，政府針對天然森林轉型為樹木種植園所提供的補貼已縮減至百分之四十八。
18. 轉引自 Robbins, *Landscapes of conflict*, 147。奧勒岡木材工業當時已經多樣化到製造膠合板、碎料板、紙漿與紙。因為鼓勵皆伐，比較不討喜的木材也變得頗有用處。Gail Wells, "The Oregon coast in modern times: Postwar prosperity," Oregon History Project, 2006, http:// www.ohs.org/education/oregonhistory/narratives/subtopic.cfm?subtopic_id=575.
19. 日本帝國陸軍在一九三九年沒收了這些森林，卻也保留了傳統的共用權。美軍占領勢力從日人手中取得這塊區域；日本自衛隊又從美國人手上拿回。Margaret McKean, "Management of traditional common lands in Japan," in *Proceedings of the conference on common property resource management April 21–26, 1985*, ed. Daniel Bromley, 533–592 (Washington, DC: National Academy Press, 1986), 574.
20. Akao, "Private forestry," 32; Yoshiya Iwai and Kiyoshi Yukutake, "Japan's wood trade," in *Forestry*, ed. Iwai, 244–256, on 247, 249.
21. Akao, "Private forestry," 32.
22. Ibid.,33.
23. Robbins, *Landscapes of conflict*, xviii.
24. 一九八〇年代，印尼限制原木出口，並發展起膠合板加工產業。日

2. 萬分感謝石川真由美（Mayumi Ishikawa）與石川登（Noboru Ishikawa）提供這些深刻見解。身為馬來西亞砂勞越（Sarawak）研究者，他們見過森林的破壞，並對日本應負的責任心存疑惑。回到日方，他們則把這件事與當地森林工業的破敗連結在一起。相對地，較早期的環境歷史學家則只看見日本的「綠色群島」（Totman, *Green archipelago* [cited in chap. 13, n. 8]）。
3. 關於日本森林政策，我尤其參考 Yoshiya Iwai, ed., *Forestry and the forest industry in Japan* (Vancouver: UBC Press, 2002)。
4. Michael Hathaway, *Environmental winds: Making the global in southwest China* (Berkeley: University of California Press, 2013).
5. Miyamato et al., "Changes in forest resource utilization" (cited in chap. 11, note 14), 90. 焚林過去曾是養護綠地、創造森林開闊地，以便耕地輪作等傳統經營方法。（Mitsuo Fujiwara, "Silviculture in Japan," in *Forestry*, ed. Iwai, 10–23, on 12）。但現在，有些當地的森林機構也禁止焚林了（Koji Matsushita and Kunihiro Hirata, "Forest owners' associations," in *Forestry*, ed. Iwai, 41–66, on 42）。
6. Stephen Pyne, *Fire in America* (Seattle: University of Washington Press, 1997), 328–334. 佩因認為是蒂拉穆克森林大火致使設立重新種植的標準做法，進而發展出美國工業森林種植園。
7. Steen, *U.S. Forest Service*; Robbins, *American forestry* (both cited in chap.2, n.5).
8. Iwai, *Forestry*.
9. 許多森林地主擁有的面積不足五公頃。所有人都必須參與森林協調管理，包括木材管制、重新造林，以及火災預防。Matsushita and Hirata, "Forest owners' associations," 43.
10. 該事件現被稱作「瞭望空襲」（Lookout air raids）；在一九四四年與四五年，日本甚至企圖發射火氣球進入噴射氣流內（http://en.wikipedia.org/wiki/Fire_balloon）。芙列達．克諾布洛克（Frida Knoblock）所著之 *The culture of wilderness* (Raleigh: University of North Carolina Press, 1996) 描述了那之後美國森林局的軍事化。亦可見 Jake Kosek, *Understories* (Durham, NC: Duke University Press, 2006)。
11. Robbins, *Landscapes of conflict* (cited in chap. 3, n. 5), 176.

派一位完全沒見過這兩物種的新手上陣。」（Munger quoted in Les Joslin, *Ponderosa promise: A history of U.S. Forest Service research in central Oregon* [General Technical Report PNW-GTR-711, Portland, OR: U.S.D.A. Forest Service, Pacific Northwest Research Station, 2007], 7）。

23. Fujita, "Succession of higher fungi" (cited in chap. 12, n. 28).
24. Fumihiko Yoshimura, interview, 2008。吉村博士曾見過有松茸長在樹齡三十歲的年輕樹木上。
25. 藏於地底的真菌菌身比子實體的生命更持久。在北歐，菌根真菌能在火災後持續留在土壤裡，再次入侵松樹幼苗。（Lena Jonsson, Anders Dahlberg, Marie-Charlotte Nilsson, Olle Zackrisson, and Ola Karen, "Ectomycorrhizal fungal communities in late- successional Swedish boreal forests, and their composition following wildfire," *Molecular Ecology* 8 [1999]: 205–215）。
26. 早在一九三四年、海灘松被當作是商業物種之前，東喀斯開山區的林務人員就試過疏伐海灘松以加速木材生產。然而，要到二戰後，當海灘松成為紙漿與造紙原料、並能做成支桿、箱板、甚至木材時，它的造林術才成為東喀斯開森林局的重要關注對象。一九五七年，一間海灘松紙漿加工廠就開在奇洛昆（Chiloquin）附近。Joslin, *Ponderosa promise*, 21, 51, 36.

第 15 章　廢墟

1. 透過熱帶森林砍伐來觀察日本環境的部分，我參考了 Dauvergne, *Shadows* (cited in chap. 8, n. 11)。（有關管理與保護的回應，見 Anny Wong, "Deforestation in the tropics," in *The roots of Japan's international environmental policies*, 145–200 [New York: Garland, 2001]。）相反地，多數針對日本環境問題的學術研究是鎖定於工業汙染上。（Brett Walker, *Toxic archipelago: A history of industrial disease in Japan* [Seattle: University of Washington Press, 2010]; Shigeto Tsuru, *The political economy of the environment: The case of Japan* [Cambridge: Cambridge University Press, 1999]。）

chap. 3, n. 6), 3.

15. 本節裡的縮排引用均引自克拉馬斯部落網站，http://www.klamathtribes.org/background/termination.html。
16. 唐諾・菲希科（Donald Fixico）所著的 *The invasion of Indian country in the twentieth century* (Niwot: University Press of Colorado, 1998) 講述了其他終止克拉馬斯權利與篡奪的故事。
17. 澤勒巴赫皇冠（Crown-Zellerbach）這間紙漿造紙公司，竟可購買九萬英畝的保留地來取得木材（http://www.klamathtribes.org/background/termination.html）。一九五三年時，澤勒巴赫皇冠公司成了美國西部第二大木材控股商，僅次於威爾豪瑟公司（Harvard Business School, Baker Library, Lehman Brothers Collection, http://www.library.hbs.edu/hc/lehman/industry.html ?company=crown_zellerbach_corp）。
18. Edward Wolf, *Klamath heartlands: A guide to the Klamath Reservation forest plan* (Portland, OR: Ecotrust, 2004)。克拉馬斯部落聘請林業專家來監督保留地的預定計畫。在一九九七年，部落針對一起國家森林木材銷售案提起的申訴獲得了成功的判決，並促成了一九九九年的森林管理協定備忘錄。（Vaughn and Cortner, *George W. Bush's healthy forests*, 98–100）。
19. Robbins, *Landscapes of conflict*, 163 指出，布魯克斯—斯坎隆在一九五〇年起已經開始砍伐部分海灘松，以減少西黃松供應。
20. Znerold, "New integrated forest resource plan for ponderosa pine," 4.
21. Jerry Franklin and C. T. Dyrness, *Natural vegetation of Oregon and Washington* (Portland, OR: Pacific Northwest Forest and Range Experiment Station, U.S.D.A. Forest Service, 1988), 185.
22. 這種快速占據開闊土地的能力使新手林務人員桑頓・芒格（Thornton Munger）留下深刻印象，他是在一九〇八年被森林局派來研究海灘松侵占西黃松領域的問題。芒格認為海灘松「基本上是一文不值的雜草」；他還認為西黃松的問題在於太多森林火災，西黃松因此衰亡並圖利了海灘松。他提出預防火災計畫以保育西黃松。這些意見幾乎與現今的林務人員主張的相反。即使芒格後來改變了想法：「從那之後我才意識到，華盛頓辦公室未免過於大膽或天真，竟會分

(Seattle: University of Washington Press, 1997), 224.

5. Quoted in ibid., 223.
6. Quoted in ibid., 225.
7. Quoted in ibid., 231.
8. 當地歷史學家對這部分故事有詳實的記載。在所有紀錄中都提到了兩項重點。第一，私有地主一開始是侵占了原本的公有地，因而製造出公有林地與私有森林地混雜的情況（例如，Cogswell, "Deschutes"）。第二，沿著德舒特河打造鐵軌的競賽鼓勵了土地炒作，並為爭奪森林的動機添增了刺激感與迫切感（例如，W. Carlson, "The great railroad building race up the Deschutes River," in *Little-known tales from Oregon history*, 4:74–77 [Bend, OR: Sun Publishing, 2001]）。
9. 一九一六年，兩間大型伐木集團薛佛林—希克森與布魯克斯—斯坎隆（Brooks-Scanlon），沿著德舒特河矗立（Robbins, *Landscapes of promise*, 233）。薛佛林—希克森在一九五〇年賣出，而擴大的布魯克斯—斯坎隆則繼續經營（Robbins, *Landscapes of conflict* [cited in chap. 3, n. 5], 162）。布魯克斯—斯坎隆在一九八〇年與戴美國際公司（Diamond International Corporation）合併（Cogswell, "Deschutes," 259）。
10. Robbins（*Landscapes of conflict*, 152）在一九四八年引用《紐約時報》道：「越來越多的木材業者在尋找國家以及國有森林地，以填補其缺口。」東喀斯開山脈的山區裡，有價值的木材主要還是位於國家森林內，這起事實促成了一九五〇年木材業者的合併。見 Phil Brogan, *East of the Cascades* (Hillsboro, OR: Binford and Mort, 1964), 256。
11. Hirt, *Conspiracy* (cited in chap. 3, n. 5).
12. Robbins, *Landscapes of conflict*, 14.
13. 關於奧勒岡州與北加州的西黃松，約翰·菲斯克（John Fiske）與約翰·塔皮納（John Tappeiner）寫道：「一九五〇年代開始使用除草劑，是因為農業空中應用技術和苯氧基除草劑之發明。後來除草劑的可使用範圍更加擴大。」見 John Fiske and John Tappeiner, *An overview of key silvicultural information for Ponderosa pine* (USDA Forest Service General Technical Report PSW-GTR-198, 2005)。
14. Znerold, "New integrated forest resource plan for ponderosa pine" (cited in

如成為氏族成員的墓地），並提供森林物產的資源。任承統（Ren Chengtong）指出，村莊會以林中木材為社區的公共建設提供資金與原料；村民也有權到此收集堅果、水果、野生動物（肉類）、菇類、藥草等，供個人使用」（Menzies, *Forest and land management in imperial China* [London: St. Martin's Press, 1994], 80–81)）。

16. 森林改革從一九八一年起步，期間發展出幾個不同類型的所有權，包括了與農戶立契。關於森林所有權變化的分析，見 Liu Dachang, "Tenure and management of non-state forests in China since 1950," *Environmental History* 6, no. 2 (2001): 239–263。
17. 尹紹亭（Yin Shaoting）是在雲南從事耕地輪作的先驅，將農林地景永續性的概念引介給那些普遍把農民想像得比較落後的學者們。Yin, *People and forests*, trans. Magnus Fiskesjo (Kunming: Yunnan Education Publishing House, 2001).
18. Liu ("Tenure," 244) 描述了這時期的「災難性森林砍伐」。

第 14 章　機緣

1. 關於工廠與勞工工作的實用描述，可見 P. Cogswell, Jr., "Deschutes country pine logging," in *High and mighty: Selected sketches about the Deschutes country*, ed. T. Vaughn, 235–259 (Portland, OR: Oregon Historical Society, 1981)。其中一座比較奇怪的伐木鎮是希克森（Hixon），「它在德舒特縣（Deschutes）、萊克縣（Lake）、克拉馬斯縣（Klamath）三地游移，每隔幾年就會往薛佛林—希克森（Shelvin-Hixon）間的伐木廠移動」（頁 251）。隨著伐木道的開闢，伐木鎮址才固定下來。
2. 當公司取消藥檢政策後，許多人就報名了。
3. 《二○○三年健康森林復育法案》——該法案規定伐木、疏伐、和森林火災後的搶救是讓森林復原的方法——促使森林局與環保人士掀起了一連串對抗戰（Vaughn and Cortner, *George W. Bush's healthy forests* [cited in chap. 5, n. 3]）。
4. William Robbins, *Landscapes of promise: The Oregon story, 1800–1940*

No. 07–04 (Kyoto: Multilevel Environmental Governance for Sustainable Development Project, 2007)。

10. 奧利弗・萊坎（Oliver Rackham）指出，歐洲貴族會使用橡木打造宏貴建築；因此橡木是地主的樹。日本地主大興土木時則使用柳杉與扁 柏。Rackham, "Trees, woodland, and archaeology," paper presented at Yale Agrarian Studies Colloquium, October 19, 2013, http://www.yale.edu/agrarianstudies/colloq- papers/07rackham.pdf.
11. Tabata,"The future role of satoyama."
12. Matsuo Tsukada, "Japan," in *Vegetation history*, ed., B. Huntley and T. Webb III, 459–518 (Dordrecht, NL: Kluwer Academic Publishers, 1988).
13. Interview, 2008。森林砍伐與伐木業、耕地輪作、密集農業的擴張，以及生活居住空間都有關。見 Yamada Asako, Harada Hiroshi, and Okuda Shigetoshi, "Vegetation mapping in the early Meiji era and changes in vegetation in southern Miura peninsula" [in Japanese], *Eco-Habitat* 4, no. 1 (1997): 33–40; Ogura Junichi, "Forests of the Kanto region in the 1880s" [in Japanese], *Journal of the Japanese Institute of Landscape Architects* 57, no. 5 (1994): 79–84; Kaoru Ichikawa, Tomoo Okayasu, and Kazuhiko Takeuchi, "Characteristics in the distribution of woodland vegetation in the southern Kanto region since the early 20th century," *Journal of Environmental Information Science* 36, no. 5 (2008): 103–108。
14. Interview, 2008。鈴木和次郎（Wajirou Suzuki）提到一座紀錄完備的關東森林裡伐木加速的情形：「一戰後，隨著國內產業發展，木炭需求急遽增加；到了二戰期間，燃燒木炭並為戰馬製作裝備成了該區主要的產業。」（Suzuki, "Forest vegetation," 30）。
15. 與日本中部一樣，沒有人為擾動的雲南森林回復到沒有松樹的闊葉林 貌。Stanley Richardson, *Forestry in communist China* (Baltimore, MD: Johns Hopkins University Press, 1966), 31。村落使用森林的歷史也顯示出相對應的發展。孟澤思（Nicholas Menzies）雖然沒有描寫雲南，但在形容專制中國內鄉村森林的使用時，卻讓人聯想起里山文獻：「山西的整座森林都是眾人集體共享的『社山』……這些山坡不夠穩定，所以不適農作，但卻能滿足使用者的重大儀式需求（例測橡木可能在與一度普及北半球的大象的久遠關係中，發展出成為矮林的能力（George Monbiot, *Feral* [London: Penguin, 2013]）。即便只是推測，這也呼應了〈追蹤〉這一插曲章節裡討論過的，具跨物種演化思維的重要性。

4. 關於日本：Hideo Tabata,"The future role of *satoyama* woodlands in Japanese society," in *Forest and civilisations*, ed. Y. Yasuda, 155–162 (New Delhi: Roli Books, 2001)。關於里山中的樹種共存，見 Nakashizuka, and Matsumoto, *Diversity* (cited in chap. 11, n. 14)。
5. Atsuki Azuma, "Birds of prey living in yatsuda and satoyama," in *Satoyama*, ed. Takeuchi et al., (cited in chap. 11, n. 14), 102–109.
6. Ibid.,103–104.
7. 這種蝴蝶的幼蟲吃朴樹（*Celtis sinensis*），這是萌生林地的物種之一。成蟲則會吸吮另一種農民萌生橡木、即麻櫟的汁液（Izumi Washitani, "Species diversity in satoyama landscapes," in *Satoyama*, ed. Takeuchi et al., 89–93 [cited in chap. 11 n. 14], on 90）。萌生林支持著高度多樣性的植物與昆蟲生長；相較之下，廢棄區可能會被一些具侵略性的物種主宰。見 Wajirou Suzuki, "Forest vegetation in and around Ogawa Forest Reserve in relation to human impact," in *Diversity*, ed. Nakashizuka and Matsumoto, 27–42。
8. 康拉德・托特曼（Conrad Totman）跟隨早期日本歷史學家的腳步，在 *The green archipelago: Forestry in preindustrial Japan* (Berkeley: University of California Press, 1989) 中點出這部分。
9. 這個段落參考了 Totman, *Green archipelago*; Margaret McKean, "Defining and dividing property rights in the commons: Today's lessons from the Japanese past," International Political Economy Working Paper no. 150, Duke University, 1991; Utako Yamashita, Kulbhushan Balooni, and Makoto Inoue, "Effect of instituting 'authorized neighborhood associations' on communal (iriai) forest ownership in Japan," *Society and Natural Resources* 22 (2009): 464–473; Gaku Mitsumata and Takeshi Murata, "Overview and current status of the *irai* (commons) system in the three regions of Japan, from the Edo era to the beginning of the 21st century," Discussion Paper

典北部的歐洲赤松在沒有林火條件下再生，見 Olle Zackrisson, Marie-Charlotte Nilsson, Ingeborg Steijlen, and Greger Hornberg, "Regeneration pulses and climate-vegetation interactions in nonpyrogenic boreal Scots pine stands," *Journal of Ecology* 83, no. 3 (1995): 469–483; Jon Agren and Olle Zackrisson,"Age and size structure of *Pinus sylvestris* populations on mires in central and northern Sweden," *Journal of Ecology* 78, no. 4 (1990): 1049–1062。作者們並未把同步大量結實列入考慮。其他研究者指出：「同步大量結實的年份相對頻繁，但在寒帶森林裡，種子成熟因生長季節短而受阻，同步大量結實的機會可能少到一百年內才發生一到二次。」Csaba Matyas, Lennart Ackzell, and C.J.A. Samuel, *EUFORGEN technical guidelines for genetic conservation and use of Scots pine* (Pinus sylvestris) (Rome: International Genetic Resources Institute, 2004), 1.

28. Hiromi Fujita, "Succession of higher fungi in a forest of *Pinus densiflora*" [in Japanese], *Transactions of the Mycological Society of Japan* 30 (1989): 125–147.
29. 北歐松茸生態學研究尚在初生階段。更多介紹見 Niclas Bergius and Eric Darnell, "The Swedish matsutake (*Tricholoma nauseosum* syn. *T. matsutake*): Distribution, abundance, and ecology," *Scandinavian Journal of Forest Research* 15 (2000): 318–325。

第 13 章　復甦

1. 對農民消失的學術研究是從當代形成的歷史開始談起（例如，Eugen Weber, *Peasants into Frenchmen* [Stanford, CA: Stanford University Press, 1976]）。討論當代生活時，該比喻是用來表示我們進入後現代時期（例如，Michael Kearney, *Reconceptualizing the peasantry* [Boulder, CO: Westview Press, 1996]; Michael Hardt and Antonio Negri, *Multitude* [New York: Penguin, 2004]）。
2. 如同第十一章所說，我以「橡木」來統稱櫟樹屬（*Quercus*）、石櫟（*Lithocarpus*）與栲屬（*Castanopsis*）。
3. Oliver Rackham, *Woodlands* (London: Collins, 2006)。一些生物學家推

17. Timo Myllyntaus,"Writing about the past with green ink: The emergence of Finnish environmental history," H-Environment, http://www.h-net.org/~environ/his toriography/finland.htm.
18. 到十九世紀中葉，木材作為輸出品已經超越焦油。Sven-Erik Åstrom, *From tar to timber: Studies in northeast European forest exploitation and foreign trade, 1660–1860*, Commentationes Humanarum Litterarum, no. 85 (Helsinki: Finnish Society of Sciences and Letters, 1988).
19. Edmund von Berg, *Kertomus Suomenmaan metsisistä* (1859; Helsinki: Metsä-lehti Kustannus, 1995)。這段翻譯引自 Pyne, *Vestal fire*, 259。
20. Ibid。這份翻譯引自 Martti Ahtisaari, "Sustainable forest management in Finland: Its development and possibilities," *Unasylva* 200 (2000): 56–59, on 57。
21. 到了一九一三年，原木與加工木材已占芬蘭出口值的四分之三。David Kirby, *A concise history of Finland* (Cambridge: Cambridge University Press, 2006)。二十世紀時，森林四散著隨工作機會而拓展的村落，該模式持續到一九七〇年代，直到伐木廠的工作因熱帶木材競爭而減少為止。Jarmo Kortelainen, "Mill closure— options for a restart: A case study of local response in a Finnish mill community," in *Local economic development*, ed. Cecily Neil and Markku Tykkläinen, 205–225 (Tokyo: United Nations University Press, 1998).
22. 賠償裡有三分之一直接由林業與造紙產品支付；另外三分之二是農業產品與機械。為了提供後者，進而造就出芬蘭戰後的產業。Max Jacobson, *Finland in the new Europe* (Westport, CT: Greenwood Publishing, 1998), 90.
23. Hannelius and Kuusela, *Finland*, 139.
24. Timo Kuuluvainen, "Forest management and biodiversity conservation based on natural ecosystem dynamics in northern Europe: The complexity challenge," *Ambio* 38 (2009): 309–315.
25. 例如，Hannelius and Kuusela, *Finland*, 175。
26. Curran, *Ecology and evolution* (cited in "Tracking" interlude, n. 3).
27. 氣候與林下植物也會影響種子能否發芽以及幼苗能否長成。關於瑞

6. Peter Becker, "Competition in the regeneration niche between conifers and angiosperms: Bond's slow seedling hypothesis," *Functional Ecology* 14, no. 4 (2000): 401–412.
7. James Agee, "Fire and pine ecosystems," in *Ecology*, ed. Richardson, 193–218.
8. David Read, "The mycorrhizal status of *Pinus*," in *Ecology*, ed. Richardson, 324–340, on 324.
9. Ronald Lanner, *Made for each other: A symbiosis of birds and pines* (Oxford: Oxford University Press, 1996).
10. Ronald Lanner, "Seed dispersal in pines," in *Ecology*, ed. Richardson, 281–295.
11. Charles Lefevre, interview, 2006; Charles Lefevre, "Host associations of *Tricholoma magnivelare*, the American matsutake" (PhD diss., Oregon State University, 2002).
12. Ogawa, *Matsutake* (cited in chap. 3, n. 4).
13. Lefevre, "Host associations."
14. 芬蘭在九千年前就有松樹（Katherine Willis, Keith Bennett, and John Birks, "The late Quaternary dynamics of pines in Europe," in *Ecology*, ed. Richardson, 107–121, on 113）。Katherine Willis, Keith Bennett, and John Birks, "The late Quaternary dynamics of pines in Europe," in *Ecology*, ed. Richardson, 107–121, on 113)。證明人類存在的第一項古文物是西元前八千三百年的一張卡累利亞魚網（Vaclav Smil, *Making the modern world: Materials and dematerialization* [Hoboken, NJ: John Wiley and Sons, 2013], 13）。
15. Simo Hannelius and Kullervo Kuusela, *Finland: The country of evergreen forest* (Tampere, FI: Forssan Kirkapiano Oy, 1995)。與林務人員進行田野調查也使我獲益良多。
16. 中世紀的芬蘭農民圍住松樹與雲杉，好將地景變成闊葉農林的混合林業輪作地帶（Timo Myllyntaus, Mina Hares, and Jan Kunnas, "Sustainability in danger? Slash-and-burn cultivation in nineteenth-century Finland and twentieth-century Southeast Asia," *Environmental History* 7, no. 2 [2002]: 267–302）。更多芬蘭火耕臨時農田的生動描述，見 Stephen Pyne, *Vestal fire* (cited in chap. 11, n. 10), 228–234。

各個物種在聖經畫面上自成一家。

20. 這個過程就是唐娜・哈洛威經常說的「共同生成」（becoming with）（*When species meet* [Minneapolis: University of Minnesota Press, 2007]）。

21. 還有更多對比：我在美國與芬蘭看見的松茸都是長在工業森林中；但到了中國及日本，卻都長在農民森林裡。在雲南與奧勒岡州，松茸生長的森林被認為是混亂的錯誤；到了拉普蘭與日本，松茸森林卻被美學式地理想化。看來可畫出一張二乘以二的表格，但我不想把這些地點設定成特定類型。我想觀察的是聚合體如何產生。

第 12 章 歷史

1. 只要不受限於刻板印象，便有可能混淆「神話」與「歷史」的界線。歷史不只是國家的目的論，神話也不只是永恆回歸。想在歷史中糾纏，不必然要共用一套宇宙觀。Renato Rosaldo (*Ilongot headhunting* [Stanford, CA: Stanford University Press, 1980]) 與 Richard Price (*Alabi's World* [Baltimore, MD: Johns Hopkins University Press, 1990]) 提供了創造歷史時，不同的宇宙觀與世界創製計畫相互交織的例子。Morten Pedersen (*Not quite shamans* [Ithaca, NY: Cornell University Press, 2011]) 呈現了創製宇宙觀的歷史。然而，還有許多其他人特別強調神話與歷史間的對比。但透過這種對比來限制「歷史」意義的話，它們就失去看到在任何歷史的創製過程中混合、多層次、汙染的宇宙觀的機會——反之亦然。
2. Thom van Dooren (*Flight ways* [New York: Columbia University Press, 2014]) 認為鳥類是透過把一個空間變成巢的方式說故事。這種意義上的「故事」其實許多有機體都能講述。這些在我觀察裡都是「歷史」的眾多軌跡。
3. Chris Maser, *The redesigned forest* (San Pedro, CA: R. & E. Miles, 1988).
4. David Richardson, ed., *Ecology and biogeography of Pinus* (Cambridge: Cambridge University Press, 1998).
5. David Richardson and Steven Higgins, "Pines as invaders in the southern hemisphere," in *Ecology*, ed. Richardson, 450–474.

forest community: Ogawa Forest Reserve of Japan (Tokyo: Springer, 2002); Katsue Fukamachi and Yukihuro Morimoto, "Satoyama management in the twenty-first century: The challenge of sustainable use and continued biocultural diversity in rural cultural landscapes," *Landscape and Ecological Engineering* 7, no. 2 (2011): 161–162; Asako Miyamoto, Makoto Sano, Hiroshi Tanaka, and Kaoru Niiyama, "Changes in forest resource utilization and forest landscapes in the southern Abukuma Mountains, Japan during the twentieth century," *Journal of Forestry Research* 16 (2011): 87– 97; Björn E. Berglund,"Satoyama, traditional farming landscape in Japan, compared to Scandinavia," *Japan Review* 20 (2008): 53–68; Katsue Fukamachi, Hirokazu Oku, and Tohru Nakashizuka, "The change of a satoyama landscape and its causality in Kamiseya, Kyoto Prefecture, Japan between 1970 and 1995," *Landscape Ecology* 16 (2001): 703–717。

15. 關於擾動的介紹，見 Seth Reice, *The silver lining: The benefits of natural disasters* (Princeton, NJ: Princeton University Press, 2001)。試著把擾動歷史帶入社會理論（此一例為精神分析）的研究，見 Laura Cameron, "Histories of disturbance," *Radical History Review* 74 (1999): 4–24。
16. 生態學思考的歷史，包括有 Frank Golley, *A history of the ecosystem concept in ecology* (New Haven, CT: Yale University Press, 1993); Stephen Bocking, *Ecologists and environmental politics* (New Haven, CT: Yale University Press, 1997); Donald Worster, *Nature's economy: A history of ecological ideas* (Cambridge: Cambridge University Press, 1994)。
17. Rosalind Shaw, "'Nature,' 'culture,' and disasters: Floods in Bangladesh," in *Bush base: Forest farm*, ed. Elisabeth Croll and David Parkin, 200–217 (London: Routledge, 1992).
18. Clive Jones, John Lawton, and Moshe Shachak, "Organisms as ecosystems engineers," *Oikos* 69, no. 3 (1994): 373–386; Clive Jones, John Lawton, and Moshe Shachak, "Positive and negative effects of organisms as physical ecosystems engineers," *Ecology* 78, no. 7 (1997): 1946–1957.
19. 試想像一個人科動物廣泛雜交的世界；在那世界裡，我們或許比較能理解不同物種間的相似性。沒有近親的孤獨感，致使我們願意讓

Butcher, Jianghua Sun, "Chemical signals synchronize the life cycles of a plant-parasitic nematode and its vector beetle," *Current biology* (October 10, 2013): http:// dx.doi.org/10.1016/j.cub.2013.08.041.

7. Kazuo Suzuki, interview, 2005; Kazuo Suzuki, "Pine Wilt and the Pine Wood Nematode," in *Encyclopedia of forest sciences*," ed. Julian Evans and John Youngquist, 773–777 (Waltham, MA: Elsevier Academic Press, 2004).
8. Yu Wang, Toshihiro Yamada, Daisuke Sakaue, and Kazuo Suzuki, "Influence of fungi on multiplication and distribution of the pinewood nematode," in *Pine wilt disease: A worldwide threat to forest ecosystems*, ed. Manuel Mota and Paolo Viera, 115–128 (Berlin: Springer, 2008).
9. T. A. Rutherford and J. M. Webster, "Distribution of pine wilt disease with respect to temperature in North America, Japan, and Europe," *Canadian Journal of Forest Research* 17, no. 9 (1987): 1050–1059.
10. Stephen Pyne, *Vestal fire* (Seattle: University of Washington Press, 2000).
11. Pauline Peters, *Dividing the commons* (Charlottesville: University of Virginia Press, 1994); Kate Showers, *Imperial gullies* (Athens: Ohio University Press, 2005).
12. 布魯諾・拉圖（Bruno Latour）竭力想把科學真理的宣稱與科學的實踐區分開來，但受法國結構主義傳承影響的他習慣突顯結構邏輯，仍舊以明顯的二分法劃分科學與在地思想。見 Bruno Latour, *We have never been modern* (Cambridge, MA: Harvard University Press, 1993)。
13. 我在這裡借用伊利亞・普里哥基尼（Ilya Prigogine）與伊莎貝勒・絲坦傑（Isabelle Stengers）所著*La nouvelle alliance*的書名「新盟友」（new alliance）一詞，無奈此書翻為英文版時卻成了 *Order out of chaos* (New York: Bantam Books, 1984)。普里哥基尼與絲坦傑相信對於不確定性與時間不可逆轉性的理解，或許能在自然科學與人文科學間創造出新聯盟關係。他們所提出的新挑戰鼓舞了我的研究。
14. 關於里山，最實用的英文參考資料是 K. Takeuchi, R. D. Brown, I. Washitani, A. Tsunekawa, and M. Yokohari, *Satoyama: The traditional rural landscape of Japan* (Tokyo: Springer, 2008)。更廣泛的文獻，可見 Arioka Toshiyuki, *Satoyama* [in Japanese] (Tokyo: Hosei University Press, 2004); T. Nakashizuka and Y. Matsumoto, eds., *Diversity and interaction in a temperate*

第 11 章　森林的生命力

1. 對於這個問題的反思始於許多科學研究資料（例如，Bruno Latour, "Where are the missing masses?" in *Technology and society*, ed. Deborah Johnson and Jameson Wetmore, 151–180 [Cambridge, MA: MIT Press, 2008]）；原住民族研究（例如，Marisol de la Cadena, "Indigenous cosmopolitics in the Andes: Conceptual reflections beyond 'politics'" *Cultural Anthropology* 25, no. 2 [2010]: 334– 370）；後殖民理論（例如，Dipesh Chakrabarty, *Provincializing Europe* [Prince- ton, NJ: Princeton University Press, 2000]）；新唯物主義（例如，Jane Bennett, *Vibrant matter* [Durham, NC: Duke University Press, 2010]）；還有民間傳說與小說（Ursula Le Guin, *Buffalo gals and other animal presences* [Santa Barbara, CA: Capra Press, 1987]）。
2. Richard Nelson, *Make prayers to the raven: A Koyukon view of the northern forest* (Chicago: University of Chicago Press, 1983); Rane Willerslev, *Soul hunters: Hunting, animism, and personhood among the Siberian Yukaghirs* (Berkeley: University of California Press, 2007); Viveiros de Castro, "Cosmological deixis" (cited in chap. 1, n. 7).
3. 有些人文主義者會擔心「地景」（landscape）這個詞彙的政治性，因為它其中一支系譜指向風景畫，觀者與風景之間是有距離的。不過正如肯尼斯·歐爾威格（Kenneth Olwig）的提醒，其他系譜同樣會導向同樣的政治單位，並在其中引發討論（("Recovering the substantive nature of landscape," *Annals of the Association of American Geographers* 86, no. 4 (1996): 630–653)。我的地景是零碎聚合體的空間，是人與非人參與者都享有辯論機會的空間。
4. Jakob von Uexküll, *A foray into the world of animals and humans*, trans. Joseph D. O'Neil (1934; Minneapolis: University of Minnesota Press, 2010).
5. 烏克斯庫爾的泡泡世界啟發了馬汀·海德格（Martin Heidegger）的觀點，非人的動物為「世間罕有」。Martin Heidegger, *The fundamental concepts of metaphysics: World, finitude, solitude*, trans. W. McNeill and N. Walker (1938; Indianapolis: Indiana University Press, 2001).
6. Lilin Zhao, Shuai Zhang, Wei Wei, Haijun Hao, Bin Zhang, Rebecca A.

16. 種群遺傳學家確實會研究突變，其中也包括了外生菌根真菌與樹木的關係。但是這門學科的架構驅策多數研究將每個有機體視為可分析的自我封閉系統，而非與歷史互動後所產生的結果。就像最近一則評論所解釋的，「突變是互惠式的利用，以增進彼此的適合度」（Teresa Pawlowska,"Population genetics of fungal mutualists of plants," in *Microbial population genetics*, ed. Jianping Xu, 125–138 [Norfolk, UK: Horizon Scientific Press, 2010], 125）。因此，突變研究的目的變成是去評估自我封閉物種的得失利弊，並特別留意「作弊」的情形。研究者可以探討有多少物種的變種以互惠方式出現，但卻看不清其中具變革力的協同作用。
17. Margulis and Sagan, *What is life?* (cited in chap. 2, n. 1).
18. Masayuki Horie, Tomoyuki Honda, Yoshiyuki Suzuki, Yuki Kobayashi, Takuji Daito, Tatsuo Oshida, Kazuyoshi Ikuta, Patric Jern, Takashi Gojobori, John M. Coffin, and Keizo Tomonaga, "Endogenous non-retroviral RNA virus elements in mammalian genomes," *Nature* 463 (2010): 84–87.
19. 種群遺傳學家優勢之一，就是能使用 DNA 定序技術來區分單個種群裡的變異對偶基因。研究對偶基因的差異與研究物種不同，需要一套不同的 DNA 標記。規模的特性於是很關鍵。不可規模化的理論能接納與對偶基因差異有關的故事，並且了解在其他規模下的研究方法與結果裡，這些故事是無法被輕易翻譯的。
20. Daniel Winkler, interview, 2007.
21. R. Peabody, D.C. Peabody, M. Tyrell, E. Edenburn-MacQueen, R. Howdy, and K. Semelrath,"Haploid vegetative mycelia of *Amillaria gallica* show among-cell-line variation for growth and phenotypic plasticity," *Mycologia* 97, no. 4 (2005): 777–787.
22. Scott Turner, "Termite mounds as organs of extended physiology," State University of New York College of Environmental Science and Forestry, http://www.esf .edu/e /turner/termite/termhome.htm.

這則還有其他的真菌故事。

5. S. Kohlmeier, T.H.M. Smits, R. M. Ford, C. Keel, H. Harms, and L. Y. Wick, "Taking the fungal highway: Mobilization of pollutant-degrading bacteria by fungi," *Environmental Science and Technology* 39 (2005): 4640–4646.
6. Scott Gilbert and David Epel's *Ecological developmental biology* (Sunderland, MA: Sinauer, 2008), chap. 10, 鉅細靡遺地介紹了一些重大機制。
7. Margaret McFall-Ngai, "The development of cooperative associations between animals and bacteria: Establishing détente among domains," *American Zoologist* 38, no. 4 (1998): 593–608.
8. Gilbert and Epel, *Ecological developmental biology*, 18。沃爾巴克氏體的感染也會利用改變繁衍的方式，造成許多昆蟲的問題。John Thompson, *Relentless evolution* (Chicago: University of Chicago Press, 2013), 104–106, 192.
9. J. A. Thomas, D. J. Simcox, and R. T. Clarke, "Successful conservation of a threatened *Maculinea* butterfly," *Science* 203 (2009): 458–461。相關的糾纏關係，見 Thompson, *Relentless evolution*, 182–183; Gilbert and Epel, *Ecological developmental biology*, chap. 3。
10. Gilbert and Epel, *Ecological developmental biology*, 20–27.
11. Scott F. Gilbert, Emily McDonald, Nicole Boyle, Nicholas Buttino, Lin Gyi, Mark Mai, Neelakantan Prakash, and James Robinson, "Symbiosis as a source of selectable epigenetic variation: Taking the heat for the big guy," *Philosophical Trans- actions of the Royal Society B* 365 (2010): 671–678, on 673.
12. Ilana Zilber-Rosenberg and Eugene Rosenberg, "Role of microorganisms in the evolution of animals and plants: The hologenome theory of evolution," *FEMS Microbiology Reviews* 32 (2008): 723–735.
13. GilSharon, Daniel Segal, John Ringo, Abraham Hefetz, Ilana Zilber-Rosenberg, and Eugene Rosenberg, "Commensal bacteria play a role in mating preferences of *Drosophila melanogaster*," *Proceedings of the National Academy of Science* (November 1, 2010): http://www.pnas.org/cgi/doi/10.1073/pnas.1009906107.
14. Gilbert et al., "Symbiosis," 672, 673.
15. Thomas et al., "Successful conservation."

子（Sylvia Yanagisako）探討了義大利的絲綢公司是如何跨過理解與實踐的差距，與中國生產商談判價值（“Managing the new silk road: Italian- Chinese collaborations,” Lewis Henry Morgan Lecture, University of Rochester, October 20, 2010）。亦可見 Aihwa Ong, *Neoliberalism as Exception* (Durham, NC: Duke University Press, 2006); Neferti Tadiar, *Things fall away* (Durham, NC: Duke University Press, 2009); Laura Bear, *Navigating austerity* (Stanford, CA: Stanford University Press, 2015)。

5. Jeffrey Mantz,“Improvisational economies: Coltan production in the eastern Congo,” *Social Anthropology* 16, no. 1 (2008): 34–50; James Smith, “Tantalus in the digital age: Coltan ore, temporal dispossession, and ‘movement’ in the eastern Democratic Republic of the Congo,” *American Ethnologist* 38, no. 1 (2011): 17–35.
6. Peter Hugo, “A global graveyard for dead computers in Ghana,” *New York Times Magazine*, August 4, 2010. http://www.nytimes.com/slideshow/2010/08/04/magazine/20100815-dump.html?_r=1&.

插曲　追蹤

1. 達爾文在《物種起源》（[London: John Murray, 1st ed., 1859], 490）書末描繪了一幅糾纏河岸的景致：「從如此簡單而無盡的形式，構造出最美麗神奇的生命，而且至今仍持續演化著。」
2. 範例介紹見 Nicholas Money, *Mr. Bloomfield's orchard* (Oxford: Oxford University Press, 2004) [general exposition]; G. C. Ainsworth, *Introduction to the history of mycology* (Cambridge: Cambridge University Press, 2009) [history]; J. André Fortin, Christian Plenchette, and Yves Poché, *Mycorrhizas: The new green revolution* (Quebec: Editions Multimondes, 2009) [agronomy]; Jens Pedersen, *The kingdom of fungi* (Princeton, NJ: Princeton University Press, 2013) [photography]。
3. Lisa Curran, “The ecology and evolution of mast-fruiting in Bornean Dipterocarpaceae: A general ectomycorrhizal theory” (PhD diss., Princeton University, 1994).
4. Paul Stamets's *Mycelium running* (Berkeley: Ten Speed Press, 2005) 提供了

時會暗渡陳倉，把一些塞進較昂貴的「第一等級」板箱。

9. 喀斯開山脈中區的買家是按松茸的成熟度區分成五種價格等級。運貨業者再依大小重新分類；出口的菇類是同時按照大小與成熟度包裝。

第 10 章　搶撈式韻律：在擾動中做生意

1. Daisuke Naito, personal communication, 2010.
2. 資本的積累仰賴轉譯，在此之中近資本主義場域被帶進資本主義的供應線當中。我要再次釐清我的主要論點：第一，搶撈式積累是一種過程，在當中，非資本主義價值形式所創造的價值，會轉譯成為資本主義資產，並允許累積；第二，近資本主義空間是資本主義與非資本主義價值形式都能同時蓬勃的場域——因此允許轉譯；第三，供應鏈透過這些轉譯而組織起來，轉譯又將製造存貨的核心企業與近資本主義場域串連起來，讓所有行業、資本家等都能興旺；第四，是經濟多樣性使資本主義能存在——進而提供了不穩定、且拒絕資本主義治理的場域。
3. 見幾個例子：在王愛華（Aihwa Ong）對馬來西亞電子業勞工的重要研究中（*Spirits of resistance and capitalist discipline* [Albany: State University of New York Press, 1987]），她發現殖民與後殖民治理的偶然軌跡，培育出馬來西亞工廠會想雇用的鄉村婦女。Sylvia Yanagisako (*Producing culture and capital* [Princeton, NJ: Princeton University Press, 2002]) 的研究則指出工廠業者和經理是如何根據文化典範來下決定。她認為，資本主義商業並非中性的效率系統，而是從文化歷史發展而來。業者與勞工都是透過文化活動來發展階級利益。
4. 珍・蓋耶（Jane Guyer）對於西非經濟交易的研究，顯示出貨幣交換不必然是傳統上等值的象徵；金錢可用來重整文化經濟，並將它們的邏輯從一個區塊轉譯到另一區塊（*Marginal gains* [Chicago: University of Chicago Press, 2004]）。即使出現金錢交換，交易也可以併入非市場邏輯。蓋耶的研究顯示出經濟系統是如何兼容差異。跨國商品鏈很適合用來觀察這一點：羅麗莎（Lisa Rofel）和柳迫淳

25. 轉引自 Miguel Korzeniewicz,"Commodity chains and marketing strategies: Nike and the global athletic footwear industry," in *Commodity chains*, ed. Gerrefi and Korzeniewicz, 247–266, on 252。

第 9 章　從禮物到商品——復歸禮物

1. Bronislaw Malinowski, *Argonauts of the Western Pacific* (London: Routledge, 1922).
2. 我對物件、異化等事情的思考是借鑑 Marilyn Strathern, *The gender of the gift* (Berkeley: University of California Press, 1990); Amiria Henare, Martin Holbraad, and Sari Wastell, eds., *Thinking through things* (London: Routledge, 2006); 與 David Graeber, *Toward an anthropological theory of value* (London: Palgrave Macmillan, 2001) 的研究。
3. 資本主義商品不像庫拉物件，無法扛起多重歷史與義務糾纏的重量。不是單純的**交換**定義了資本主義商品；異化也是必要的。
4. 瑪麗蓮・史翠珊重新闡釋克里斯多福・格雷戈里（Christopher Gregory）的說法：「如果在商品經濟中，人與物都有著物的社會形式，那麼在禮物經濟裡，它們有的便是人的社會形式。」，出自：Strathern, *Gender*, 134, citing Christopher Gregory, *Gifts and commodities* (Waltham, MA: Academic Press, 1982), 41。
5. 許多在美國太平洋西北部採集的松茸會標示成加拿大產，因為出口商是從加拿大卑詩省出貨。出口商標籤是根據出口機場的位置而定。日本法律禁止外國農產品上出現區域標籤，這是唯有日本產品才享有的特權，所以進口松茸只能標出產地國。
6. 松茸並非唯一具有這種使用方式的昂貴食品。特產甜瓜和鮭魚也是進入這種禮物經濟範疇的商品之一，並且與松茸一樣具有季節性。此類禮物通常被認為是確認「日本」的生活方式；它們作為禮物的地位驅動了排名與價格。
7. 如果所有菇類都在孢子成熟前就被採摘，那麼以真菌繁殖成功的角度而言，就沒有理由偏好幼菇。
8. 幼菇通常被歸為「第三等級」（總共是五等級），雖然菇類獵人有

12. 關於智利的鮭魚，見 Heather Swanson, "Caught in comparisons: Japanese salmon in an uneven world" (PhD diss., University of California, Santa Cruz, 2013).
13. Robert Castley, *Korea's economic miracle: The crucial role of Japan* (New York: Palgrave Macmillan, 1997).
14. Ibid.,326.
15. Ibid.,69.
16. Kaname Akamatsu, "A historical pattern of economic growth in developing countries," *Journal of Developing Economies* 1, no. 1 (1962): 3–25.
17. 「品質管制」是這些跨國對話的一部分。這種美國構想會在日本普及，是因為二戰後日本國內進行了由美國領導的日本工業理性化；它在一九七〇與八〇年代重新回流進入美國。見 William M. Tsutsui, "W. Edwards Deming and the origins of quality control in Japan," *Journal of Japanese Studies* 22, no. 2 (1996): 295–325。
18. 這時期裡，與美國國內反日本經濟有關的報導之例，可見 Robert Kearns, *Zaibatsu America: How Japanese firms are colonizing vital U.S. industries* (New York: Free Press, 1992) 。
19. 我的分析是受 Karen Ho, *Liquidated* (Durham, NC: Duke University Press, 2009) 的啟發。
20. 由日本經濟學家提倡的美式改革之例，見 Hiroshi Yoshikawa, *Japan's lost decade*, trans. Charles Stewart, Long-Term Credit Bank of Japan Intl. Trust Library Selection 11 (Tokyo: International House of Japan, 2002)。該書認為小型與中型企業是經濟的負擔。
21. Robert Brenner, *The boom and the bubble: The U.S. in the world economy* (London: Verso, 2003).
22. Shintaro Ishihara, *The Japan that can say no*, trans. Frank Baldwin (1989, with Akio Morita; New York: Touchstone Books, 1992).
23. Petrovic and Hamilton, "Making global markets" (cited in chap. 4, n. 7), 121.
24. 根據 Robert Brenner (*The boom*) 看法，世界強國在一九九五年的「反廣場協定」（Reverse Plaza Accord）中阻止日圓升值後，引發了全球經濟動盪，不只扼殺了美國製造業，同時還造成亞洲金融危機。

5. Hidemasa Morikawa, *Zaibatsu: The rise and fall of family enterprise groups in Japan* (Tokyo: University of Tokyo Press, 1992).
6. E. Herbert Norman, *Japan's emergence as a modern state* (1940; Vancouver: UBC Press, 2000), 49.
7. 約有三百家財閥被列入解體名單，但只有十家在美國占領勢力改變路線前真的解體。儘管如此，許多規定已經施行，因此戰前縱向整合已難維持（見 Alan Christy, personal communication, 2014）。
8. Kenichi Miyashita and David Russell, *Keiretsu: Inside the hidden Japanese conglomerates* (New York: McGraw-Hill, 1994); Michael Gerlach, *Alliance capitalism: The social organization of Japanese business* (Berkeley: University of California Press, 1992)。在 *The fable of the keiretsu* (Chicago: University of Chicago Press, 2006) 裡，三輪芳朗（Yoshiro Miwa）與約翰・馬克・拉姆塞耶（J. Mark Ramseyer）重申了新古典的正統性，並稱財閥是日本馬克思主義以及西方世界對於東方主義所想像出來的無稽之談。
9. Alexander Young, *The sogo shosha: Japan's multinational trading companies* (Boulder, CO: Westview, 1979); Michael Yoshiro and Thomas Lifson, *The invisible link: Japan's sogo shosha and the organization of trade* (Cambridge, MA: MIT Press, 1986); Yoshihara, *Japanese economic development*, 49–50, 154–155.
10. 當一九八〇年代的美國社會學家首度注意到全球商品鏈時（Gary Gerrefi and Miguel Korzeniewicz, eds., *Commodity chains and global capitalism* [Westport, CT: Greenwood Publishing Group, 1994]），他們對新式「買方驅動鏈」（buyer-driven chains，如衣服、鞋子）印象深刻，且拿它來與早期「生產方驅動鏈」（producer-driven chains，如電腦、汽車）做對比。日本經濟史則建議也該同步關注「貿易方驅動鏈」（trader-driven chains）。
11. Anna Tsing, *Friction* (Princeton, NJ: Princeton University Press, 2005); Peter Dauvergne, *Shadows in the forest: Japan and the politics of timber in Southeast Asia* (Cambridge, MA: MIT Press, 1997); Michael Ross, *Timber booms and institutional breakdown in Southeast Asia* (Cambridge: Cambridge University Press, 2001).

（Bracero Program）。」

4. 這個詞語引自 Lauren Kessler, *Stubborn twig: Three generations in the life of a Japanese American family* (Corvallis: Oregon State University Press, 2008), chap. 13。
5. 「開放票地」裡有許多東南亞採集者接受政府提供的殘疾檢查與／或撫養子女的補助。不過這些不足以應付生活開銷。
6. 十八世紀的基督教第一次大覺醒運動（The first Christian Great Awakening）是美國革命的前兆。第二次發生在十九世紀，被認為是創造出美國邊疆政治文化與內戰的幕後動力。第三次則在十九世紀末期，激發了美國民族主義的社會福音運動與全球性傳教活動。有人會稱「重生運動」（Born-Again movement）為二十世紀晚期第四次大覺醒。這些基督教復興不是美國唯一有過的公民動員，但在觀察成功地以動員形式塑造大眾文化的模式上，可能相當適合。
7. Susan Harding, "Regulating religion in mid-20th century America: The 'Man: A Course of Study' curriculum," 該論文發表於 "Religion and Politics in Anxious States," University of Kentucky, 2014。
8. Thomas Pearson, *Missions and conversions: Creating the Montagnard-Dega refugee community* (New York: Palgrave Macmillan, 2009).

第 8 章　美金與日圓之間

1. 美國對捕鯨的興趣推動了這個局勢；他們要求美國政府為捕鯨船提供協助（Alan Christy, personal communication, 2014）。《白鯨記》還糾纏我不放。
2. 一八五八年的《海瑞斯條約》（Harris Treaty）開放了更多港口，讓外國國民免受日本法律規範，並讓外國人主責進出口關稅。歐洲勢力後來也強制推動類似條約。
3. Kunio Yoshihara, *Japanese economic development* (Oxford: Oxford University Press, 1994); Tessa Morris-Suzuki, *A history of Japanese economic thought* (London: Routledge, 1989).
4. Satsuka, *Nature in translation* (cited in chap. 4, n. 2).

Richard Hansis, "A political ecology of picking: Non-timber forest products in the Pacific Northwest," *Human Ecology* 26, no. 1 (1998): 67–86; Rebecca Richards and Susan Alexander, *A social history of wild huckleberry harvesting in the Pacific Northwest* (USDA Forest Service PNW-GTR-657, 2006)。

第 6 章　戰爭故事

1. 一位王寶將軍支持者的詳細說明，見 Hamilton-Merritt, *Tragic mountains* (cited in chap. 2, n. 13)。
2. CBS News, "Deer hunter charged with murder," November 29, 2004, http:// www.cbsnews.com/stories/2004/11/30/national/main658296.shtml.
3. "The Refugee Population," *A country study: Laos*, Library of Congress, Country Studies, http://lcweb2.loc.gov/frd/cs/latoc.html#la0065.
4. Susan Star and James Griesemer, "Institutional ecology, 'translations' and boundary objects," *Social Studies of Science* 19, no. 3 (1989): 387–420.

第 7 章　美國怎麼了？兩種亞裔美國人

1. 「詩吟」是日本古典詩詞朗誦。這首詩發表於二〇〇五年九月十八日奧勒岡日經遺產中心（Oregon Nikkei Legacy Center）的松茸慶祝會上，除日文版外還有由 Kokkan Nomura 翻譯的英文版。此處新的英譯則由井上京子潤飾過。
2. 此項協議要求日本停止發放護照給潛在的移民者；但對於已定居美國的男子，其婚配與家庭成員則不在此限。這個放寬例外鼓勵了「照片新娘」的做法，直到西元一九二〇年才又被「淑女協定」（Ladies' Agreement）給制止。
3. Pegues (personal communication, 2014) 寫道：「第九〇六六號行政命令於一九四二年二月十九日簽訂，強制搬遷、拘留／監禁大多數都在三月至六月間執行。八月時，西部防禦總司令宣布日裔美國人的撤除與拘留已完成。另一方面，墨西哥則在六月一日宣布對軸心國抗戰，且美國於一九四二年七月通過行政命令，制定了『手臂計畫』

第5章　開放票地，奧勒岡

1. 採集人購買森林採集許可證時，會同時拿到標明可採集區與禁止採集區的地圖。不過區域的標示卻位址難辨。地圖上只畫出主要道路，沒有地形、鐵路、小徑或植被。就算是最認真的地圖讀者，也不太可能實地運用。此外，有許多採集人根本看不懂地圖。一位寮國採集人曾指著地圖上的一面湖告訴我那就是禁止採集區。有些採集人則把地圖當廁紙用，畢竟在露營地裡很缺這種資源。
2. 有條規定要求買家記下松茸採摘的地點；不過我從未見過這類紀錄。有其他的松茸交易區則規定要由採集人自己陳述地點。
3. 這條防火保護規定是列在促進產業發展的《二〇〇三年健康森林復育法案》（Healthy Forests Restoration Act of 2003）之下。Jacqueline Vaughn and Hanna Cortner, *George W. Bush's healthy forests* (Boulder: University Press of Colorado, 2005).
4. 在我觀察過的四個松茸交易季中，只見過兩位買家因與各自的外勤業務爭吵而於季中離開；另有一位潛逃。但沒有人因競爭之故被迫離開這一行。
5. Jerry Guin's *Matsutake mushroom: "White" goldrush of the 1990s* (Happy Camp, CA: Naturegraph Publishers, 1997) 提供了一位採集者從一九九三年起的日記。
6. 例如，見 Richard Barnet, *Global dreams: Imperial corporations and the new world order* (New York: Touchstone, 1995) 中對萬寶路（Marlboro）香菸歷史的說明。
7. 其他與美國太平洋西北部森林裡的零工有關的精闢描述，見 Rebecca McLain, "Controlling the forest understory: Wild mushroom politics in central Oregon" (PhD diss., University of Washington, 2000); Beverly Brown and Agueda Marin-Hernández, eds., *Voices from the woods: Lives and experiences of non-timber forest workers* (Wolf Creek, OR: Jefferson Center for Education and Research, 2000); Beverly Brown, Diana Leal-Mariño, Kirsten McIlveen, Ananda Lee Tan, *Contract forest laborers in Canada, the U.S., and Mexico* (Portland, OR: Jefferson Center for Education and Research, 2004);

7. Misha Petrovic and Gary Hamilton, "Making global markets: Wal-Mart and its suppliers," in *Wal-Mart: The face of twenty-first-century capitalism*, ed. Nelson Lichtenstein, 107–142 (New York: W. W. Norton 2006).
8. 「那裡有堵高牆，試圖阻止我，告示寫著『私人財產』，但它背面空蕩蕩——這塊土地屬於你和我。」Woody Guthrie, "This land," 1940, http://www.woodyguthrie.org/Lyrics / This_Land.htm.
9. 資料來源包括 Barbara Ehrenreich, *Nickled and dimed: On (not) getting by in America* (New York: Metropolitan Books, 2001); Lichtenstein, ed., *Wal-Mart*; Anthony Bianco, *The bully of Bentonville: The high cost of Wal-Mart's everyday low prices* (New York: Doubleday, 2006)。
10. J. K. Gibson-Graham, *A post-capitalist politics* (Minneapolis: University of Minnesota Press, 2006).
11. Susanne Freidberg, *French beans and food scares: Culture and commerce in an anxious age* (Oxford: Oxford University Press, 2004).
12. Susanne Freidberg, "Supermarkets and imperial knowledge," *Cultural Geographies* 14, no. 3 (2007): 321–342.
13. Michael Hardt and Antonio Negri, *Empire* (Cambridge, MA: Harvard University Press, 2000).
14. 麥可・哈德（Michael Hardt）與安東尼奧・納格利（Antonio Negri）所著的 *Commonwealth* (Cambridge, MA: Harvard University Press, 2009) 與 J・K・吉卜森－葛拉罕（J.K. Gibson-Graham）的 *Post-capitalist politics* 之間的辯證是特別適合思考的起點。亦可見 J. K. Gibson-Graham, *The end of capitalism (as we knew it): A feminist critique of political economy* (London: Blackwell, 1996)。
15. Jane Collins, *Threads: Gender, labor, and power in the global apparel industry* (Chicago: University of Chicago Press, 2003).
16. 莉芭・費爾（Lieba Faier）對日本的松茸商品鏈提出相關的看法："Fungi, trees, people, nematodes, beetles, and weather: Ecologies of vulnerability and ecologies of negotiation in matsutake commodity exchange," *Environment and Planning A* 43 (2011): 1079–1097。

Fernandez-Dias, 173–190 [Canberra: ANU Press, 2008], on 181)。

9. David Arora, *Mushrooms demystified* (Berkeley: Ten Speed Press, 1986), 191.
10. William F. Wood and Charles K. Lefevre, "Changing volatile compounds from mycelium and sporocarp of American matsutake mushroom, *Tricholoma magnivelare*," *Biochemical Systematics and Ecology* 35 (2007): 634–636。我還沒找到日本的研究，但小川博士向我提過。我不曉得該氣味是否具有同樣的化學物質。

第 4 章　邊緣工作

1. 商品鏈是生產者與商品消費者之間的任何連結。供應鏈則是由領導公司外包所組成的商品鏈。領導公司可以是生產者、貿易商或零售商。見 Anna Tsing, "Supply chains and the human condition," *Rethinking Marxism* 21, no. 2 (2009): 148–176。
2. Shiho Satsuka, *Nature in translation* (Durham, NC: Duke University Press, 2015). Satsuka 從後殖民理論與科學研究中延伸出「轉譯」的意義；更多討論見第十六章。
3. 這一術語是取自馬克思的「原始積累」（primitive accumulation），指的是一種剝奪農民權利的暴力，使其必須參與工業勞動。在馬克思的分析中，我脫離了工業型態來觀察資本主義現形的過程。與原始積累相反的是，搶撈從不完備，積累總是要仰靠它。搶撈式積累對勞力生產也是必備的。工廠勞工在生命過程裡的生產與再生產，無法全由資本家控制。在工廠裡，資本家利用勞工的能力來製造商品，但他們無法製造出那些能力。將勞工的能力轉化成資本價值，就是搶撈式積累。
4. 我保留了「非資本主義」（noncapitalist）一詞，專用它指資本主義邏輯之外所製造的價值形式。「近資本主義」（pericapitalist）則是我自創的術語，指的是內外部兼存的**場域**。這不是一種層級分類，只是一種方便探索歧異的方法。
5. Joseph Conrad, *Heart of darkness* (1899; Mineola, NY: Dover Books, 1990).
6. Herman Melville, *Moby-Dick* (1851; New York: Signet Classics, 1998).

Site Specific Silviculture in Northwestern Ontario," Thunder Bay, Ontario, April 18–20, 1989。

7. Susan Alexander, David Pilz, Nancy Weber, Ed Brown, and Victoria Rockwell, "Mushrooms, trees, and money: Value estimates of commercial mushrooms and timber in the Pacific Northwest," *Environmental Management* 30, no. 1 (2002): 129–141.

插曲 聞一聞

題詞：John Cage, "Mushroom haiku," http://www.youtube.com/watch?v=XNzVQ8wRCB0。

1. 見 http://www.lcdf.org/indeterminacy/。現場演奏版，見 http:// www.youtube.com/watch?v=AJMekwS6b9U。
2. 這段翻譯來自 p. 97 of R. H. Blyth, "Mushrooms in Japanese verse," *Transactions of the Asiatic Society of Japan*, 3rd ser., 11 (1973): 93–106。
3. 關於凱吉對於翻譯的討論，見 http://www.youtube.com/watch ?v=XNzVQ8wRCB0。
4. Alan Rayner, *Degrees of freedom: Living in dynamic boundaries* (London: Imperial College Press, 1997).
5. 由向井去來（Kyorai Mukai）重製並翻譯於 Blyth, "Mushrooms," 98。
6. Walter Benjamin, "On the concept of history," *Gesammelten Schriften*, trans. Dennis Redmond, (Frankfurt: Suhrkamp Verlag, 1974), sec. 6, 1:2.
7. Ibid., sec. 14。這裡他是在比較潮流與革命；過去的每場豐收都匯聚於現在。
8. Verran, personal communication, 2010。維蘭在她許多與陽古原住民有關的文章中發展出此時此刻的概念。好比說：「陽古的知識指的是入侵世俗的夢想。夢想藉由特定的人物在特定的時間做出特定的事，而被帶入此時此刻……知識始終都是作夢的表現，是把其他領域的元素帶入此時此刻的生命之中」(Verran quoted in Caroline Josephs, "Silence as a way of knowing in Yolngu indigenous Australian storytelling," in *Negotiating the Sacred II*, ed. Elizabeth Cole- man and Maria

第 3 章　規模的一些問題

題詞：Niels Bohr quoted in Otto Robert Frisch, *What little I remember* (Cambridge: Cambridge University Press, 1980), 95。

1. 關於甘蔗種植園，各界已經累積了豐富的跨學科文獻，包括人類學、地理學、藝術史和歷史農藝學等各種領域。尤見 Sidney Mintz, *Sweetness and power: The place of sugar in modern history* (Harmondsworth, UK: Penguin, 1986); 以及 Mintz, *Worker in the cane* (New Haven, CT: Yale University Press, 1960); J. H. Galloway, *The sugar cane industry* (Cambridge: Cambridge University Press, 1991); Jill Casid, *Sowing empire* (Minneapolis: University of Minnesota Press, 2005); and Jonathan Sauer, *A historical geography of crop plants* (Boca Raton, FL: CRC Press, 1993) 。
2. 甘蔗種植園從來不如業主期盼的那樣徹底可規模化。奴工總是能逃到流亡社群裡。進口的真菌在甘蔗上蔓延並使之腐敗。可規模化從來都不穩定，而且還非常費工。
3. Mintz, *Sweetness and power*, 47.
4. 關於松茸生物學與生態的介紹，見 Ogawa Makoto, *Matsutake no Seibutsugaku* [*Matsutake biology*] (1978; Tokyo: Tsukiji Shokan, 1991); David Hosford, David Pilz, Randy Molina, and Michael Amaranthus, *Ecology and management of the commercially harvested American matsutake mushroom* (USDA Forest Service General Technical Report PNW-412, 1997) 。
5. 關鍵的參考資料包含有 Paul Hirt, *A conspiracy of optimism: Management of the national forests since World War Two* (Lincoln: University of Nebraska Press, 1994); William Robbins, *Landscapes of conflict: The Oregon story, 1940–2000* (Seattle: University of Washington Press, 2004); Richard Rajala, *Clearcutting the Pacific rainforest: Production, science, and regulation* (Vancouver: UBC Press, 1998) 。
6. 關於森林出現的問題，見 Langston, *Forest dreams* (cited in chap. 2, n. 6)。關於東喀斯山脈的問題，見麥克・祖納德（Mike Znerold）於安大略省自然資源部研討會發表的論文 "A new integrated forest resource plan for ponderosa pine forests on the Deschutes National Forest," 以及 "Tools for

一個族群的名稱也有同樣的問題。不過，完全不命名的話會更糟糕；我們對所有的樹木或亞洲人的想像都會淪為單一。我需要一些引人注目的名稱，但也需要它們保持流動。

5. Harold Steen, *The U.S. Forest Service: A history* (1976; Seattle: University of Washington Press, centennial ed., 2004); William Robbins, *American forestry* (Lincoln: University of Nebraska Press, 1985).
6. 關於奧勒岡州藍色山脈的相關生態研究，見 Nancy Langston, *Forest dreams, forest nightmares* (Seattle: University of Washington Press, 1996)。對於東喀斯開山區生態的更充分討論，見第十四章。
7. Interview, forester Phil Cruz, October 2004.
8. Jeffery MacDonald, *Transnational aspects of Iu-Mien refugee identity* (New York: Routledge, 1997).
9. Hjorleifur Jonsson, *Mien relations: Mountain people and state control in Thailand* (Ithaca, NY: Cornell University Press, 2005).
10. William Smalley, Chia Koua Vang, and Gnia Yee Vang, *Mother of writing: The origin and development of a Hmong messianic script* (Chicago: University of Chicago Press, 1990).
11. William Geddes, *Migrants of the mountains: The cultural ecology of the Blue Miao (Hmong Nyua) of Thailand* (Oxford: Oxford University Press, 1976).
12. 轉引自 Douglas Martin, "Gen. Vang Pao, Laotian who aided U.S., dies at 81," *New York Times*, January 8, 2011, http://www.nytimes.com/2011/01/08/world/asia /08vangpao.html.
13. 這段歷史資料來源見 Alfred McCoy, *The politics of heroin: CIA complicity in the global drug trade* (Chicago: Chicago Review Press, 2003); Jane Hamilton- Merritt, *Tragic mountains: The Hmong, the Americans, and the secret war in Laos, 1942– 1992* (Indianapolis: Indiana University Press, 1999); Gary Yia Lee, ed., *The impact of globalization and transnationalism on the Hmong* (St. Paul, MN: Center for Hmong Studies, 2006) 。
14. Personal communication, 2007.
15. Hjorleifur Jonsson,"War's ontogeny: Militias and ethnic boundaries in Laos and exile," *Southeast Asian Studies* 47, no. 2 (2009): 125–149.

Oxford University Press, 2007]）。一片網絡是由能不斷架構出更多組織的組織鏈結所形成；我的聚合體是在不預設互動結構下群聚不同的存有方式。聚合轉譯了哲學家德勒茲（Gilles Deleuze）的「布置」（agencement），而且支持各種開放「社會性」的嘗試；我的用法也屬於這種型態。

9. Nellie Chu, "Global supply chains of risks and desires: The crafting of migrant entrepreneurship in Guangzhou, China" (PhD diss., University of California, Santa Cruz, 2014).
10. 我們不妨把這種方法想成是結合唐娜．哈洛威以及瑪麗蓮．史翠珊（Marilyn Strathern）兩人的真知灼見。史翠珊讓我們發現令人驚詫的事物能打破常識，帶我們覺察聚合體內不同的世界創製計畫。哈洛威跟隨著線索，將我們的注意力導向多元計畫之間的交互作用。藉著結合這兩種方法，我追蹤了受其他計畫擾亂而中斷的聚合體。值得再指出的一點是，這些學者都是人類學思考本體論（史翠珊）與世界創製（哈洛威）時的起源點。見 Marilyn Strathern, "The ethnographic effect," in *Property, substance, and effect* (London: Athlone Press, 1999), 1–28; Donna Haraway, *Companion species manifesto* (Chicago: Prickly Paradigm Press, 2003) 。

第 2 章　汙染即合作

題詞：Mai Neng Moua, "Along the way to the Mekong," in *Bamboo among the oaks: Contemporary writing by Hmong Americans,* ed. Mai Neng Moua, 57–61 (St. Paul, MN: Borealis Books, 2002), on 60。

1. 多細胞生命可能起源於多重的、相互的細菌汙染。Lynn Margulis and Dorion Sagan, *What is life?* (Berkeley: University of California Press, 2000).
2. Richard Dawkins, *The selfish gene* (Oxford: Oxford University Press, 1976).
3. 許多評論家否定這種假設裡的「自私」屬性，並將利他主義納入這些方程式裡。然而，問題不在自私與否，而是自我封閉。
4. 物種名稱是能有效介紹生物的一種啟發式方法，但名稱無法捕捉該有機體的特殊性，或者在它們時而快速的集體轉型中界定出位置。

作「克蘇魯紀」（Chthulucene），藉此向那些「有觸絲的生命」——以及多物種的糾纏致意。確實，人類世一詞有許多歧義，所以二〇一四年才會有如何達成「好的」人類世而起的辯論。像基斯・克洛爾（Keith Kloor）就倡導透過「綠色現代主義」來迎接人類世，見 "Facing up to the Anthropocene," http://blogs.discovermagazine.com/collideascape/2014/06/20/facing-anthropo cene/#.U6h8XBbgvpA。

7. 可以從某些學者所謂的「本體論」、即存在的哲學的討論脈絡下理解何謂世界創製。與那些學者有志一同，我感興趣的是去打破一般常識，包含那有時不著痕跡的帝國征服假設（例如，Eduardo Viveiros de Castro, "Cosmological deixis and Amerindian perspectivism," *Journal of the Royal Anthropological Institute* 4, no. 3 (1998): 469–488)）。世界創製計畫與另類本體論一樣，顯示出其他世界是有可能的。然而，世界創製所關注的是實際活動，而不是宇宙觀，因此更容易就此去討論非人類生物是如何促成自己的觀點。多數學者利用本體論來理解人類對於非人類的看法；就我所知，只有愛德華多・科恩（Eduardo Kohn）的 *How forests think* (Berkeley: University of California Press, 2013) 配合皮爾斯符號學的理論，提出其他生物也有自己本體論的前衛主張。相對來說，每個有機體都能創製世界，人類並不具有特殊地位。最後，世界創製計畫能相互重疊。多數學者使用本體論來一次區隔一個視角，但透過世界創製的概念，卻能看見多層次、具有歷史後果的摩擦。世界創製的方法將本體論的關懷導入多規模的分析中，也是詹姆士・克里弗德（James Clifford）的 *Returns* (Cambridge, MA: Harvard University Press, 2013) 中所謂的「現實主義」。

8. 一些社會學家使用這個詞彙時，是指涉像傅柯式的論述形構（例如，Aihwa Ong and Stephen Collier, eds., *Global assemblages* [Hoboken, NJ: Wiley-Blackwell, 2005]）。這種「聚合體」的擴展跨越了空間、征服了地方；它們不是由不確定性構成的。因為構成式的遭逢對我是個關鍵，所以我的聚合是指在同個地方群聚的所有事物，無論其規模大小。還有別的「聚合體」指的是網絡，例如行為者網絡理論（Actor-Network Theory，Bruno Latour, *Reassembling the social* [Oxford:

第一部　還剩下什麼？

1. 給菇類愛好者參考：這是 *Tricholoma focale*。

第 1 章　覺察的藝術

題詞：Ursula K. Le Guin, "A non-Euclidean view of California as a cold place to be," in *Dancing at the edge of the world*, 80–100 (New York: Grove Press, 1989), on 85。

1. Philip Cogswell, "Deschutes Country Pine Logging," in *High and mighty*, ed. Thomas Vaughan, 235–260 (Portland: Oregon Historical Society, 1981); Ward Tons-feldt and Paul Claeyssens, "Railroads up the Deschutes canyon" (Portland: Oregon Historical Society, 2014), http://www.ohs.org/education/oregonhistory/narratives /subtopic.cfm?subtopic_ID=395.
2. 「塑膠的斑點貓頭鷹」，*Eugene Register-Guard*, May 3, 1989: 13.
3. Ivan Maluski, Oregon Sierra Club, 轉引自 Taylor Clark, "The owl and the chainsaw," *Willamette Week*, March 9, 2005, http://www.wweek.com/portland/arti cle-4188–1989.html.
4. 一九七九年，奧勒岡州木材價格直落；伐木廠關閉後接著的是公司合併。Gail Wells, "Restructuring the timber economy" (Portland: Oregon Historical Society, 2006), http://www.ohs.org/education/oregonhistory/narratives/sub topic.cfm?subtopic_ID=579.
5. 例如，見 Michael McRae, "Mushrooms, guns, and money," *Outside*18, no. 10 (1993): 64–69, 151–154; Peter Gillins, "Violence clouds Oregon gold rush for wild mushrooms," *Chicago Tribune*, July 8, 1993, 2; Eric Gorski, "Guns part of fungi season," *Oregonian*, September 24, 1996, 1, 9。
6. 二〇一四年五月九日，唐娜・哈洛威（Donna Haraway）在加州大學聖塔克魯茲分校於 Arts of Living on a Damaged Planet 研討會（http://anthropocene.au.dk/arts-of-living-on-a-damaged-planet）上發表的 "Anthropocene, Capitalocene, Chthulucene: Staying with the Trouble" 主張說「人類世」是向天空之神示意；但她提議我們這紀元應該稱

6. 異化也是二十世紀國家領導工業化社會主義的本質。不過它已逐漸過時，所以在此我不討論。
7. 這一段落參考了 Okamura Toshihisa, *Matsutake no bunkashi* [*The cultural history of matsutake*] (Tokyo: Yama to Keikokusha, 2005)。Fusako Shimura 非常好心地幫我翻譯了這本書。關於日本文化中對菇類的探討，見 R. Gordon Wasson, "Mushrooms and Japanese culture," *Transactions of the Asiatic Society of Japan* 11 (1973): 5–25; Neda Hitoshi, *Kinoko hakubutsukan* [*Mushroom museum*] (Tokyo: Yasaka Shobô, 2003)。
8. 轉引自 Okamura, *Matsutake*, 55（由 Fusako Shimura 和井上京子所譯）。
9. Haruo Shirane 稱其為「第二自然」（second nature）；見 *Japan and the culture of the four seasons: Nature, literature, and the arts* (New York: Columbia University Press, 2012)。
10. 轉引自 Okamura, *Matsutake*, 98（由 Fusako Shimura 和井上京子所譯）。
11. 南歐與北非的 *T. caligatum*（同樣當成松茸出售）是否屬於同一物種仍有待查證。認為應屬不同物種的論點，見 I. Kytovuori, "The *Tricholoma caligatum* group in Europe and North Africa," *Karstenia* 28, no. 2 (1988): 65–77。美國西北部的美洲松茸（*T. magnivelare*）則完全是另一品種，但也當作松茸來販賣。見 Ra Lim, Alison Fischer, Mary Berbee, and Shannon M. Berch, "Is the booted tricholoma in British Columbia really Japanese matsutake?" *BC Journal of Ecosystems and Management* 3, no. 1 (2003): 61–67。
12. 美洲松茸（*T. magnivelare*）標本來自美國東部，它已被證明可能不同於一般松茸品種 *T. matsutake*（David Arora, personal communication, 2007）。美國西北部的松茸將需要另一個新學名。
13. 對於分類最新的研究，見 Hitoshi Murata, Yuko Ota, Muneyoshi Yamaguchi, Akiyoshi Yamada, Shinichiro Katahata, Yuichiro Otsuka, Katsuhiko Babasaki, and Hitoshi Neda, "Mobile DNA distributions refine the phylogeny of 'matsutake' mushrooms, *Tricholoma*sect. Caligata," *Mycorrhiza*23, no. 6(2013): 447–461。欲知科學家對松茸多樣性的看法，見第十七章。
14. 轉引自 Okamura, *Matsutake*, 54（由 Fusako Shimura 和井上京子所譯）。

序言　秋季香韻

題詞：井上京子（Miyako Inoue）好心地協助我完成這段翻譯；我們希望翻出既富情感又不悖原意的版本。其他版本譯法，見 Matsutake Research Association, ed., *Matsutake* [in Japanese] (Kyoto: Matsutake Research Association, 1964), front matter: "The aroma of pine mushrooms. The path to the hilltop of Takamatsu, Tall Pine Tree Village, has just been barred by the rings and lines of rapidly rising caps (of pine mushrooms). They emit an attractive autumnal aroma that refreshes me a great deal . . ."

1. Sveta Yamin-Pasternak, "How the devils went deaf: Ethnomycology, cuisine, and perception of landscape in the Russian far north" (PhD diss., University of Alaska, Fairbanks, 2007).
2. *Desert* (Stac an Armin Press, 2011), 6, 78.
3. 中國松茸商人告訴我這個故事時，我一度以為那是都市傳奇；不過，一位在日本受訓的科學家在九〇年代的日本報紙上確認了這則故事的確存在。我至今還沒找到那篇文章，但原子彈轟炸時正值八月，那確實是松茸開始蓬勃的時節。那些松茸帶有多少放射性，依然成謎。曾有一位日本科學家告訴我，他原本計劃研究廣島松茸所含的放射性，但政府當局要他別碰這個題目。原子彈當時是在廣島上空超過五百公尺處爆炸；一般官方看法認為放射物質已被帶進全球風力系統，所以廣島幾乎沒有地方受到放射汙染。
4. 我在本書中以「人文主義者」一詞，涵蓋那些受過人文科學與社會科學訓練的人。使用這詞彙與自然科學做對比時，我想喚起的就是 C. P. Snow 提到的「兩種文化」。Charles Percy Snow, *The Two Cultures* (1959; London: Cambridge University Press, 2001)。我也用這名詞來涵蓋那些自稱「後人文主義者」的人。
5. 馬克思用「異化」一詞特別指涉勞工與生產過程、產品，以及和其他勞工區隔開來的狀態。Karl Marx, *Economic and philosophical manuscripts of 1844* (Mineola, NY: Dover Books, 2007)。除了原意，我也用這個詞彙描述人與非人從自己所屬生活過程中分離開來的處境。

注釋

謝詞　有創造力的糾纏

1. William Cronon, *Nature's metropolis* (New York: W. W. Norton, 1992).
2. 見 Matsutake Worlds Research Group, "A new form of collaboration in cultural anthropology: Matsutake worlds," *American Ethnologist* 36, no. 2 (2009): 380–403；Matsutake Worlds Research Group, "Strong collaboration as a method for multi-sited ethnography: On mycorrhizal relations," in *Multi-sited ethnography: Theory, praxis, and locality in contemporary research*, ed. Mark-Anthony Falzon, 197– 214 (Farnham, UK: Ashgate, 2009); Anna Tsing and Shiho Satsuka, "Diverging understandings of forest management in matsutake science," *Economic Botany* 62, no. 3 (2008): 244–256。該研究群成員的文章被收錄於一個期刊專號中，目前正在準備出版。
3. Elaine Gan and Anna Tsing, "Some experiments in the representation of time: Fungal clock," 該論文於二〇一二年在舊金山舉行的美國人類學會年會上發表；Gan and Tsing, "Fungal time in the satoyama forest," 由 Natalie McKeever 製作動畫，影片裝置，於二〇一三年在雪梨大學發表。
4. Sara Dosa, *The last season* (Filament Productions, 2014). 該紀錄片描繪了兩位奧勒岡州松茸採集人的關係：一位是越戰白人退伍軍人，另一位是柬埔寨難民。
5. Hjorleifur Jonsson 的著作 *Slow anthropology: Negotiating difference with the Iu Mien* (Ithaca, NY: Cornell University Southeast Asia Program Publications, 2014) 是在與我們合作的刺激下，以及持續與 Iu Mien 共同研究而誕生。

〔revelation〕005

在世界盡頭遇到松茸

論資本主義廢墟中生命的可能性【人類學經典全新審訂版】

The Mushroom at the End of the World: On the Possibility of Life in Capitalist Ruins

作者　安清（Anna Lowenhaupt Tsing）
譯校及審訂　林浩立
譯者　謝孟璇
副總編輯　洪源鴻
責任編輯　柯雅云
封面設計　陳恩安
版面構成　宸遠彩藝

出版　二十張出版／左岸文化事業有限公司
發行　遠足文化事業股份有限公司（讀書共和國出版集團）
地址　新北市新店區民權路108-3號3樓
電話　02・2218・1417
傳真　02・2218・0727
客服專線　0800・221029
信箱　akker2022@gmail.com
Facebook　facebook.com/akker.fans
法律顧問　華洋法律事務所——蘇文生律師
印刷　前進彩藝有限公司
裝訂　祥譽裝訂有限公司
出版　二〇二四年三月——初版一刷
定價　五六〇元

ISBN | 978-626-98218-9-1（平裝）、978-626-98218-7-7（ePub）、978-626-98218-8-4（PDF）

在世界盡頭遇到松茸：論資本主義廢墟中生命的可能性
安清（Anna Lowenhaupt Tsing）著／謝孟璇譯
初版／新北市／二十張出版／左岸文化事業有限公司
2024.03／384面／16 x 23公分
譯自：The Mushroom at the End of the World: On the Possibility of Life in Capitalist Ruins
ISBN：978-626-98218-9-1（平裝）
1. 人類生態學　2. 社會人類學　3. 經濟發展
541　113000865